COCINA VEGETARIANA

COCINA VEGETARIANA

500 recetas

Sandra Figueroa de Castro
Consuelo Bedoya de Acuña

EDICIONES B
GRUPO ZETA

Barcelona • Bogotá • Buenos Aires • Caracas • Madrid • México D.F. • Montevideo • Quito • Santiago de Chile

1.ª edición: noviembre, 2009

Publicado por primera vez en 2005, en Colombia, por Ediciones B
Colombia.

© Consuelo Bedoya Acuña y Sandra Figueroa de Castro, 2009
© Ediciones B, S. A., 2009
   Bailén, 84 - 08009 Barcelona (España)
   www.edicionesb.com

Fotografías: Jorge Enrique Gómez Prada, Vladimir Cañón Frye, Erwin
Fabián Medina Arenas, Piter Medina Arenas
Foto de portada: Oliver Schmieg

Impreso en España -Printed in Spain
ISBN: 978-95-882-9453-7
Depósito legal: B. 33.451-2009

Impreso por NOVAGRÀFIK, S.L.

ÍNDICE

HORTALIZAS Y VEGETALES

ENSALADAS, TEMPURAS Y SUSHI

SOPAS Y CREMAS

SALSAS

PANES Y REPOSTERÍA

POSTRES Y BEBIDAS

HIERBAS Y SEMILLAS

GLOSARIO

Para cocinar se debe estar en la mejor disposición
y sin prisa, leer completamente la receta,
disponer de los ingredientes requeridos, usar la imaginación
y sumar su propia sazón y ¡¡mucho amor!!

AGRADECIMIENTOS

La vida cambia constantemente. Tenemos que superar etapas y para alcanzar nuevas metas debemos estar preparados física y espiritualmente. Una alimentación sana y equilibrada nos ayudará a progresar en ambos sentidos.

Surgen muchas inquietudes cuando una persona piensa cambiar sus hábitos alimenticios, como: ¿Volverme yo vegetariano?, entonces... ¿qué voy a comer?, además de la preocupación porque este tipo de alimentación no vaya a completar todas las necesidades y requerimientos alimenticios del grupo familiar, como un buen desarrollo de huesos, dientes y capacidades intelectuales.

Este libro surge de todas estas inquietudes y de la necesidad de los pacientes por buscar una mejoría de su calidad de vida que en muchos casos, si no en todos, depende o va asociada con una dieta estrictamente vegetariana.

La naturaleza proporciona una gran variedad de cereales, hortalizas, legumbres y frutas que muchas veces se dejan de lado desperdiciando su valor nutritivo y sus deliciosos sabores. Estos alimentos, además, carecen de sustancias nocivas para nuestro organismo, como pueden ser las hormonas y los antibióticos.

La cocina vegetariana, como cualquier otra, necesita de ingenio y audacia para su elaboración, pues muchas de sus recetas pueden variar con pocos ingredientes, multiplicándolas y mejorándolas.

Complacer todos los gustos es un gran compromiso, por eso vamos a utilizar la gama de productos que nos ofrece la tierra, llenos de bendiciones y gracia divina.

Agradezco especialmente a mis maestros por enseñarme y llevarme de sus manos por el camino de la alimentación vegetariana y su importancia en la salud. A mi amiga Emilce por su dedicación y por impulsar este proyecto; a mi familia, a mis padres y a todos los pacientes quienes, aportando inquietudes y bellos comentarios, me animaron a crecer como persona y confidente. A mi esposo por todo el amor, enseñanzas y paciencia. A mis hijos, que participaron principalmente en la elaboración de galletas y postres. A mi pequeño César por compartir su tiempo con este nuevo trabajo.

A todos los que participaron con ideas y trabajo, muchas gracias.

SANDRA FIGUEROA DE CASTRO

Cuando un sueño se convierte en realidad, damos gracias a los motores que nos permiten concluir un objetivo.

Al Maestro, que me dio los medios para empezar y concluir este proyecto. A Raúl, que siempre y desde cualquier lugar ha sido fuerza e impulso. A Sandra, por depositar su confianza en mí y poder materializar este sueño. Al doctor Hugo Castro, que por su profesionalismo, guía y supervisión como médico en mi dieta vegetariana me llevó a recuperar mi salud y a despertar la inquietud para el inicio de este camino de la forma como él lo reseña en el prólogo, por lo cual también le doy las gracias. A mis alumnas, que me enseñaron y me llevaron a investigar y experimentar cada vez más. A mi familia, que ha sido receptora y apoyo en este proceso de sensaciones y sabores que hoy es este libro. A Emilce, incansable en su trabajo y organización. A las demás personas que nos han dado su apoyo. A la Editorial por su invaluable apoyo y promoción del vegetarianismo.

Consuelo Bedoya de Acuña

PRÓLOGO

—Papá ¿por qué mi primo Luisito come carne y yo no debo comerla?

—Porque, sencillamente, eres diferente; hemos querido enseñarte a romper la cadena de hábitos alimentarios adquiridos por generaciones.

—Entonces ¿mis abuelitos y sus papás se alimentaban mal o estaban equivocados con lo que comían?

—No, se alimentaban bien; en esos tiempos era diferente, la forma de cultivar estaba más en consonancia con la naturaleza, se daba tiempo a la tierra para reponerse entre una cosecha y la siguiente, se usaban semillas muy limpias y no manipuladas genéticamente. Había menos contaminación con plaguicidas y fertilizantes y el agua era confiable; aún los animales recibían otro tipo de alimentación y cuidados.

—¿En qué es ahora diferente la comida?

—La tierra está cansada y contaminada, y ha perdido los nutrientes más importantes; ahora se debe «fertilizar» con sustancias químicas, además, las plagas de los cultivos se hacen cada vez más resistentes y se debe fumigar con mayor frecuencia, lo que aumenta la contaminación de los alimentos, la tierra y el agua.

—Entonces ¿todos los alimentos están contaminados?

—No todos, pero la mayoría sí, muchas veces es difícil medir los niveles de los productos químicos contaminantes. Afortunadamente, ahora tenemos cultivos biológicos con bajos niveles de contaminación, que nos ayudan a consumir alimentos en su forma más natural y con menos probabilidad de producir toxinas en nuestro organismo.

—¿Y qué son toxinas?

—Hijo, como su nombre lo indica, son sustancias que producen daño en el organismo, pero, como entraron como parte de los alimentos, el sistema de defensa no las reconoce como extrañas, y como no son de utilidad, el sistema se debe encargar de excretarlos o sacarlos y para eso cuenta con el sistema digestivo, los riñones, la piel, las mucosas, las lágrimas y el sudor. Si el sistema no los puede expeler, no se puede deshacer de ellos, entonces se pasean por todos los órganos y los tejidos hasta que se depositan en algún sitio, produciendo daños o alteraciones funcionales que pueden ocasionar enfermedades o complicar las ya existentes.

—¿Y puede uno sacar esas toxinas del cuerpo?

—Sí. Hay tratamientos especiales, pero más importante que eso es no ingerir más toxinas, no volver a intoxicar al organismo consumiendo alimentos con altos niveles de contaminantes y en su forma menos natural.

—Eso en cuanto a los productos de la tierra; pero ¿por qué no puedo comer carnes como mi primo Luisito?

—Hay muchas razones; la primera es que no debes ser parte del mundo de la violencia, pues unos matan para que otros coman, y los animales sienten como los humanos. También sienten miedo, dolor y sufrimiento al morir, cualquiera que sea la forma de producirles la muerte; ellos segregan sustancias bioquímicas tratando de defenderse o de impedir la muerte, sustancias que, al ser ingeridas con las carnes, introducen memorias con los caracteres por los que fueron producidas y quedan «escritas» en el organismo. Cuando esa vibración se activa aparecen cambios de conducta con miedos y temores relacionados con la muerte. También se ingieren otros caracteres de tipo genético relacionados con la susceptibilidad o la tendencia a determinadas enfermedades con las que, al hacer empatía, aumenta la posibilidad de desarrollarlas. Igualmente, se asimila el aspecto degenerativo al que tiende en forma natural el animal, y ese carácter acompaña la alteración celular de muchas enfermedades, lo que las hace difíciles de controlar y, más aún, de curar. Un organismo con muchas toxinas trata de defenderse y cuando se colman los niveles permitidos se produce una excreción exacerbada que puede reconocerse como un estado gripal, diferentes enfermedades de la piel, etc.

—Y mis tíos, los papás de Luisito, ¿no saben esas cosas?

—Esta parte es muy difícil de explicar. La forma de alimentarse se hereda culturalmente y, de acuerdo con los productos de la región, las carnes siempre han sido una preocupación, pues existe la idea de que son los únicos alimentos que aportan proteínas y por esto se cree erróneamente que no se puede vivir sin consumirlas. Estos aspectos no son conocidos a fondo y, mucho menos, tenidos en cuenta por la mayoría de las personas, que no se detienen a pensar en ellos porque tienen la convicción de que su forma de alimentación, mantenida por generaciones, es la correcta, sin dudas y sin reparos. Además, está la sensibilidad al gusto, el placer de los sabores de las carnes y sus derivados, por lo que el ser humano siempre ha tratado de justificar su alimentación sosteniendo que sin estos aportes se puede entrar fácilmente en carencias que llevarían a enfermedades, lo que, razonablemente, entiendes ahora que es muy discutible.

—Gracias papá, ahora tengo claro que es mejor ser vegetariano; entonces ¿cómo debo hacer para comer bien, comer cosas sabrosas y, además, nutrirme de forma óptima y tener buena salud?

—Es muy fácil: en primer lugar, debes saber y estar convencido de que fundamentalmente la alimentación vegetariana variada aporta todos los nutrientes necesarios para la vida con buena salud. No se trata de hacer que las preparaciones vegetales sean iguales físicamente a las carnes y sus derivados, sino que deben estar bien elaboradas, y tener una atractiva presentación a la vista, el olfato y el gusto. La persona que prepara los alimentos debe hacerlo sin distracciones, con la atención y el pensamiento amoroso, para que se carguen con la vibración del gran remedio universal que es el amor. Hijo, ésta es otra perspectiva, otra forma de ver y entender que la alimentación vegetariana es la gran alternativa para la salud. Me da mucha alegría que ahora entiendas la experiencia que tienes diariamente con tu alimentación, que tengas buena salud es la mejor herencia que te puedo dejar.

Este libro es el resultado del amoroso interés y la preocupación permanente de las personas que se dedicaron a entregar sus experiencias con las mejores y más deliciosas alternativas en el manejo y preparación de los productos vegetales; es una fuente de información muy valiosa para preparar con alegría y entusiasmo la mejor forma de procurarse una muy buena salud; ¡Buen apetito!

Dr. Hugo Castro Medina

LA IMPORTANCIA DEL ALIMENTO

La vida se fundamenta en el alimento. Éste es el punto vulnerable y estratégico de la humanidad porque el simple acto de controlar nuestra dieta nos proporciona la disciplina necesaria para examinar muchos otros aspectos de nuestro comportamiento. El ser humano es lo que come y el alimento que consume hace aportes a la conciencia, a la felicidad, al sacrificio y a la salvación espiritual.

La disponibilidad de los alimentos, sus características naturales, su modo de preparación, la combinación, la cantidad, el clima, la persona que come, así como la hora de consumirlos, son factores que deben ser tenidos en cuenta siempre, porque la ingestión de una comida sana asegura el equilibrio que el cuerpo requiere para obtener la energía necesaria que le permite realizar en forma armónica sus funciones.

El ser humano debe utilizar su instinto y sus cinco sentidos en la búsqueda, elección y consumo de los alimentos. Sentir reverencia y amor por la comida porque ésta pronto formará parte de él mismo y de sus tejidos.

Como no hay un alimento que sea adecuado para todos los seres humanos al mismo tiempo y en todas partes, se deben seleccionar siempre a conciencia los sabores y otras características que ayuden a equilibrar su energía.

La elección de la comida está determinada principalmente por su sabor. Se habla de seis sabores diferentes según las papilas gustativas, que se encuentran en la lengua: ácido, dulce, salado, amargo, astringente y picante, pero, una vez digeridos y asimilados, las manifestaciones finales de los sabores son tres: ácido, dulce y picante. El equilibrio de los sabores es indispensable para el suministro de todos los elementos a un nivel óptimo; el exceso de cualquier sabor cambia la proporción, y el abuso constante puede alterar el equilibrio corporal. Las hierbas, especias y condimentos ayudan a complementar o a realzar los sabores que faltan en los ingredientes.

La persona que prepara los alimentos debe tener buenos pensamientos, buen estado anímico y paz interna. Debe evitar angustia, ira y tristeza, que son aspectos negativos, porque estos sentimientos se reflejan en las preparaciones.

Sólo se puede comer sin peligro la cantidad de alimentos que sea posible digerir pronto, sin daño para la salud; tomar más o menos de esa cantidad es convocar la enfermedad. En cualquier comida, se ha de llenar un tercio del estómago con alimentos sólidos y un tercio con líquidos, dejando un tercio vacío para permitir el libre movimiento de la energía. Un ayuno de vez en cuando ayuda a controlar las adicciones a los alimentos, purifica el cuerpo, brinda un descanso a los órganos digestivos, hace volver a la normalidad y realza el sentido del gusto, y favorece una actitud más respetuosa frente al acto de comer.

Algunos alimentos ejercen diferentes efectos sobre el cuerpo según el clima. Generalmente, lo mejor es consumir aquellos que por sus características se opongan al clima y a la estación en que se vive.

A su vez, los cambios climáticos tienen influencia sobre el cuerpo y la salud. Aunque en el trópico no hay estaciones marcadas y, en general, el clima en el mundo ya no tiene patrones tan rígidos, la siguiente es una sugerencia:

Diciembre-enero:
Frío agradable. Es recomendable comer lácteos, trigo y sus derivados y semillas, en especial nueces. No consumir agua fría.

Febrero-marzo:
Tendencia del frío al calor. Dieta similar a la anterior.

Abril-mayo:
Sol agradable. Comidas livianas y zumos refrescantes.

Junio-julio:
Abundante sol. Tomar gran cantidad de zumos naturales, comidas livianas, sopas con hortalizas frescas, consomés y verduras blandas.

Agosto-septiembre:

Cambio de la temporada de calor a la de lluvias. El sistema digestivo se altera debido al cambio de la temperatura ambiental. Es conveniente condimentar los platos con especias que estimulen las glándulas digestivas y consumir menos agua, a medida que disminuye el calor y aumenta la humedad.

Octubre-noviembre:

Clima similar al anterior. Continuar con las mismas precauciones.

Durante las comidas se puede consumir agua según las necesidades; si se comen platos secos es preferible tomar agua antes de las comidas.

CEREALES

Los cereales pertenecen a la familia de las gramináceas, se encuentran desde la antigüedad en todas las culturas. En Europa la base alimenticia se apoya en el trigo, la cebada, el centeno y la avena. En India, China y Japón, el arroz. En África subsahariana, el mijo y la cebada, y en América, el maíz. Los cereales son fuente de energía, ya que están constituidos por una alta concentración de carbohidratos, proteínas, sales minerales, vitaminas y grasas; sus granos conservan durante mucho tiempo el contenido nutricional. Presentan un sabor suave y neutro, son fáciles de combinar con las legumbres y sirven de base para innumerables platos.

Deben conservarse en recipientes de vidrio oscuro, muy bien tapados, en lugares frescos, secos y protegidos del sol, pues la humedad les quita sabor y calidad.

AMARANTO

El amaranto fue el principal alimento de los aztecas, es cultivado en las zonas altas y frías. Sus cualidades nutricionales sobrepasan a los del trigo, el arroz y el maíz, pues contiene hierro, mucho calcio y más aminoácidos esenciales que cualquier otro cereal, especialmente la lisina, importante en la alimentación humana. Contiene también de 5 a 8 por ciento de grasas saludables, en especial de escualeno, tipo de grasa que hasta ahora se obtenía especialmente de tiburones y ballenas.

Es una gran alternativa para los que han desarrollado alergias o intolerancia al trigo (gluten).

Aunque es de fácil cocción, debe ser dejado en remojo. Su textura es crocante y agradable, y su sabor neutro. Ideal para usar como cereal de desayuno, para rociar sobre algunas preparaciones (ensaladas y repostería). Se puede mezclar con otros cereales, para espesar sopas y como palomitas miniatura.

Por su similitud con la quínoa, el cuscús y el trigo partido puede reemplazarlos o ser añadido en sus preparaciones.

AMARANTO BÁSICO

1½ taza de agua • ½ taza de amaranto • sal al gusto

Mezclar todos los ingredientes en una olla, hervir, tapar, bajar el fuego y cocinar durante 25 minutos o hasta que el agua se absorba y adquiera una consistencia gelatinosa.

Se puede consumir como papilla al desayuno.

Variación: Se puede cambiar sal por miel para consumir con frutos secos (manzana, albaricoque, pera, etc.).

ALEGRÍAS (receta mexicana)

2 tazas de amaranto • ½ taza de azúcar moreno • 6 tazas de agua
1 taza de uvas pasas • 1 taza de miel • 1 taza de nueces trituradas

Remojar las semillas de amaranto en las 6 tazas de agua durante 3 horas, escurrir y tostar en una sartén caliente de barro o metal, revolver constantemente hasta que revienten.

Mezclar con miel y azúcar moreno, revolver hasta lograr una masa uniforme y vaciar sobre una superficie engrasada para formar una capa de 1,5 cm de espesor, rociar con nueces y pasas, presionar para que se incorporen en la masa, dejar enfriar y cortar en forma de turrones o figuras.

CREMA DE AMARANTO

Ingredientes para 4 personas:
3 tazas de caldo básico (ver receta) • 1 diente de ajo picado
sin la vena central • 1 taza de yogur natural • 200 gr de guascas
1 cebolla fresca picada • aceite • 8 cucharadas de amaranto remojado
sal y pimienta al gusto • 1 tomate pelado y sin semillas

Calentar el aceite en una sartén, sofreír la cebolla y el ajo hasta que estén dorados, retirarlos del aceite y reservar.

En el mismo aceite dorar el amaranto, agregar el yogur, revolver constantemente, añadir el caldo y dejar hervir. Luego licuar con el tomate, el ajo y la cebolla, volver a hervir, agregar las hojas de guascas, sal y pimienta al gusto, y dejar cocinar 5 minutos más.

DULCE DE AMARANTO Y LECHE

Ingredientes para 8 personas:
4 tazas de amaranto remojado • 4 tazas de azúcar moreno
2 tazas de leche en polvo • 6 astillas de canela • 8 clavos de olor
½ cucharadita de esencia de vainilla • 16 tazas de agua

Cocinar la semilla de amaranto en 10 tazas de agua con la canela y los clavos, dejar enfriar y colar.

Agregar al amaranto, 4 tazas de agua y el azúcar, cocinar y revolver constantemente guascas ½ hora; luego agregar la leche disuelta en 2 tazas de agua, seguir revolviendo para que no se pegue, hasta que espese.

Agregar la vainilla, mezclar y retirar del fuego.

SALSA DE AMARANTO

———

2 cucharadas de mantequilla • 1 taza de leche de amaranto (ver receta)
4 cucharadas de harina de amaranto
¼ de cucharadita de nuez moscada o canela
1 taza de caldo básico (ver receta) • sal y pimienta al gusto

Calentar la mantequilla en una sartén de fondo grueso, agregar la harina de amaranto y revolver hasta que se dore. Añadir poco a poco el caldo básico caliente, revolver constantemente para que no se formen grumos, agregar la leche, la nuez moscada, sal y pimienta, y cocinar a fuego bajo sin dejar de revolver hasta que espese y retirar.

Especial para acompañar verduras al vapor.

CUADROS DE AMARANTO Y VEGETALES

———

½ taza de harina de maíz • ½ taza de hojas de espinaca (polenta o harina precocida para arepas) blanqueadas y picadas
1 zanahoria finamente rallada • 1 cucharada de hojas de hierbabuena
• 1 taza de amaranto remojado finamente picada • 1 taza de cebolla larga finamente picada • 1 cucharada de aceite de oliva • ½ taza de cilantro y perejil finamente picados • 1 cucharada de salsa de soja
1 taza de agua caliente • aceite • sal y pimienta al gusto

Sofreír la cebolla en una sartén con poco aceite caliente hasta dorar, agregar la zanahoria y la espinaca, revolver y retirar del fuego.

Disolver la harina de maíz en 1 taza de agua caliente, aceite de oliva, sal y pimienta, revolver vigorosamente para que no se formen grumos, agregar el sofrito, el amaranto, el cilantro, el perejil, la hierbabuena y la salsa de soja.

Engrasar una fuente de horno, vaciar la mezcla, formar una capa de 2 cm de espesor, rociar con aceite de oliva, llevar al horno precalentado guascas 15 a 20 minutos a 250 grados.

Retirar, partir en cuadros y servir caliente.

Especial para acompañar ensaladas surtidas.

LECHE DE AMARANTO

1 taza de amaranto • 4 tazas de agua tibia

Lavar el amaranto y remojar en agua durante 3 horas. Licuar y colar.

Esta bebida, por su alto contenido en calcio, representa una opción viable y más económica para personas que presentan intolerancia a la leche.

ARROZ

El arroz es el principal alimento en la dieta del 50 por ciento de la población mundial, no contiene seitán o gluten y existen varias clases. El arroz se debe escoger de acuerdo a la receta que se desee preparar: grano corto especial para platos de risotto; glutinoso, utilizado para sushi; basmati perfumado de grano largo originario de la India y Paquistán; el de grano largo es el más común en el mercado, y utilizado para la mayoría de las recetas; jazmín, similar al basmati; arborio, también utilizado para risotto; parvorizado, que conserva su forma ideal para paella; silvestre, originario de los grandes lagos, proviene de una hierba acuática de grano marrón, fino y largo, que se puede utilizar solo o mezclado con arroz corriente; su cocción dura entre 35-40 minutos.

ARROZ A LA GENOVESA

Ingredientes para 6 personas:
2 tazas de arroz • 2 cucharadas de mantequilla o ghee
1 cucharada de cebolla o cebollín finamente picado
5 tazas de caldo básico • azafrán • queso parmesano

Sofreír en una sartén con mantequilla la cebolla hasta que esté dorada, luego agregar el arroz, dejándolo tostar. Añadir el caldo poco a poco y dejar a fuego medio hasta que ablande. Cuando esté a punto, agregar el azafrán.

A tiempo de servir espolvorear el queso parmesano, revolviendo con el arroz para que se mezcle bien y quede esponjoso.

Sirve para acompañar pinchos.

ARROZ AL AZAFRÁN

Ingredientes para 8 personas:
2 tazas de arroz de grano largo • 4 hebras de azafrán
2 cucharadas de mantequilla o ghee • 1 cebolla fresca grande picada
4 clavos de olor • 1 astilla de canela • 4 tazas de agua • sal al gusto

Remojar el azafrán en 2 cucharadas de agua caliente.

En una sartén calentar la mantequilla y saltear la cebolla, los clavos y la canela. Luego añadir el azafrán, sal y agua. Cuando esté hirviendo, agregar el arroz lavado y cocinar hasta que esté blando. Luego retirar los clavos y la canela. Puede utilizar cúrcuma en lugar de azafrán.

ARROZ AL LIMÓN Y VERDURAS

Ingredientes para 4 personas:
1 taza de arroz • 2 tazas de agua • 2 cucharadas de aceite
1 zanahoria rallada • 8 hojas de espinacas sin el tallo y en tiritas
zumo de medio limón • sal al gusto

Preparar el arroz de la manera tradicional y cuando falten 5 minutos para quitarlo del fuego agregar y mezclar la zanahoria rallada, la espinaca y el zumo de limón.

Servir caliente.

ARROZ ALMENDRADO

Ingredientes para 4 personas:
1 taza de arroz blanco • 1 taza de almendras laminadas y tostadas
1 cucharada de aceite • 2 cucharadas de mantequilla o ghee

Preparar el arroz tradicional con aceite y mantequilla o ghee.
Servir caliente rociado con las almendras.

ARROZ CHINO

Ingredientes para 8 personas:
2 tazas de arroz • 3 tazas de agua • 2 tazas de guisante
2 tazas de cebolla larga finamente picada • 2 tazas de apio picado

en juliana • 1 pepino picado con cáscara en juliana
1 taza de champiñones laminados • 1 taza de raíces chinas,
o más si se desea • 300 gr de tofu (queso de soja) rallado grueso
1 taza de salsa de soja • 4 cucharadas de aceite

Cocinar el arroz en el agua con la salsa de soja y guisantes (no usar sal).

En una sartén con aceite freír la cebolla hasta que esté dorada, añadir el apio y luego el pepino, dejar esta mezcla a fuego medio por 5 minutos.

Aparte, freír los champiñones a fuego alto durante 3 minutos.

En otra sartén con poco aceite dorar el tofu a fuego alto.

Pasar las raíces por agua caliente.

Mezclar todo con el arroz en una sartén grande, sin tapa, a fuego medio durante 10 minutos revolviendo constantemente.

Servir caliente.

ARROZ CON ALCACHOFAS

Ingredientes para 6 personas:
2 tazas de arroz • 1 cucharada de mantequilla o ghee
½ taza de perejil picado • 300 gr de jamón de vegetales picado
1 cucharada de aceite • 1 cebolla fresca grande cortada en rodajas
gruesas • 4 corazones de alcachofa blandos y partidos en gajos
2 tazas de caldo básico (ver receta) • 2 tazas del caldo donde se
cocinaron las alcachofas • sal y pimienta al gusto

En una sartén con aceite freír la cebolla, el perejil y el jamón hasta que doren. Luego agregar las alcachofas.

En una olla cocinar el arroz en las 4 tazas de caldo, a media cocción pasar todo el contenido a la sartén con el sofrito anterior, y revolver de vez en cuando. Añadir sal y pimienta. Cuando el arroz esté casi seco, pasarlo a una fuente pirex untada con mantequilla y llevar al horno a 250 grados por 10 minutos o hasta que dore.

ARROZ CON APIO Y AJONJOLÍ

Ingredientes para 6 personas:
1½ taza de arroz parvorizado • 2 tazas de apio finamente picado
½ taza de ajonjolí dorado • 2 cucharadas de aceite • 4 tazas de agua
2 cucharaditas de sal

Hervir el agua en una olla con el aceite, luego agregar el arroz; dejar a fuego alto hasta que se formen burbujas; en ese momento tapar y dejar a fuego lento durante 20 minutos.

Cuando el arroz haya crecido lo suficiente, agregar la sal disuelta en un poquito de agua y el apio picado.

Se sirve mezclado con el ajonjolí tostado.

ARROZ CON COCO Y PASAS

Ingredientes para 6 personas:
1 taza de arroz • 3 cucharadas de mantequilla o ghee
1 cucharada de aceite • 2 cebollas frescas blancas finamente picadas
• ½ taza de agua caliente • ½ cucharadita de paprika
¼ de cucharadita de pimienta • ⅔ de taza de uvas pasas
½ taza de coco fresco rallado • 1 cucharadita de sal
ralladura de piel de 2 naranjas

En una sartén de fondo grueso calentar la mantequilla y el aceite. Freír la cebolla hasta que esté blanda, pero sin tomar color. Echar el arroz lentamente y revolver hasta que esté dorado claro. Verter el agua hirviendo, agregar sal, revolver y seguir cocinando. Añadir la paprika, la pimienta y las uvas pasas. Cocinar a fuego bajo hasta que aparezcan huequitos en la superficie. Con una cucharita añadir, en estos huequitos, la ralladura de la piel de naranja y el coco. Tapar la olla y terminar la cocción a fuego bajo.

Revolver antes de servir.

ARROZ CON ZANAHORIA

Ingredientes para 4 personas:
2 tazas de zanahoria rallada • 1½ taza de arroz cocido
2 cucharadas de cebolla morada finamente picada
1 taza de caldo básico (ver receta) • ½ taza de miga de pan
½ cucharada de orégano seco • 1 cucharadita de sal
1 cucharada de aceite • 1 taza de cacahuete molido

Cocinar el cacahuete molido en el caldo hasta que se evapore un poco, agregar los demás ingredientes y después de 5 minutos revolver con el arroz.

Poner la mezcla en una sartén de fondo grueso y conservar a fuego lento durante 15 minutos.

ARROZ CON GERMINADOS Y LENTEJAS

Ingredientes para 6 personas:
⅔ de taza de lentejas rojas • ⅓ de taza de aceite de oliva
⅓ de taza de vinagre • 1½ taza de arroz cocinado
2 tazas de semillas germinadas • 1 cucharada de perejil y eneldo
fresco, picado • zumo de 1 limón • sal y pimienta al gusto

Cocinar las lentejas sin remojar en agua con sal, durante 10 minutos. Dejar enfriar.

Sazonar las lentejas con aceite, vinagre, sal y pimienta. Refrigerar. Luego mezclar con el arroz y demás ingredientes.

Agregar sal y pimienta al gusto.

ARROZ DE AHUYAMA

Ingredientes para 6 personas:
½ kilo de ahuyama (calabaza amarilla) pelada, sin semillas y cortada
en cuadritos • 2½ tazas de arroz • 5½ tazas de agua
4 cucharadas de mantequilla • 4 cucharadas de queso rallado

2 gajos de cebolla larga finamente picada • ¼ de cucharadita de nuez
moscada • sal y pimienta blanca molida

NOTA: Las ahuyamas de cáscara verde son de mejor calidad que las de
cáscara blanca.

Derretir la mantequilla, añadir la cebolla y freírla sin que dore. Agregar
la ahuyama, hasta que dore, revolver para que no se pegue. Sazonar con
sal y pimienta. Verter ½ taza de agua y cocinar durante 5 minutos.

En la olla donde se va a preparar el arroz, hervir 5 tazas de agua con sal,
agregar el arroz y la mezcla anterior, revolver y cocinar hasta que seque,
luego tapar y poner la olla sobre una rejilla, bajar el fuego y seguir cocinando hasta que el arroz esté tierno.

Antes de servir espolvorear con el queso y la nuez moscada. Mezclar todo
muy bien y servir caliente.

ARROZ DE ALEJANDRO

Ingredientes para 6 personas:
3 tazas de arroz cocido con anterioridad • ½ taza de nueces picadas
½ taza de cacahuete triturado • ½ cucharadita de mantequilla
1 taza de queso mozzarella rallado • ½ taza de ajonjolí dorado
sal y pimienta

Dorar las nueces y el cacahuete con 1 cucharadita de mantequilla.

Preparar una pirex engrasada, alternar capas de arroz, nueces, cacahuete
y queso, hasta terminar los ingredientes. Por último cubrir con las semillas de ajonjolí, sal y pimienta.

Llevar al horno precalentado a 250 grados durante 15 minutos.

ARROZ DE PEREJIL

Ingredientes para 4 personas:
1 taza de arroz • ½ taza de perejil picado • ½ taza de apio finamente picado • zumo de medio limón • aceite • sal al gusto

Cocinar el arroz con el zumo de limón y el apio, seguir el procedimiento normal y 5 minutos antes de terminar la cocción revolver con el perejil picado.

ARROZ INTEGRAL

Ingredientes para 6 personas:
1½ taza de arroz integral • 4 tazas de agua • 2 cucharadas de cebolla picada • 1 cucharadita de sal • 1 cucharada de aceite

En la olla donde se va a hacer el arroz calentar el aceite y freír la cebolla, luego agregar el agua, la sal y el arroz. Una vez que hierva, tapar sin bajar la temperatura. Cuando haga burbujas gruesas, bajar el fuego, revolver, tapar y cocinar lentamente.

ARROZ IRANÍ CON HIERBAS

Ingredientes para 8 personas:
½ kilo de arroz basmati • 1 taza de cebollín picado
2 cucharadas de perejil picado • 3 cucharadas de cilantro picado
2 cucharadas de eneldo picado • 2 cucharadas de mantequilla
sal al gusto

Remojar el arroz en agua con sal durante 2 horas y escurrir.

En una olla grande hervir 2½ litros de agua con sal. En este momento agregar todo el arroz, cocinar durante 5 minutos sin tapar, revolviendo de vez en cuando. Bajar del fuego, escurrir el arroz y aclararlo con agua tibia.

Mezclar las hierbas picadas (perejil, cilantro, cebollín y eneldo).

En una olla grande calentar la mitad de la mantequilla, añadir 4 cucharadas de agua, cubrir el fondo de la olla con una capa de arroz. Agregar una capa de hierbas, luego otra de arroz y así sucesivamente, terminando con arroz (formando como una montaña). Derretir el resto de la mantequilla y rociarla sobre el arroz. Con el mango de una cuchara de madera, hacer un hueco en el centro. Cubrir con un paño delgado (liencillo) y tapar la olla. Cocinar a fuego muy bajo durante 30 minutos.

ARROZ THAI CON TOFU

Ingredientes para 4 personas:
4 cucharadas de aceite • 2 cucharadas de ajonjolí tostado
2 cebollas frescas en julianas • 2 tazas de arroz cocido
1 diente de ajo triturado sin la vena central • ½ taza de salsa de soja
1 cucharada de jengibre rallado • 2 tomates pelados y picados
en cuadritos • 1 taza de dados de tofu • 2 cucharadas de cebollín
picado • 1 cucharadita de curry mussaman
8 hojas de albahaca picada

Freír en el aceite a fuego medio el ajo, el jengibre y la cebolla por dos minutos; agregar dos cucharadas de agua y luego el tofu; cocinar 5 minutos; añadir el curry, el ajonjolí y la salsa de soja; hervir 3 minutos; luego agregar el arroz y los otros ingredientes. Seguir cocinando a temperatura media durante unos 5 minutos.

Para la salsa curry mussaman:
¼ de taza de aceite • 1 cucharadita de comino molido
3 cucharadas de cilantro picado • 1 cucharada de pimienta molida
1 cucharada de canela • ½ cucharada de semillas de cardamomo

Poner todos los ingredientes, menos el aceite, en una cazuela y dejar que caliente por dos minutos. Licuar todo en el aceite y guardar en frasco de vidrio.

ARROZ TOSTADO CON NUECES Y CHAMPIÑONES

Ingredientes para 6 personas:
2 tazas de arroz • 1 cucharada de mantequilla o ghee
2 tazas de champiñones frescos laminados • 4 cucharadas de aceite
125 gr de nueces del Brasil troceadas • 4 tazas de agua • sal al gusto

Calentar el aceite en una olla, dorar el arroz sin lavar, cuando esté amarillo agregar el agua y sal, y cocinar siguiendo el procedimiento normal.

En una sartén con mantequilla dorar las nueces, luego agregar los champiñones y sofreír durante 2 minutos, revolver con el arroz y servir caliente.

ARROZ TURCO

Ingredientes para 10 personas:
1 frasco de mazorquitas • 250 gr de guisantes • 250 gr de judías
1 cucharadita de pimienta blanca • 1 cucharadita de jengibre en polvo
• 2 cucharadas de sal • 2 cucharadas de semillas de cardamomo
2 dientes de ajo finamente picado • ½ taza de nueces picadas
1 taza de caldo básico (ver receta) • ½ cucharadita de curry
½ cucharadita de pimienta negra • 1 taza de almendras tostadas o
pistachos (opcional) • ½ taza de leche de coco • 1 taza de yogur
natural • 2 tazas de arroz • 6 cucharadas de cilantro finamente picado
1 cucharada de crema de leche • 2 patatas en cuadros pequeños
½ kilo de seitán sofrito en tiras
½ kilo de champiñones troceados

Mezclar las almendras tostadas y el cilantro.

Cocinar al dente los guisantes y las judías.

Cocinar las patatas en cuadros.

Licuar el cardamomo en el caldo.

Mezclar la leche de coco, el yogur, las pimientas, el jengibre, el curry, el ajo, las nueces, el caldo y la mitad de las almendras hasta formar una salsa; si queda muy líquida agregar harina de trigo y crema de leche Cocinar en esta salsa los champiñones, el seitán y las patatas durante 5 minutos.

Preparar el arroz con el procedimiento normal.

Agregar las verduras cocinadas a la salsa anterior y dejar conservar 3 minutos. Por último añadir las mazorquitas partidas en dos.

Servir el arroz caliente en un molde, dejando un espacio en el centro, y llenarlo con la salsa; llevar la salsa restante en una fuente adicional.

Rociar y decorar con el resto de las almendras.

ENSALADA DE ARROZ

Ingredientes para 6 personas:
1 taza de arroz cocido del día anterior • 2 cucharadas de almendras picadas • 2 cucharadas de aceitunas deshuesadas y picadas
½ taza de flores de brécol cocinada al dente • 1 taza de tomates pelados y picados en cuadros • 1 taza de orellanas picadas y doradas
½ taza de zanahoria en juliana • 2 cucharadas de cebollín finamente picado • 2 cucharadas de perejil finamente picado
½ taza de vinagreta básica (ver receta) • 6 hojas de lechuga lavada y seca • 1 aguacate en cuadros • 1 cucharadita de mantequilla

Freír las almendras en mantequilla y mezclar con el arroz.

Revolver con las verduras, las orellanas y la vinagreta, y dejar reposar por 5 minutos.

Servir frío y adornar alrededor con lechuga y aguacate.

ENSALADA DE ARROZ CON PAPAYA

Ingredientes para 8 personas:
1 papaya mediana madura, pelada y partida en cuadritos
3 tazas de arroz cocinado • 3 tomates maduros pelados y en cuadritos
• 1 diente de ajo • 1 cucharada de azúcar • 1 cucharada de aceite
1 cucharadita de aceite de ajonjolí • 2 cucharadas de hierbabuena fresca picada • 1 cucharada de jengibre rallado • 4 cucharadas de zumo de lima o mandarina • 1 cucharada de salsa de soja
Sal y pimienta al gusto

Freír el tomate en una sartén con ½ cucharada de aceite, sal y pimienta por 2 minutos, luego pasar a una fuente y revolver con el arroz, la hierbabuena y la papaya.

Aderezo: Freír en ½ cucharada de aceite ½ diente de ajo, dejar enfriar; retirar el ajo y conservar el aceite; luego agregar el otro ½ diente de ajo finamente picado sin la vena central, el jengibre, el azúcar, el zumo de lima, el aceite de ajonjolí y la salsa de soja.

Mezclar el aderezo con el arroz, refrigerar 5 minutos y servir.

MOLDE DE ARROZ Y VERDURAS

Ingredientes para 8 personas:
2 tazas de arroz • 1 taza de salsa de tomate • 1 taza de tomates pelados
y picados • 1 taza de nueces partidas y tostadas • ½ taza de guisantes
verdes blandos • ½ taza de espinacas blanqueadas y picadas finas
½ taza de zanahorias en láminas cocinadas al dente
1 taza de queso parmesano mezclado con 2 cucharadas de miga de pan
2 cucharadas de miga de pan • ½ taza de cebolla picada
1 taza de salsa blanca • 2 cucharadas de aceite • sal y pimienta

Cocinar el arroz y cuando esté a punto ponerlo en un colador y pasar por agua fría.

Saltear los guisantes, las espinacas y las zanahorias en aceite con cebolla, sal y pimienta por 2 minutos.

Cubrir un molde engrasado con miga de pan y poner una capa de arroz, luego una de verduras, la salsa de tomate y una parte de las nueces, después el resto del arroz, el tomate en trozos, la miga de pan con queso y las nueces.

Llevar al horno a 250 grados durante 15 minutos o hasta que gratine.

Servir caliente y bañar con salsa blanca.

RISOTTO DE ALCACHOFA

Ingredientes para 8 personas:
2 tazas de arroz arborio • 2 tazas de caldo básico (ver receta)
3 cucharadas de vinagre de vino de arroz • 2 cucharadas de aceite
4 cucharadas de mantequilla • 2 cucharadas de perejil finamente
picado • 2 tazas de caldo donde se cocinaron las alcachofas
1 cucharada de cebolla fresca picada • 1 taza de queso parmesano
5 corazones de alcachofa cortados en cuadros y las hojas tiernas
zumo de 2 limones • sal

Lavar las alcachofas en un chorro fuerte de agua, cortar la parte extrema del tallo y las puntas de las hojas. Dejarlas 10 minutos en agua con limón. Luego cocinar en abundante agua con sal y aceite durante 20 minutos. Dejar enfriar, retirar las hojas gruesas, la espina del centro y la pelusa que se forma debajo de ésta, dejando los corazones y las hojas más tiernas.

Calentar el aceite y sofreír 2 minutos el arroz. Añadir el caldo de alcachofa y una taza de caldo básico. Cocinar durante cinco minutos, tapar y bajar el fuego. Agregar poco a poco el caldo restante, seguir cocinando y cuidando que el arroz se mantenga húmedo.

Mezclar con la alcachofa, el perejil, la mantequilla, la cebolla y el queso parmesano.

Servir caliente y decorar con hojas de alcachofa.

NOTA: El risotto debe quedar húmedo y el grano firme.

RISOTTO DE ESPINACAS

Ingredientes para 6 personas:
500 gr de arroz largo • 2 cucharadas de mantequilla
1 cebolla fresca blanca finamente picada • ½ kilo de espinaca
1 litro de agua • ½ taza de queso parmesano o fresco (opcional)
2 cucharadas de crema de leche • 2 cucharadas de aceite
sal y pimienta al gusto

Lavar y cocinar las espinacas en un litro de agua con pimienta y sal, retirar las espinacas y escurrirlas. Saltearlas en un poco de mantequilla y reservar el caldo de cocción.

En la olla donde se va a hacer el arroz, freír en mantequilla la cebolla hasta que dore. Agregar el arroz y revolver hasta que se impregne del sabor. Verter el caldo de espinacas revolviendo poco a poco . Cuando el arroz esté a media cocción agregar las espinacas salteadas y la crema de leche, seguir cocinando, cuidando que el arroz conserve humedad. Al final mezclar con el queso parmesano.

Debe quedar cremoso, servir caliente.

En el fondo de la olla queda una costra que se sirve como acompañamiento.

PAELLA

Ingredientes para 8 personas:
3 tazas de arroz grano largo parvorizado (400 gr) • 8 tazas de caldo
básico (ver receta) • 2 alcachofas cocinadas (reservar el caldo)
1 taza de caldo de alcachofa • 6 chorizos de vegetales en trocitos
½ taza de garbanzo blando • ½ kilo de champiñones pequeños enteros
• 1 brécol en florecitas • 3 zanahorias partidas en ruedas delgadas y
por mitad • 3 cebollas frescas moradas en medios aros
4 tomates maduros firmes en ruedas • 4 patatas de consistencia dura,
peladas y en cascos • 8 aceitunas deshuesadas y partidas
1 pimentón procesado en tiras • ½ kilo de seitán en tiras marinado
y frito • 1 taza de cebolla puerro en ruedas
• 1 taza de judías en trocitos • 8 guisantes enteros • 3 dientes de ajo
macerados sin la vena central • 2 cucharadas de paprika • ½ taza de
aceite de oliva • 5 hebras de azafrán o cúrcuma • ½ taza de salsa
de soja • 4 cucharadas de perejil • pimienta

Remojar en media taza de caldo la cúrcuma o el azafrán.

Alcachofas: separar las hojas de los corazones y partirlos en cuadritos.

Vaporizar las verduras en el caldo básico.

Agregar al caldo básico 4 cucharadas de aceite de oliva, 1 diente de ajo macerado, salsa de soja, pimienta, la media taza de caldo con azafrán y el caldo de alcachofa, rectificar el sabor agregando sal si fuera necesario; debe quedar con un sabor fuerte.

Untar la paella con 2 dientes de ajo, luego poner 3 cucharadas de aceite de oliva, la cebolla puerro y la paprika. Calentar y sofreír hasta que el ajo suelte el aroma, en este momento agregar 2 ½ tazas de arroz lavado, los garbanzos y las patatas, revolver por 1 minuto. Verter 2 tazas de caldo manteniendo el arroz a fuego alto, y cuando empiece a hervir, poner a fuego medio. Colocar en círculos las verduras, los cuadritos de alcachofa, el seitán y los chorizos. Las hojas de alcachofa arreglarlas alrededor de la paella. Rociar con el arroz restante, agregando caldo poco a poco (este procedimiento lleva aproximadamente 15 minutos). Colocar por último tomates, champiñones enteros, perejil picado y una cucharada de aceite de oliva. Tapar y seguir cocinando sin revolver, a fuego bajo, hasta que las patatas estén blandas. Es importante conservar la humedad del arroz añadiendo poco a poco cucharadas de caldo si fuera necesario.

AVENA

L a avena fue cultivada por los hunos en el noreste de Asia; ahora se encuentran grandes cultivos en el norte de Europa y Canadá.

La avena es rica en grasas fácilmente asimilables, se emplea procesada en forma de harina y copos, se utiliza cruda como cereal al desayuno, cocida como papilla, sopas, gachas y coladas de dulce o sal.

GRANOLA

2 tazas de avena en copos • 1 taza de uvas pasas
1 cucharada de germen de trigo • ½ cucharadita de sal
1 taza de nueces troceadas • 2 cucharadas de aceite • ½ taza de coco deshidratado • ½ taza de miel • ½ taza de semillas de ajonjolí

Fundir a fuego medio en una sartén el aceite y la miel.

En otro recipiente combinar los ingredientes secos, cubrirlos con la mezcla de aceite y miel, revolviendo hasta que todo esté mezclado.

MUESLI

½ kilo de avena en copos • 125 gr de salvado • 1 taza de macadamias troceadas • 1 taza de nueces troceadas • 250 gr de manzana y albaricoque secos y picados • ½ taza de jarabe de arce • 1 cucharadita de esencia de vainilla

Calentar el jarabe y la vainilla a fuego lento durante 3 minutos.

En un recipiente aparte revolver los demás ingredientes secos y bañarlos con el jarabe.

PAPILLA DE COPOS DE AVENA

Ingredientes para 4 personas:
2 tazas de agua • 2 tazas de leche de almendras (ver receta)
1 cucharada de ghee (ver receta) • ½ cucharadita de sal
4 cucharaditas de miel de abejas • 4 cucharadas de avena

Cocinar la avena en el agua durante 5 minutos, dejar reposar 15 minutos, luego añadir, sal, ghee y leche, y revolver.

Una vez servido rociar con miel.

PORRIDGE

2 tazas de avena en copos • 2 tazas de agua

Acompañamientos:
Miel y canela en polvo
Crema de leche o de almendras y uvas pasas
Coco rallado y manzana en trocitos
Manzana rallada y miel

Cocinar los copos de avena durante 10 minutos. Bajar del fuego.

Servir caliente o frío y acompañar al gusto.

SOPA DE AVENA

Ingredientes para 4 personas:
1 taza de avena en copos • 1 cucharada de hojas tiernas
de apio picadas • 1 taza de zanahoria, cebolla puerro y cebolla larga
cortadas en rodajas • 4 tazas de caldo básico • 2 cucharadas
de aceite de oliva • 4 cucharadas de queso fresco o tofu rallado

En una olla con el aceite saltear la cebolla y los vegetales durante 5 minutos, agregar el caldo, hervir y añadir la avena revolviendo constantemente 5 minutos.

Servir rociado con queso.

CEBADA

La cebada es uno de los cereales más antiguos, cultivado en Abisinia y Nepal. La más usada, la cebada perlada, es un alimento refrescante y tiene propiedades calmantes, recomendado durante el período de crecimiento y la época de estudios. Es utilizada en la fabricación de cerveza y malta por su gran contenido en azúcares.

PAPILLA SUECA DE CEBADA

Ingredientes para 6 personas:
1 taza de cebada perlada • 6 rebanadas de pan de centeno
2 rábanos blancos • 3 cucharadas de aceite de oliva • 3 zanahorias
sal marina al gusto

Escoger la cebada, lavar y remojar en 2 tazas de agua caliente durante 2 horas.

Rallar el rábano y la zanahoria.

Cocinar la cebada en agua con sal, agregar las verduras después de 5 minutos de cocción y cocinar hasta que la cebada esté blanda; rociar con aceite de oliva y sal.

Servir sobre el pan de centeno.

RISOTTO DE CEBADA

Ingredientes para 4 personas:
6 tazas de caldo básico (ver receta) • 2 cucharadas de aceite de oliva
1 cebolla fresca finamente picada • 2 dientes de ajo macerados
sin la vena central • 1 taza de cebada perlada • ½ de taza de vinagre
de vino de arroz • 2 cucharadas de mantequilla • ½ taza de queso
parmesano rallado • ½ de taza de perejil picado o de finas hierbas
zumo de 1 limón • sal y pimienta al gusto

Mantener caliente el caldo básico.

En una olla de fondo grueso calentar el aceite de oliva y agregar la cebolla y el ajo a fuego medio durante 4 minutos o hasta que la cebolla esté transparente. Añadir la cebada y revolver hasta impregnar totalmente los granos.

Aumentar el fuego y agregar el vinagre de vino de arroz, mezclando frecuentemente hasta que éste sea absorbido, luego añadir 2 ½ tazas de caldo, tapar y hervir hasta que el caldo se consuma, cuidando de mezclar frecuentemente. Añadir ½ taza de caldo, una vez se vaya consumiendo el anterior, sin dejar secar totalmente. Aproximadamente después de 40 minutos el grano debe estar blando y cremoso. No necesariamente se debe utilizar todo el caldo.

Mezclar con el queso, la mantequilla, la mitad del perejil y el zumo de limón (al gusto), rectificar la sal, agregar la pimienta y rociar el perejil restante.

Servir con vegetales variados.

Variación: Se pueden usar corazones de alcachofas picados o champiñones laminados sofritos dentro de la preparación del risotto, al momento de agregar el queso y la mantequilla.

CEBADA CON SETAS

Ingredientes para 6 personas:
1 taza de cebada perlada • 2 tazas de setas o champiñones
1 taza de tomate pelado y picado • ½ taza de cebolla finamente picada
½ cucharadita de tomillo • ½ cucharadita de laurel
2 cucharadas de apio finamente picado • 1 cucharadita de paprika
1 cucharada de albahaca finamente picada • 3 cucharadas de aceite
de oliva • 2 cucharadas de salsa de soja • sal y pimienta al gusto

Escoger la cebada, lavar y remojar en 2 tazas de agua caliente durante 2 horas.

Preparar un sofrito en una cucharada de aceite con cebolla, tomate, apio, tomillo y laurel.

Escurrir la cebada y agregarla al sofrito, añadir ½ taza de agua y cocinar a fuego medio hasta que el grano esté al dente.

En una sartén engrasada dorar las setas marinadas en la salsa de soja, luego agregarlas a la cebada y rociar con albahaca fresca y paprika; cocinar 5 minutos a fuego bajo; servir caliente.

MAÍZ

E l maíz es originario de América. En la actualidad es considerado la tercera fuente de alimento del mundo y abarca las dos terceras partes de las proteínas consumidas por la humanidad. Constituye una fuente de energía dado su alto contenido de carbohidratos, además es muy bajo en grasas. Sólo presenta algunos aminoácidos esenciales que lo hacen un alimento de complemento; no contiene seitán o gluten.

Por sus diferentes formas de conservación y almacenamiento puede ser utilizado en gran variedad de recetas y en todas las épocas del año.

AREPAS

Las arepas tradicionales colombianas se preparan de maíz molido blanco o amarillo.

½ kilo de maíz molido • 4 tazas de agua

Cocinar el maíz en el agua hasta que dé una consistencia blanda, pero firme; si es en olla a presión aproximadamente 15 minutos o 45 minutos en la olla corriente; enfriar, escurrir el líquido en que se cocinó y pasar por el molinillo (eléctrico o manual).

Amasar hasta que tenga consistencia suave, formar bolas y luego aplanar formando discos de un espesor de medio centímetro.

Asar sobre una parrilla o rejilla caliente a fuego medio, esperando que dore bien por un lado para voltearla fácilmente.

Variación: En el momento de amasar se puede agregar mantequilla, sal y queso, y seguir el procedimiento.

Hoy en día encontramos maíz procesado y precocido en forma de harina que permite preparar más rápidamente las arepas.

1 taza de harina de maíz • 2 tazas de agua caliente

Colocar la harina en un tazón, agregar poco a poco el agua caliente e ir revolviendo rápidamente con cuchara de madera hasta formar una masa de consistencia suave; dejar reposar. Cuando la masa esté tibia, amasar por 5 minutos; si la masa está un poco seca (cuarteada) rociar con agua caliente y seguir amasando; si la masa queda demasiado blanda rociar con harina y seguir amasando.

Formar bolas y aplanar con los dedos hasta lograr discos de aproximadamente medio centímetro y asar.

Variaciones: Las 2 tazas de agua caliente se pueden cambiar por 1 ½ taza de agua caliente y ½ de leche, y agregar sal, mantequilla o queso rallado.

Agregar a la masa 2 plátanos triturados y seguir con el procedimiento anterior.

Arepa rellena: Hacer con la masa una bola, ahuecarla con las manos y rellenar con soja texturizada dorada con cebolla, o pedacitos de seitán sofritos. Cerrar, aplanar y asar.

AREPAS DE MAÍZ TIERNO (CHOCLO)

5 mazorcas de maíz tierno (choclo) • 1 cucharadita de sal
1 cucharadita de panela en polvo o azúcar morena
1½ cucharada de mantequilla

Retirar los granos de la mazorca con cuchillo, apoyándola sobre la base, y luego pasarlos por el molinillo o procesador. Verter en un recipiente hondo y agregar sal y azúcar.

Calentar una plancha o sartén de fondo grueso y engrasar con ½ cucharadita de mantequilla.

Verter 2 cucharadas de masa, esparcir y dar una forma redonda de aproximadamente ½ cm de grosor, dorar bien por un lado y voltear con espátula.

Repetir el procedimiento hasta terminar la masa.

Se pueden servir acompañadas con queso fresco por encima.

MAÍZ TIERNO AL HORNO

Ingredientes para 4 personas:
6 tazas de mazorca tierna desgranada • 1 taza de caldo básico
4 cucharadas de cebolla fresca finamente picada • 1 taza de tomate
maduro pelado picado • 4 cucharadas de jamón vegetariano picado
3 cucharadas de mantequilla o aceite • 3 cucharadas de pan rallado o
miga de pan • 3 cucharadas de queso fresco o queso de soja rallado
10 aceitunas negras picadas (opcional) • picante al gusto
sal al gusto

Cocinar 5 tazas de mazorca en caldo básico y escurrir, reservar el caldo para licuar la otra taza de mazorca.

Preparar un sofrito de cebolla y tomate en una cucharada de mantequilla.

Engrasar un molde para llevar al horno.

En una fuente mezclar bien la mazorca en grano y la licuada, el jamón, el sofrito, el queso, las aceitunas, el picante y la sal. Verter en el molde engrasado, rociar con miga de pan y llevar al horno durante 30 minutos a 250 grados.

NOTA: Para que las mazorcas crudas sobrantes no se endurezcan, colóquelas en una vasija con agua dentro de la nevera.

PALOMITAS AL PARMESANO

½ taza de maíz pira • ⅓ de taza de queso parmesano rallado
• 3 cucharadas de aceite • 1 cucharadita de albahaca finamente
picada • 3 cucharadas de mantequilla derretida
• ½ cucharadita de sal mezclada con paprika

En una sartén con aceite, en frío, cubrir el fondo con una capa de maíz, rociar con sal, tapar y poner a fuego alto hasta que empiece a sonar el maíz; bajar el fuego a medio hasta que todos los granos se hayan abierto; luego pasarlos a un recipiente hondo.

Rociar las palomitas con mantequilla derretida y el queso parmesano, mezclar bien, luego rociar con más sal si se desea, y albahaca.

Servir caliente.

SOPA DE CURA POR CEREALES

Ingredientes para 10 personas:
½ taza de trigo entero • ½ taza de cebada perlada • ½ taza de maíz amarillo • ½ taza de maíz mijo • 2 cucharadas de aceite • 1 taza de cebolla larga finamente picada • 10 tazas de agua • ½ taza de quínoa o de amaranto • 3 cucharadas de avena en escamas • sal al gusto
4 cucharadas de cilantro finamente picado

Remojar los 4 primeros cereales en agua caliente desde el día anterior.

En la olla a presión dorar la cebolla en el aceite; agregar el agua, la quínoa y los cereales remojados; cocinar hasta que estén blandos.

Añadir la avena y la sal; cocinar durante 5 minutos.

Si al momento de servir se encuentra muy espesa, agregar agua hirviendo, rectificar la sal y rociar con el cilantro.

SOPA DE CURA POR CEREALES SIN GLUTEN

Ingredientes para 10 personas:
½ taza de amaranto • ½ taza de maíz amarillo • ½ taza de maíz mijo
1 taza de cebolla larga finamente picada • 2 cucharadas de aceite
10 tazas de agua • ½ taza de quínoa • ½ taza de arroz • sal al gusto
1 taza de cebolla larga finamente picada • 4 cucharadas
de cilantro finamente picado

Remojar los 3 primeros cereales en agua caliente desde el día anterior.

En la olla a presión dorar la cebolla en el aceite; agregar el agua, la quínoa y los cereales remojados; cocinar hasta que estén blandos.

Añadir el arroz y la sal; cocinar por 15 minutos.

Si al momento de servir se encuentra muy espesa, agregar agua hirviendo, rectificar la sal y rociar con el cilantro y cebolla finamente picados.

Esta sopa es rica en fibra, cenizas y proteínas, glúcidos de fácil absorción y mejora el tránsito intestinal.

TAMAL

Ingredientes para 20 tamales:
1 kilo de harina de maíz amarillo (se puede utilizar polenta)
12 tazas de caldo básico (ver receta) • ½ kilo de mantequilla
5 kilos de tomate pelado y picado • 1½ kilo de cebolla larga finamente picada • 5 zanahorias medianas tiernas, peladas y en rodajas
2 kilos de seitán en trozos medianos • 1 kilo de garbanzos lavados y cocinados con sal o guisante verde cocinada • 3 dientes de ajo picados sin la vena central • 3 tazas de arroz • 20 aceitunas verdes deshuesadas partidas por mitades (opcional) • 1 cucharada de pimienta • ½ cucharada de comino • ½ cucharada de color natural
20 trozos de 20 x 30 cm de hoja de plátano en buen estado
20 hojas de bijao de tamaño mediano • 20 trozos de cuerda para atar de 50 cm de largo • 6 cucharadas de aceite • 20 ramitas de perejil • sal al gusto

Limpiar las hojas de plátano, que se consiguen en el mercado (puestos latinoamericanos) ya listas pasadas por calor. Limpiar las hojas de bijao.

Relleno: Preparar un sofrito con aceite, cebolla, tomate, ajo y añadir pimienta, comino, color y sal, y cocinar por 15 minutos. Retirar y reservar 2 tazas del sofrito para la preparación de la masa y el arroz. Agregar el seitán en trozos y rehogar durante 15 minutos más a fuego bajo. Luego agregar el garbanzo, mezclando suavemente, para que todo se impregne de sabor, 5 minutos más.

Masa: Añadir al caldo básico mantequilla, pimienta, comino y color, y rectificar el sabor, que debe quedar fuerte y ligeramente salado. Añadir

1 taza del sofrito reservado, llevar al fuego, y al momento de hervir agregar lentamente la harina revolviendo constantemente hasta que empiece a espesar; retirar del fuego.

Arroz: Prepararlo, siguiendo el procedimiento normal, sobre la taza restante de sofrito y 1 cucharadita de color.

Para armarlos: Sobre una superficie plana colocar 1 hoja de plátano y 1 hoja de bijao en cruz. Sobre éstas colocar 2 cucharadas de masa, 2 cucharadas de arroz y 4 cucharadas de relleno, 2 mitades de aceituna, 2 rodajas de zanahoria, 1 cucharada de masa y 1 rama de perejil. Recoger las hojas y amarrar en forma de moño o rectangular.

En una olla grande y amplia colocar las venas y recortes de las hojas de plátano, formando un enrejado. Verter agua caliente con un poco de sal, que apenas cubra el enrejado; acomodar los tamales dejando un espacio central para agregar más agua caliente si fuera necesario; tapar y cocinar aproximadamente 1 hora; dejar reposar y retirar de la olla.

Servir: Cortar el moño y servir acompañado de una taza de chocolate con pan y queso fresco.

SOPA DE MAÍZ TIERNO (MAZORCA)

Ingredientes para 6 personas:
6 tazas de agua • 4 cucharadas de cebolla larga finamente picada
2 tazas de maíz tierno desgranado • 2 cucharadas de aceite
6 cucharadas de queso parmesano • sal y pimienta al gusto

En una olla con el aceite freír la cebolla durante 3 minutos, agregar el agua y hervir.

Licuar por tandas el maíz con el agua caliente, colar y pasar a otra olla. Cocinar y revolver constantemente hasta que espese, agregar sal y pimienta.

Rociar con queso parmesano y gratinar.

POLENTA

La polenta es una harina amarilla que se obtiene al moler los granos secos de maíz, puede ser muy fina o gruesa, su nombre es originario de Italia.

POLENTA BÁSICA

Ingredientes para 12 personas:
3 tazas de caldo básico (ver receta) • 1 taza de polenta
2 cucharadas de aceite o mantequilla

Hervir 3 tazas de caldo básico, rociar la polenta revolviendo constantemente y cocinar por 5 minutos a fuego bajo.

Cuando tenga características de masa bajar del fuego y agregar el aceite o mantequilla, revolver y extender sobre una fuente formando una capa de 2 cm de espesor.

Variación: La masa de los bizcochitos se puede mezclar en la cocción con diferentes vegetales finamente picados, como cebollín, cebolla puerro, zanahoria, etc.

CRÊPES DE POLENTA

Ingredientes para 8 personas:
⅓ de taza de polenta • 1 taza de leche o leche de soja sin azúcar
½ taza de harina de trigo • 1 cucharada de mantequilla derretida
¼ de cucharadita con polvo de hornear • 1 cucharadita de mantequilla
para freír • ¼ de cucharadita de sal • ¼ de cucharadita de azúcar

Mezclar todos los ingredientes y dejar reposar.

Freír las crêpes una a una en una sartén caliente con mantequilla.

Servir con rellenos escogidos al gusto o solas con crema agria.

PIZZA DE POLENTA

Ingredientes para 4 porciones:
1 taza de polenta básica • 50 gramos queso parmesano
3 cucharadas salsa pesto (ver receta) • 4 tomates en ruedas
½ kilo de champiñones laminados • 100 gramos queso mozzarella

Mezclar la polenta básica con el queso parmesano y extenderla sobre un molde para pizza, presionándola para que quede firme, dejar enfriar.

Llevar al horno 10 minutos a 200 grados, para que coja consistencia; sacar y pasar una pincelada de aceite.

Cubrir con salsa pesto, colocar los champiñones y tomates.

Esparcir el queso mozzarella y llevar nuevamente al horno hasta que el queso se haya derretido.

Servir caliente.

BIZCOCHITOS DE HIERBAS Y POLENTA

½ kilo de polenta • 2 cucharaditas de sal • 8 tazas de agua
3 cucharadas de aceite de oliva • 2 cucharadas de queso parmesano
1 cucharada de finas hierbas

Combinar agua, sal, hierbas y harina de polenta en una olla de fondo grueso.

Cocinar a temperatura media durante 5 minutos; cuando la mezcla se desprenda de los lados, está lista.

Distribuir la polenta en una bandeja de 2 cm de fondo. Cubrir con un paño o papel engrasado y llevar a la nevera por 1 hora. Cortar la polenta en las formas que se desee, y pincelar con aceite las figuras.

Poner el resto del aceite en una sartén plana de teflón, calentarlo y sofreír las figuras 3 minutos por cada lado.

Cubrir con finas hierbas y queso parmesano.

Servir caliente.

POLENTA MEDITERRÁNEA

Ingredientes para 12 personas:
1 taza de polenta preparada según receta anterior
3 corazones de alcachofa picados • 100 gr de tomates secos picados
10 aceitunas deshuesadas y picadas • 1 cucharadita de orégano

Preparar la polenta, bajarla del fuego, revolver con los demás ingredientes y verterla en un molde engrasado, formando una capa de 2 cm de espesor.

Llevar al horno a 250 grados durante 10 minutos o hasta que esté dorada; para evitar que se tueste, pasar pinceladas de aceite por encima durante el horneado.

Partir en raciones y servir caliente.

MIJO

E l mijo es un cereal originario de Asia y África, rico en vitaminas del tipo B (más que el arroz integral y el trigo entero), hierro, magnesio, potasio y silicio; no contiene gluten. Es fácil de digerir, y por su efecto refrescante ayuda al sistema digestivo en los procesos de limpieza y evacuación.

El mijo no es de cocción uniforme, pues unos granos son blandos y otros crocantes. Cocido con mucha agua adquiere una consistencia más densa, tostado y cocinado con menos agua se vuelve esponjoso como el cuscús.

GRANOLA DE MIJO

1 taza de mijo inflado (como palomitas de maíz) • 350 gr de frutos secos (nueces, ajonjolí, uvas pasas) • 1 taza de coco deshidratado
½ taza de miel

Calentar la miel a fuego lento. Mezclar aparte los ingredientes secos. Verter la miel sobre la mezcla y revolver para que todo se integre.

HAMBURGUESAS DE MIJO

Ingredientes para 4 personas:
1 taza de mijo remojado 2 horas en agua caliente • 2 tazas de agua
1 diente de ajo macerado sin la vena central • 1 cucharada de perejil finamente picado • 2 cucharadas de harina de trigo integral
2 cucharadas de queso rallado (opcional) • 1 cucharadita de cúrcuma
1 cucharadita de ramas de hinojo finamente picado • aceite

Lavar el mijo remojado, cocinar en las 2 tazas de agua hasta que esté blando y dejar enfriar.

Poner el mijo en una fuente con ajo, cúrcuma, hinojo y queso; amasar y formar hamburguesas con las manos untadas de harina integral para que no se peguen; pasarlas por perejil picado y freír en aceite hasta que estén doradas.

Se puede acompañar con salsa de tomate.

MIJO CON VERDURAS

1 cucharada de mantequilla • 2 cucharadas de tofu rallado
1½ taza de mijo • ¼ de cucharadita de nuez moscada recién rallada
3 tazas de agua hirviendo • 1½ taza de leche de soja caliente
2 cucharadas de apio finamente picado • 1 cucharada de harina
de trigo integral • 2 tazas de espinacas o col rizada tierna en juliana
sal y pimienta al gusto

En una sartén derretir la mitad de la mantequilla y saltear el mijo, revolviendo 5 minutos, agregar el agua hirviendo y cocinar a fuego lento durante 30 minutos o hasta que el mijo esté blando y haya absorbido el agua.

En otra sartén derretir la otra ½ cucharada de mantequilla y saltear el apio hasta que se ablande; añadir las espinacas y cocinar 2 minutos; incorporar la harina y la leche caliente revolviendo para que no se formen grumos; tener a fuego bajo durante 3 minutos y agregar el mijo, el queso, la sal, la pimienta y la nuez moscada; mezclar bien y servir.

PASTELES DE MIJO

2 tazas de mijo • 2 cucharadas de harina de trigo integral
4 tazas de agua • 2 cucharadas de aceite • 1 taza de calabacines
picados • ½ kilo de tofu firme en trozos • 1 cucharadita de corteza
de limón rallada • sal y pimienta al gusto

En una olla hervir el mijo con agua y sal, tapar y terminar de cocinar a fuego lento durante 30 minutos; agregar los calabacines; hervir nuevamente y luego cocinar a fuego lento 10 minutos más; dejar enfriar y formar un puré con el mijo y los calabacines; añadir los demás ingredientes y revolver hasta obtener una mezcla espesa.

En una plancha grande engrasada poner, separadas, cucharadas grandes de la mezcla espesa, presionar con una espátula mojada formando los pasteles y dorar 4 minutos por cada lado a fuego medio.

QUÍNOA

La quínoa fue un alimento básico en la civilización inca. Es una fuente de proteína, hierro, potasio, magnesio y lisina. Se puede encontrar en grano, copos y harina, y su uso es amplio.

El grano viene naturalmente recubierto por una capa de saponina que lo protege de insectos y pájaros, por lo cual antes de usar debe lavarse muy bien con agua fría sobre un colador de malla fina que permita refregar el grano.

Por ser la quínoa una fuente de proteínas, basta con agregar ½ cucharada de quínoa por plato de sopa, desde el comienzo de la cocción, para obtener un alimento completo.

QUÍNOA BÁSICA

Ingredientes para 8 personas:
1 taza de quínoa • 1 cucharada de aceite o mantequilla
2 tazas de caldo básico (ver receta) • sal y pimienta al gusto

Lavar la quínoa varias veces en agua fría, escurriendo en un colador.

Hervir el caldo básico con ½ cucharadita de sal y la quínoa guascas 5 minutos, bajar el fuego, tapar la olla y cocinar 15 minutos más o hasta que el grano en forma de espiral se haga visible. Dejar reposar 5 minutos y mezclar con la mantequilla.

Para servir como plato de cereal, cubrir con vegetales.

Sirve también para hacer pancakes, muffins y panes.

CHAMPIÑONES PORTOBELLO CON QUÍNOA

Ingredientes para 6 personas:
1 taza de quínoa • 2 tazas de caldo básico • 2 cucharadas de aceite
1 cebolla cortada en ruedas • 1 cucharadita de garam masala
2 cucharaditas de zumo de limón • 6 champiñones portobello

1 cucharada de laurel fresco • 1 cucharada de anís fresco
1 cucharada de hierbabuena finamente picada
2 cucharadas de queso parmesano (opcional)
3 dientes de ajo macerados sin la vena central

Lavar la quínoa, aclararla 2 veces y cocinarla en el caldo con laurel y anís guascas 20 minutos.

Sacar el laurel y el anís, y dejar la quínoa hasta que esté blanda.

Aparte, freír la cebolla hasta que dore, añadir el garam masala y la quínoa.

Bajar del fuego, agregar el limón y la hierbabuena.

Lavar y secar los champiñones, quitar parte del tallo si está muy largo, y rociarlos con sal, pimienta y aceite.

Preparar una sartén plana y amplia o una plancha, untándola con un diente de ajo y aceite; calentar a fuego alto y poner los champiñones 2 minutos por cada lado, luego ponerlos boca arriba y rellenarlos con la salsa de quínoa caliente.

Rociar con queso parmesano servir.

ASADO DE QUÍNOA CON BERENJENAS

Ingredientes para 4 personas:
4 cucharadas de aceite de ajonjolí • 2 tazas (350 g) de berenjena
cortada en rodajas gruesas • 2 cucharadas de salsa teriyaki
1 cucharada de zumo de limón • ½ taza de agua • 1 cucharadita
de jengibre fresco rallado • 1 taza de quínoa lavada • 1 pimentón rojo
grande procesado en tiras (opcional) • 2 calabacines rallados
perejil para adornar

En una sartén con aceite de ajonjolí freír las berenjenas procesadas (desangradas) hasta que doren, luego pasarlas a una pirex y ponerlas en una sola capa.

Mezclar la salsa teriyaki, el limón, el agua y el jengibre, y luego verter sobre las berenjenas. Llevar al horno precalentado a 180 grados por 10 minutos, voltear las berenjenas y hornear nuevamente durante 10 minutos más.

En una olla con agua hervir la quínoa a fuego rápido, bajar el fuego, cocinar hasta que ablande y escurrir.

En la sartén con aceite de ajonjolí freír el pimentón y los calabacines hasta que estén tiernos, añadir la quínoa y mezclar bien, luego verter esta mezcla sobre las berenjenas, presionar y hornear por 5 minutos más.

Servir caliente y adornar con perejil.

QUÍNOA AL CURRY

Ingredientes para 4 personas:
1 taza de quínoa lavada • 2 calabacines en cubos
1 taza de guisante blando • 2 cucharadas de aceite
1 ½ taza de cebollín finamente picado • 2 cucharadas de cilantro
finamente picado • 1 cebolla fresca partida en rodajas
2 cucharadas de curry en polvo • 1 taza de zumo de zanahoria
½ taza de semillas de marañón • sal y pimienta al gusto

Partir la mitad de la cebolla en rodajas y ¾ picarla finamente. En una sartén con aceite caliente freír la cebolla 3 minutos, agregar la quínoa, ½ cucharadita de curry, ¼ cucharadita de sal y sofreír 2 minutos, luego agregar 2 tazas de agua hirviendo, bajar el fuego, tapar y cocinar 15 minutos más.

En otra sartén con el aceite restante freír la cebolla picada marañón 2 minutos, añadir el calabacín y el resto del curry, mezclar y cocinar a fuego medio 5 minutos. Agregar zumo de zanahoria, ½ cucharadita de sal y cocinar 5 minutos más, luego incorporar guisantes, cebollín, marañón, quínoa, sal y pimienta.

Servir rociado con cilantro.

QUÍNOA CON VERDURAS

Ingredientes para 6 personas:
1 cucharadita de salvia picada • 1 berenjena
3 cucharadas de aceite de oliva • ½ kilo de calabacín en rodajas
2 cebollas puerro en rodajas • ½ kilo de tomates pelados y picados
1 diente de ajo macerado sin la vena central • 3 cucharadas de perejil
finamente picado • 1 taza de quínoa • 3 tazas de caldo básico
(ver receta) • pimienta al gusto

Lavar muy bien la quínoa y cocinar en dos tazas de caldo básico hasta que esté blanda. Debe quedar con la consistencia del arroz.

Partir la berenjena sin pelar en rodajas y dejar reposar en agua con sal por una hora, después aclarar y secar.

Calentar aceite en una cazuela honda de fondo grueso y agregar la cebolla, la berenjena, el calabacín y el tomate, tapar y dejar cocinar hasta que las verduras estén al dente; luego agregar ajo, sal, pimienta y salvia.

Añadir la quínoa blanda en el último momento con un poco de la cocción, dejándola hervir 5 minutos, rociar con aceite de oliva y agregar sal si fuera necesario.

A tiempo de servir espolvorear con el perejil.

QUÍNOA EN ENSALADA

Ingredientes para 6 personas:
½ taza de quínoa • 1 taza de rábanos en rodajas • 1 lechuga morada
2 astillas de canela o 2 trozos de jengibre. • 6 hojas de rúcola
5 cucharadas de aceite de oliva • 2 cucharadas de cebollín finamente
picado • 2 cucharadas de vinagre balsámico • 3 cucharadas de perejil
finamente picado • 1 diente de ajo macerado sin la vena central
1 cucharada de eneldo finamente picado • 1 taza de caldo básico
(ver receta) • 1 taza de coliflor, en flores pequeñas cocinada al vapor
sal y pimienta al gusto • zumo de ½ limón

Lavar muy bien la quínoa y cocinar en una taza de caldo básico hasta que esté blanda; debe quedar con la consistencia del arroz.

Lavar las lechugas y secarlas.

Lavar la coliflor, cocinarla al vapor con canela o jengibre.

Marinar los rábanos en la mezcla de 1 cucharada de aceite de oliva, el ajo, el zumo de medio limón, marañón sal y pimienta 1 hora.

Poner en la ensaladera la lechuga troceada, verter sobre ella la quínoa, luego la coliflor y por último los rábanos con la mezcla en que se marinaron.

Rociar con perejil, eneldo y cebollín, y adornar con las hojas de rúcola.

Acompañar con una mezcla de 2 cucharadas de vinagre balsámico y 4 de aceite de oliva.

RISOTTO DE QUÍNOA TRES QUESOS

Ingredientes para 4 personas:
1 taza de quínoa • 3 tazas de caldo básico de muy buen sabor
3 cucharadas de aceite • ½ taza de queso emmental rallado
½ taza de queso cremoso • ½ taza de queso parmesano
1 cucharada de cebolla puerro finamente picada
sal y pimienta al gusto

Lavar la quínoa y aclarar 2 veces.

En una sartén, de aproximadamente 10 cm de profundidad, freír en aceite la cebolla puerro hasta que esté transparente.

Verter 2 tazas de caldo básico; al momento de hervir, agregar la quínoa y bajar el fuego; seguir el procedimiento para hacer un arroz, manteniendo la humedad y agregando más caldo hasta que la quínoa esté blanda; añadir el queso cremoso mezclando muy bien con la quínoa, luego el queso emmental y seguir mezclando; rociar con queso parmesano y pimienta fresca recién molida.

Nota: La consistencia del risotto debe ser húmeda.

SALSA DE QUÍNOA

Ingredientes para 6 personas:

1 taza de quínoa • ½ taza de agua • ½ taza de pasta de tomate disuelta
en ½ taza de agua • 4 tomates maduros pelados y en trozos
1 cebolla puerro finamente picada • 1 hoja de laurel
1 cucharadita de orégano • ½ cucharadita de tomillo
¼ de cucharadita de dulce (miel) • 3 cucharadas de aceite
sal y pimienta al gusto

Poner el aceite en una sartén amplia y freír la cebolla hasta que esté transparente.

Agregar el laurel, el tomillo, el orégano, la sal, la pimienta, los tomates y la pasta de tomate disuelta. Revisar el sabor; si está ácido corregir con dulce.

Dejar cocinar a fuego lento por 5 minutos.

Lavar la quínoa frotándola muy bien, aclarar 2 veces y cocinarla en 2 tazas de agua a fuego rápido hasta que se ablande.

Escurrir la quínoa y agregarla a la salsa anterior, dejándola cocinar 20 minutos a fuego medio.

Para acompañar pastas o verduras.

TRIGO

El trigo es un cereal originario de Europa, Oriente Próximo, Egipto, Grecia, Roma, sur de Francia y África del norte. Es el cereal que mejor se adapta a nuestras necesidades, pues contiene sales minerales, como sodio, calcio, potasio, magnesio, silicio, fósforo, hierro y azufre; numerosos oligoelementos; y vitaminas del tipo B, D, E, K.

Hay dos clases de trigo: común y duro.

Del trigo se derivan numerosos productos como:

El *bulgur*: usado en ensaladas, precocido y luego triturado. Es un producto de cocción rápida y muy digestivo.

La *sémola*: se elabora con la parte del grano que contiene almidón. Es usada para la elaboración de pastas alimenticias y otros productos.

El *germen de trigo*: es el embrión del grano, contiene proteínas, grasas no saturadas, vitamina E y complejo B. Debe conservarse en la nevera. Especial para el desayuno y para añadir en las masas de panadería.

El *salvado*: proviene de las capas exteriores del grano entero, y contiene ácido fítico, que inhibe la absorción de ciertos minerales. Es fuente de fibra que se debe consumir con mezclas saladas.

SEITÁN

El seitán es la proteína del trigo. Se encuentra en el embrión o germen del grano de trigo y es su parte más vital. Contiene lecitina, calcio, minerales y aproximadamente un 24 por ciento de proteínas; es bajo en calorías, grasas y sal; no contiene colesterol y ayuda a reducir sus niveles en la sangre. Es un alimento suave y digestivo.

¿Cómo preparar el seitán o gluten con harina de trigo?

1 kilo de harina de trigo • 3 cucharadas de salsa de soja
1 cebolla fresca • ½ cucharadita de orégano • ½ cucharadita de color
• 1 cucharadita de tomillo • 1 cucharadita de laurel • Sal al gusto

En un recipiente amplio (tazón de plástico) amasar la harina con agua fría como si se fuera a hacer pan, formar una bola y cubrirla con agua; dejar preferiblemente durante toda la noche o por lo menos 3 horas. Dentro del mismo recipiente donde se dejó en remojo, lavar la masa, comprimiéndola y volteándola sobre sí misma poco a poco y cambiándole continuamente el agua almidonada por agua limpia hasta conseguir que salga cristalina al apretar la masa. Lo que ahí queda es el seitán. Cuando no se tiene práctica suele suceder que se disuelve toda la harina y no se obtiene el seitán o gluten, pero puede ensayarse lavándolo en un colador grande.

Después de lavar el seitán, dejar correr agua para que el almidón no se deposite, se solidifique y obstruya la cañería.

En una olla grande hervir agua, calculando que cubra la bola de seitán, agregar la salsa de soja y el resto de ingredientes; luego poner el seitán en una malla de nilón o algodón y cocinar de 20 a 30 minutos, volteándolo periódicamente.

NOTA: La cantidad de agua puede variar con la calidad de la harina.

¿Cómo utilizar la harina de seitán comercial?

Ingredientes (1)
1 kilo de harina de seitán • 1 cucharadita de laurel en polvo
1 cucharadita de pimienta • 5 tazas de agua
½ taza de salsa de soja • 1 cucharadita de sal
½ cebolla fresca rallada

Ingredientes (2)
6 tazas de agua • 1 cucharadita de sal • 3 hojas de laurel
2 ramas de apio • 1 ramo de perejil • 1 cebolla puerro troceada

Preparar un caldo con los ingredientes (2).

Colocar en un tazón grande las 5 tazas de agua, soja y condimentos de ingredientes (1), mezclar, ir agregando lentamente la harina de seitán, revolver con la mano evitando que se formen grumos.

Cuando la masa esté perfectamente homogénea, dividirla en 3 raciones, manejar cada porción suavemente, compactándola con la mano y colocarla en el caldo caliente, manteniéndola a temperatura alta sin que hierva.

Dejar cocinar aproximadamente 25 minutos, haciendo pruebas sobre la masa hasta que tenga una consistencia elástica, pero no blanda.

Bajar del fuego y conservar en esa agua caliente 10 minutos más, luego volcarla sobre una escurridera hasta que esté fría.

Si no se va a consumir inmediatamente, se debe conservar en congelador dentro de bolsas herméticas, aproximadamente entre 8 y 15 días.

BOLITAS DE SEITÁN EN ARROZ

Ingredientes para 6 personas:
½ taza de arroz remojado, en agua caliente, 15 minutos sin cocinar
250 gr de seitán molido • 2 cucharadas de cebolla larga picada • 2
cucharadas de nueces ralladas • 1 diente de ajo
1 cucharadita de jengibre rallado • 1 cucharada de harina de trigo
integral • 2 cucharadas de salsa de soja • sal al gusto

En una sartén con poco aceite, freír, cebolla, ajo, jengibre y nueces.

Amasar todos los ingredientes con el seitán reservando el arroz, hasta obtener una buena consistencia, si es necesario agregar avena en copos. Formar bolas de 2 cm de diámetro y cubrirlas totalmente con el arroz escurrido.

Poner las bolitas sobre rejilla en una olla con agua hirviendo, para cocinar al vapor por 25 minutos o hasta que el arroz este tierno.

Servir acompañado con salsa de champiñones.

ESCALOPES DE SEITÁN A LA PLANCHA

Ingredientes para 5 personas:
5 lonchas (escalopes) de seitán • 2 cucharadas de mantequilla • 3
lonchas finas de queso • 1 taza de corteza de pan francés rallada
1 taza de salsa napolitana (ver receta) • sal al gusto
pimienta recién molida

Poner una cucharada de mantequilla en una sartén, freír los escalopes sazonados con sal y pimienta, disponerlos en un molde de hornear, cubrirlos con queso y con la corteza de pan. Llevarlos al horno precalentado a 250 grados. Hornearlos 5 minutos o hasta que la corteza de pan esté dorada.

Servir los escalopes bañados con la salsa napolitana caliente.

ESCALOPINES AL LIMÓN

Ingredientes para 4 personas:
8 filetes delgados (escalopines) de seitán adobados sólo con
salsa de soja • 1 cucharadita de ralladura de limón • 2 cucharadas de
aceite de oliva o ajonjolí • 1 cucharada de alcaparras picadas
1 cucharada de cilantro finamente picado • 4 cucharadas de harina
de trigo integral • sal al gusto • zumo de 2 limones pequeños

Pasar los filetes por la harina con sal, luego dorarlos en el aceite caliente.

Agregar la ralladura de limón, el zumo y las alcaparras, dejar en fuego bajo por unos minutos más.

Antes de servir se espolvorean con el cilantro.

Sirven para acompañar verduras que tengan buena salsa.

ESCALOPINES CON ACEITUNAS

Ingredientes para 5 personas:
½ kilo de seitán en trozos y adobado • 2 cucharadas de aceitunas
verdes en rodajas • 1 cebolla fresca finamente picada
2 cucharadas de harina de trigo • 1 cucharadita de paprika
6 cucharadas de aceite de oliva • 1 cucharadita de polvo curry
sal al gusto

Dorar en el aceite caliente el seitán y luego retirarlo.

En la misma sartén dorar la cebolla y la paprika, luego incorporar las aceitunas, la harina y el seitán, y cocinar durante 15 minutos. Al final agregar el polvo curry y cocinar 5 minutos más.

ESCALOPINES EN SALSA DE MANGO

Ingredientes para 4 personas:
½ kilo de seitán sin adobar • 1 cucharada de jengibre rallado
2 tazas de semillas de ajonjolí tostadas • 3 cucharadas de crema

de leche • 2 cucharadas de mantequilla • 2 cucharadas de salsa
de soja • ½ taza de caldo básico • 1 cucharada de cebolla fresca
finamente picada • 1 mango grande maduro (aprox. 1 ½ kilos)
½ taza de harina de trigo • sal y pimienta al gusto

Cortar el seitán en filetes delgados y adobarlos con pimienta, jengibre, cebolla fresca y salsa de soja, y marinar por 15 minutos.

Enharinar los filetes y pasar por las semillas de ajonjolí.

Hacer un puré con la mitad del mango y partir la otra mitad en rodajas.

Calentar en una sartén amplia ½ cucharada de mantequilla y dorar los filetes de seitán por tandas hasta terminar.

Poner todos los filetes en la misma sartén, bañarlos con el puré de mango y ½ taza de caldo.

Hervir a fuego lento agregando la sal y pimienta.

A tiempo de servir suavizar el sabor de los filetes con la crema de leche, y al llevar a la mesa adornar con las rodajas de mango.

BOMBAY

Ingredientes para 8 personas:
1 kilo de seitán cortado en medallones salpimentados
½ taza de mantequilla • 2 tazas de champiñones en láminas
1 taza de cebollín finamente picado • 1 taza de zumo de naranja
1 taza con gajitos de naranja cortados en dos • ½ de taza de zumo de
limón • 1 cucharadita de curry • 1 cucharada de harina de trigo

Dorar bien el seitán en la mantequilla.

Dorar aparte los champiñones y el cebollín.

Agregar a los champiñones el zumo de naranja, de limón y demás ingredientes, mezclando bien.

Cuando la mezcla esté espesando, agregar el seitán y cocinar a fuego medio durante 15 minutos.

Incorporar los gajitos de naranja antes de servir.

SEITÁN AL CURRY

Ingredientes para 5 personas:
1 cebolla fresca finamente picada • 1 diente de ajo finamente picado
sin la vena central • ½ taza de leche de coco • 1 cucharada de aceite
1 cucharada de cilantro • ½ cucharada de coco rallado
1 cucharadita de mostaza • 3 hebras de azafrán • 1 cucharadita
de pimienta • ½ kilo de seitán troceado, enharinado y sofrito
zumo de 1/2 limón • paprika, sal y picante al gusto

Freír en una sartén con aceite la cebolla y el ajo, luego añadir el resto de
los ingredientes y cocinar a fuego muy lento, por último añadir el seitán
o gluten. Si la salsa tiende a secarse agregar agua tibia.

A tiempo de servir ponerle la sal y zumo de limón.

Servir con arroz blanco.

SEITÁN ALMENDRADO

Ingredientes para 6 personas:
¾ kilo de seitán en trozos de aprox. 3 × 2 cm • 1 taza
de nueces molidas • ½ taza de vinagre de vino de arroz
6 cucharaditas de sucedáneo de huevo • 3 cucharadas de salsa
de soja • ½ taza de harina de trigo • 2 cucharadas
de vinagre balsámico • 1 taza de miga de pan • 1 cucharadita
de panela en polvo • aceite suficiente para freír

Marinar el seitán durante 2 horas en la mezcla de salsa de soja, vino de
arroz, vinagre balsámico y panela.

Sacar el seitán de la marinada y pasarlo por el sucedáneo de huevo, luego
por harina de trigo y, por último, por la miga de pan mezclada con las
nueces molidas, haciendo presión. Freírlos en aceite caliente.

SEITÁN CON CHAMPIÑONES

Ingredientes para 6 personas:
½ kilo de champiñones en láminas delgadas • 2 tazas de seitán
cortado en tiras finas • 2 cucharadas de crema de leche
(opcional) • 4 cucharadas de aceite • 2 cucharadas de salsa de soja
4 cucharadas de cebollín finamente picado o cebolla larga
1 cucharada de mantequilla • sal y pimienta al gusto

En una sartén caliente agregar la mantequilla, aceite y cebollín, y freír los champiñones por raciones a alta temperatura para que no suelten agua (sellado).

Marinar el seitán en salsa de soja, cebollín y pimienta, por media hora. Calentar mantequilla con aceite, y freír el seitán hasta que tome un color dorado; agregar los champiñones con todo su jugo y suavizar con la crema de leche; rectificar el sabor.

SEITÁN EN SALSA DE MANZANA

Ingredientes para 6 personas:
½ kilo de seitán • 2 dientes de ajo sin la vena central
2 cucharadas de miel • 1 cucharada de sagú o fécula de maíz disuelta
en 1 taza de jugo de manzana • 2 tallos de apio • 2 manzanas verdes
⅓ de taza de aceite de oliva • 2 cucharadas de salsa de soja
sal y pimienta al gusto

Picar el apio en trocitos y triturar el ajo; dorar todo en 1 cucharada de aceite, luego agregar miel, el resto del aceite y el sagú o la fécula de maíz disuelta.

Trocear el seitán, marinarlo durante 15 minutos en la salsa de soja con ½ diente de ajo triturado; luego dorarlo y colocarlo en una bandeja de horno. Bañar el seitán con la salsa anterior y hornear durante 45 minutos a 250 grados.

10 minutos antes de sacar la bandeja del horno agregar las manzanas partidas en rodajas.

SEITÁN SALTEADO AL HINOJO

Ingredientes para 6 personas:
½ kilo de seitán • 2 bulbos de hinojo pequeños • 1 cebolla fresca • 3
cucharadas de aceite • 1 cucharada de mantequilla
1 cucharada de harina de trigo • 2 tazas de caldo básico
1 cucharada de vinagre • 1 cucharadita de azúcar
2 cucharadas de salsa de soja • sal y pimienta al gusto

Limpiar los hinojos, partirlos en laminitas, ponerlos en agua hervida durante 2 minutos y aclararlos.

Derretir la mantequilla en una cazuela, rociar con harina y remover con la cuchara, agregar el caldo batiendo continuamente, añadir sal y pimienta formando una salsa blanca.

Picar la cebolla y freírla en 1 cucharada de aceite, añadir el hinojo y durante 5 minutos agregar el vinagre, azúcar y 2 cucharadas de caldo, cocinar hasta que se evapore el vinagre, agregar la salsa blanca y cocinar 5 minutos más.

Partir el seitán en trocitos, marinarlo con salsa de soja, sal y pimienta durante 5 minutos, freírlo en el resto del aceite y conservarlo en la salsa anterior.

Servir acompañado de patatas a la paprika.

SEITÁN GRATINADO

Ingredientes para 4 personas:
½ kilo de seitán • 1 taza de queso parmesano • 4 corazones de
alcachofas partidos en cuatro • 2 cucharadas de salsa de soja
1 cebolla fresca cortada en aros delgados • 1 cucharadita de curry
2 tazas de queso mozzarella en cubos • 2 cucharadas de perejil picado
4 cucharadas de aceite de oliva • 2 cucharadas de miga de pan
1 cucharada de harina de maíz disuelta en ½ taza de agua
sal y pimienta al gusto

Cortar el seitán en tiritas, sazonar con pimienta, salsa de soja y curry, y dorarlo en el aceite.

En otra sartén sofreír las verduras durante 3 minutos.

Agregar la harina de maíz previamente disuelta en agua y cocinar 3 minutos más.

Pasar todo a una bandeja de hornear previamente engrasada, añadir el queso mozzarella y la miga de pan, rociar con curry y espolvorear el queso parmesano.

Llevar al horno a 250 grados hasta gratinar.

Sacar y adornar con el perejil picado.

SEITÁN SATAY (PINCHOS)

Ingredientes para 4 personas:
2 cucharaditas de salsa de soja disuelta en 1 cucharada de agua
2 cucharaditas de vinagre de arroz • 1 cucharadita de aceite
de ajonjolí • 1 diente de ajo picado sin la vena central • 1 cucharadita
de jengibre picado • 1 cucharada de cebolla larga verde o cebollín
1 cucharadita de sagú o fécula de maíz • ½ taza de caldo básico
300 gr de seitán en tiras de 10 cm • 1 cucharada de azúcar
8 palos de bambú o para pinchos • sal y pimienta blanca al gusto

Antes de usar los palos de pincho sumergirlos en agua durante 15 minutos para evitar que se quemen en la brasa.

Mezclar todos los ingredientes con el seitán para que marine 15 minutos (reservar la salsa).

Ensartar el seitán, como hilvanando, en palos de pincho; refrigerar durante 1 hora, cubiertos con un plástico.

Asar en la parrilla hasta que estén dorados.

Cocinar la salsa en una sartén durante 5 minutos para acompañar los pinchos.

MOLDE DE SEITÁN Y TOFU

Ingredientes para 6 personas:
½ kilo de seitán • 1 zanahoria cruda finamente rallada
½ kilo de tofu • 4 cucharadas de aceitunas verdes en rodajas
1 taza de miga de pan • ⅓ de taza de aceite • 3 cucharadas
de cebolla larga picada • ½ taza de salsa de soja • 4 cucharadas
de alcaparras picadas (opcional)
sal y pimienta al gusto

Moler el seitán con el tofu, la cebolla y las 2 cucharadas de alcaparras; añadir el resto de ingredientes, revolver y amasar durante 3 minutos.

Poner la masa en un molde engrasado y hornear a 250 grados durante 40 minutos.

Dejar enfriar, partir en lonchas y servir con encurtido hindú o chutney de mango.

Se puede servir frío o caliente.

SEITÁN RELLENO

Ingredientes para 20 personas:
1 kilo de seitán básico comercial sin cocinar
½ kilo de ajonjolí tostado • 3 cebollas largas en trozos
1 taza de cilantro y perejil picados
1 cucharadita de mejorana finamente picada
1 cucharadita de pimienta • 1 cucharadita de paprika • sal al gusto

Para el relleno:
½ kilo de judías crudas en tiras delgadas • 250 gr de zanahoria
en julianas • ½ taza de aceitunas deshuesadas y picadas
½ kilo de chorizo vegetal • 4 retales de tela, gasa o liencillo,
cada uno de 20 × 30 cm • 4 tazas de caldo básico
de buen sabor • sal y pimienta al gusto

Moler en procesador el ajonjolí, la cebolla, el cilantro y el perejil, mezclar y amasar con la bola de seitán crudo y agregar pimienta, mejorana, paprika y sal al gusto, seguir amasando hasta lograr una mezcla homogénea.

Humedecer los retales de tela y extenderlos sobre una superficie lisa.

Repartir el seitán en 4 raciones, extender cada una sobre un trozo de tela dejando un margen de 2 cm por cada lado.

Repartir el relleno sobre las 4 raciones de seitán. Enrollar el seitán, luego cubrirlo con la tela, que debe quedar un poco floja, y sujetar firmemente las puntas.

Poner a cocinar los rollos en el caldo básico, cuidando que los cubra, durante 25 minutos a fuego medio o hasta que el seitán alcance una consistencia firme.

Sacar los rollos del caldo, dejar enfriar y retirar la tela. Se pueden congelar y, en el momento de servirlos, descongelar y calentar en un poco de aceite o mantequilla a fuego lento. Servir en lonchas con una salsa al gusto.

Variación con relleno agridulce:
250 gr de ciruelas pasas deshuesadas • 4 manzanas peladas
y en cuadritos • 8 lonchas de jamón vegetal
8 lonchas de queso mozzarella rallado (opcional)
½ taza de cebollón picado • sal y pimienta al gusto

Variación con relleno de mostaza:
750 gr de tofu (queso de soja) • 1 cucharadita de cúrcuma
4 cucharadas de mostaza dijon • 4 cucharadas de nata de leche espesa
½ taza de cebollón finamente picado • 250 gr de palmitos enteros
2 cucharadas de salsa de soja • pimienta

Seguir el procedimiento anterior.

Moler el tofu y mezclar con el resto de los ingredientes excepto los palmitos.

Sobre el seitán extendido esparcir la mezcla anterior y colocar a lo largo los palmitos, enrollar y seguir el procedimiento de cocción.

KASHA

Ingredientes para 4 personas:
250 gr de cebolla puerro picada • 250 gr de apio picado • 250 gr
de champiñones laminados • ⅓ de taza de trigo entero (a medio moler)
3 tazas de agua hirviendo • 1 cucharadita de semillas de comino
1 diente de ajo macerado sin la vena central • 1 cucharadita de aceite
2 cucharadas de vinagre de vino de arroz (oscuro)
1 cucharada de aceite de girasol • sal y pimienta al gusto

En una sartén con aceite de girasol saltear las verduras a fuego lento
durante 10 minutos.

En otra sartén freír el trigo a fuego bajo hasta que empiece a dorar. Agregar el agua, tapar y cocinar a fuego bajo durante 20 minutos o hasta que
el trigo esté tierno.

En una fuente para horno mezclar verduras, trigo, vinagre, comino, sal y
pimienta; compactar y cubrir con papel de aluminio; hornear durante 30
minutos a 250 grados.

Acompañar con la salsa.

Para la salsa:
250 gr de tofu • 1 diente de ajo macerado sin la vena central
2 cucharaditas de mostaza • ½ cucharadita de cúrcuma
1 cucharada de alcaparras

Mezclar el tofu, el ajo, la mostaza y la cúrcuma hasta que tengan una
consistencia completamente homogénea.

Agregar las alcaparras y mezclar nuevamente. Calentar la salsa al baño
maría, no dejar hervir para que no se corte.

MILANESAS DE SEITÁN

Ingredientes para 6 personas:
12 lonchas de seitán • 3 cucharadas de harina de trigo
1 cucharada de cebollín finamente picado • 4 cucharadas de salsa
de soja • 1 taza de miga de pan • aceite • sal y pimienta al gusto

Marinar el seitán con cebollín, sal y pimienta durante ½ hora.

Preparar una mezcla de agua y harina hasta que quede espesa. Aparte tener listo un plato con miga de pan.

Pasar las lonchas de seitán por la mezcla de harina y luego por la de pan, e inmediatamente freírlas en aceite bien caliente.

Servir con salsa de mango y patatas fritas.

PARRILLADA

Ingredientes para 10 personas

5 mazorcas tiernas partidas por la mitad • ½ kilo de orellanas
3 calabacines medianos en lonchas • 3 aguacates maduros
5 tomates medianos maduros y firmes • 10 patatas de consistencia
dura • 1 coliflor de flores grandes • 5 chorizos vegetales
2 berenjenas cortadas a lo largo • ½ kilo de seitán en trozos gruesos
conservadas en agua con abundante sal
½ kilo de champiñones medianos enteros • 3 zanahorias en láminas
grandes • 10 pinchos de palo de bambú • 3 cebollas frescas en cuartos

Conchas de patata

5 patatas con cáscara cocinadas blandas • 1 cucharadita de cúrcuma
1 taza de harina de trigo • ½ cucharadita de pimienta, canela, perejil
½ taza de harina de garbanzo • picado, paprika picante y sal
agua suficiente • aceite para freír

Quitar parcialmente la pulpa de la patata, conservando las conchas.

Mezclar en un tazón la harina de trigo, la de garbanzo y los demás ingredientes agregando agua poco a poco hasta formar una crema espesa.

Pasar por esta crema las conchas de patata y luego por aceite muy caliente, por tandas, y después ponerlas sobre papel absorbente; conservarlas en sitio caliente.

Crema de aguacate

Formar un puré con la pulpa de los aguacates, 2 cucharadas de aceite de oliva y el zumo de 1 limón pequeño. A tiempo de servir agregar sal y pimienta al gusto para que no se oscurezca la crema. Servir sobre las conchas de patata.

Marinada marroquí (para el resto de vegetales)

½ taza de aceite de oliva • 2 cucharadas de salsa soja • 1 cucharadita
de laurel en polvo • 1 diente de ajo picado sin la vena central
1 cucharadita de orégano fresco picado • zumo de 1 limón
1 cucharada de albahaca fresca picada • sal y pimienta al gusto

Marinar con esta mezcla la coliflor, los calabacines, las zanahorias, las
berenjenas y las orellanas; a tiempo de servir escurrirlas y dorarlas sobre
plancha de metal.

Variación: se pueden formar pinchos y dorarlos a la brasa.

Mazorcas

½ taza de aceite de oliva • 2 cucharaditas de pimienta
1 taza de puré de tomate • 2 cucharadas de cilantro picado

Mezclar todos los ingredientes y dejar reposar.

Cocinar las mazorcas en agua hirviendo con sal durante 5 minutos, dejarlas enfriar y ponerles un pincho a cada una.

Cubrir las mazorcas con la salsa anterior, marinar durante una hora y a
tiempo de servir llevar a la parrilla.

Tomates marinados

Partir los tomates por mitad, sin pelar.

Salsa

4 cucharadas de albahaca fresca picada • 2 cucharadas de aceite de
oliva • Sal y pimienta negra recién molida

Macerar la albahaca con el aceite y cubrir los tomates, rociar con sal y
pimienta, servir crudos o calentar sobre la parrilla por 3 minutos.

Pinchos

Salsa

3 cucharadas de aceite • ½ cucharadita de jengibre fresco rallado
2 cucharadas de salsa soja • 1 cucharadita de mostaza
1 diente de ajo macerado sin la vena central • ½ cucharadita de miel
½ kilo de champiñones • sal y pimienta al gusto

Partir los chorizos por la mitad y el seitán en trozos gruesos.

Marinar el seitán y los champiñones en la salsa durante una hora.

Preparar los pinchos (de palo de bambú), dejándolos en agua durante media hora para evitar que se quemen en la parrilla.

Llenar cada uno de los diez pinchos con seitán, champiñón y chorizo intercalados, barnizarlos con aceite para llevar a la parrilla.

Guarniciones adicionales
Arepas (especie de pan de harina de maíz) con queso (ver receta).

Patacones (trozos de plátano verde frito, prensado y vuelto a freír).

Plátano maduro asado a la brasa.

Yuca cocinada o frita acompañada de suero costeño.

Salsa criolla para acompañar patacones (ver receta).

CUSCÚS

El cuscús se obtiene a partir de las capas interiores del grano de trigo duro; es un buen nutriente en poca cantidad; se cocina al vapor.

CUSCÚS AL VAPOR

Ingredientes para 8 personas:
250 gr de cuscús • ½ taza de agua • 5 cucharadas de aceite de oliva
sal y pimienta al gusto

En una olla calentar el agua con aceite, sal y pimienta, rociar el cuscús lentamente, revolver y cocinar a fuego lento durante 5 minutos. Agregar cucharadas de agua si fuera necesario.

CUSCÚS CON DULCE

Ingredientes para 8 personas:
250 gr de cuscús • 250 gr de uvas pasas • 2 cucharadas de azúcar
pulverizada o miel • 1 cucharada de mantequilla • sal al gusto

Poner el cuscús en 1 taza de agua fría, hasta que se humedezca. Quitar el agua inmediatamente. Cocinar el cuscús al vapor hasta que ablande. Retirar del fuego, agregar sal y rociar con agua fría. Revolver con la mano.

Remojar las uvas pasas en ½ taza de agua durante 10 minutos, luego agregarlas al cuscús y cocinar al vapor durante 5 minutos.

Servir de inmediato, rociado con mantequilla fundida y azúcar pulverizada o miel.

CUSCÚS EN ENSALADA DE VERDURAS

Ingredientes para 8 personas:
1 taza de garbanzos remojados y blandos • 250 gr de cuscús
5 cucharadas de aceite de oliva • 300 gr de champiñones en cuartos
2 calabacines cortados en rodajas, luego en mitades • 3 cucharadas
de cebollín finamente picado • ½ taza de cilantro y perejil finamente
picado • 2 tomates pelados y picados en cuadritos • 2 cucharadas
de vinagre de eneldo • sal y pimienta negra al gusto

Hidratar el cuscús en ½ taza de agua durante 15 minutos, agregar aceite de oliva y revolver.

Sofreír los champiñones en aceite y cebollín.

Revolver el cuscús en una fuente con todas las verduras, champiñones, sus jugos, vinagre, sal y pimienta.

Rociar con cilantro y perejil, y marinar por una hora. Servir frío.

CUSCÚS CON VEGETALES

Ingredientes para 8 personas:
1 cebolla larga finamente picada • ½ taza de cuscús • 1 cucharadita
de cúrcuma • 250 gr de garbanzo blando • 2 cucharaditas de jengibre
• 3 cucharadas de aceite de oliva • 1 cucharadita de canela
2 cucharadas de mantequilla • 2 zanahorias picadas • 1 taza de agua
hirviendo • 1 calabacín picado • 4 hebras de azafrán • 1 coliflor
pequeño en florecitas • 1 cucharada de perejil finamente picado
2 tazas de caldo básico • 1 cucharada de cilantro finamente picado

Freír en aceite la cebolla, la cúrcuma y el jengibre durante 3 minutos.
Añadir la canela, la zanahoria y el caldo, dejando hervir 3 minutos.

Agregar las demás verduras y cocinar todo durante 5 minutos.

Añadir los garbanzos, las hierbas y el azafrán.

En una fuente para servir poner el cuscús y rociarlo con aceite, mantequilla caliente y agua hirviendo, revolviendo con tenedor hasta que ablande.

Servir caliente cubierto con las verduras.

CUSCÚS DE NARANJA

12 albaricoques, melocotones o manzanas secos cortados en lonchas
finas • 2 tazas de zumo de naranja • ½ cucharadita de sal
1 taza de cuscús • 3 cucharadas de coco fresco rallado o seco tostado
1 naranja en gajos

En una olla hervir los albaricoques, zumo y sal, agregar el cuscús y retirar
del fuego, tapar la olla y reposar hasta que el cuscús absorba el líquido.

Rociar cada porción con el coco y decorar con gajos de naranja y una
parte de los albaricoques.

Servir caliente.

PASTAS

Existe gran variedad de formas y calidad de pasta seca que, al combinar con otros ingredientes y salsas, se sirven como entrada, acompañamiento o plato principal. La pasta aporta proteínas, fibra y carbohidratos complejos que dan energía. Es recomendable utilizar pasta de sémola de grano duro, que sea procesada sin huevo.

CANELONES DE ESPINACAS Y RICOTA

Ingredientes para 6 personas:
12 canelones instantáneos o láminas de lasaña sin huevo
1 kilo de espinacas • 1 taza de cebollín finamente picado
½ kilo de queso ricota • 2 cucharadas de mantequilla
2 tazas de salsa blanca (ver salsas) • 200 gr de queso parmesano
sal y pimienta al gusto

Pasar las espinacas por agua caliente, exprimir y picar finamente.

Calentar la mantequilla y sofreír el cebollín durante un minuto.

Luego fundir en esta mezcla las espinacas, el queso ricota y mezclar muy bien con sal y pimienta.

Si se utilizan canelones instantáneos, preparar una salsa blanca muy clara. rellenar con la mezcla de espinacas, colocar en bandeja de hornear engrasada, cubrir con la salsa blanca clara, llevar al horno hasta que desaparezca la salsa. cubrir nuevamente con la salsa blanca espesa, el queso parmesano y gratinar. En caso de utilizar pasta de lasaña (previamente cocinada), añadir la mezcla de espinacas y enrollar, añadir la salsa blanca espesa y el queso parmesano. Hornear a 250 grados durante 20 minutos o hasta que gratine.

Variación 1: Para quienes no consumen queso, éste se puede cambiar por leche y queso de soja.

Variación 2: Canelones doble salsa:
Los mismos ingredientes de los canelones y salsa roja.

Salsa roja
1 taza de pasta de tomate fresca • 1 cucharadita de orégano
½ kilo de tomates rojos pelados y picados • ½ taza de cebolla larga
o cebollín finamente picado • 2 hojas de laurel
2 cucharadas de aceite • 1 cucharadita de tomillo
Sal y pimienta al gusto

Calentar el aceite y freír la cebolla hasta que esté transparente.

Agregar la pasta de tomate disuelta en un poco de agua y cocinar unos 3 minutos.

Mezclar con las hierbas, sazonar con sal y pimienta y, por último, agregar el tomate picado. Cocinar 5 minutos más. Si la salsa queda ácida, agregar una pizca de miel.

Seguir el procedimiento de la receta anterior intercalando las salsas roja y blanca.

ESPAGUETIS CON SALSA DE ALCACHOFA

Ingredientes para 4 personas:
4 alcachofas grandes • ½ kilo de espaguetis de sémola de grano duro
cocinados al dente • 3 cucharadas de aceite de oliva
2 cucharadas de perejil finamente picado • sal y pimienta al gusto
queso parmesano (opcional)

Lavar las alcachofas y conservarlas en agua con limón; quitar las hojas exteriores, las puntas y el tallo leñoso.

Cocinarlas unos 15 minutos en olla a presión, en suficiente agua y un poco de aceite; después separar las hojas gruesas de los corazones, desechando la parte central del corazón; reservar el caldo de la cocción.

En una sartén agregar 2 cucharadas de aceite, el perejil, las hojas de alcachofas y 1 taza del caldo en que se cocinaron. Dejar hervir durante 30 minutos, licuar y colar.

Agregar los corazones picados, sal y pimienta hasta formar una salsa espesa.

Con esta salsa acompañar los espaguetis cocinados al dente en agua con sal. Rociar con queso parmesano recién rallado.

FIDEOS DE ARROZ CON TOFU

Ingredientes para 4 personas:
250 gr de fideos de arroz • 2 cucharadas de salsa de soja
1 chile rojo sin semilla y finamente picado • 1 cucharada de aceite de
girasol • 2 cebollas frescas finamente picadas • 1 cucharadita
de aceite de ajonjolí • 2 cucharadas de azúcar integral o panela en
polvo • ¾ de taza de tofu en cuadros • 1 cucharada de concentrado de
tamarindo • 2 cucharadas de cacahuete tostado triturado
1 cucharada de zumo de lima o mandarina • pimienta al gusto

Cocinar los fideos según instrucciones del paquete o en agua hirviendo
durante 5 minutos y escurrir.

Macerar el chile y mezclar con la cebolla, el azúcar, el tamarindo, la salsa
de soja y el zumo de mandarina.

Calentar los 2 aceites en una sartén grande y dorar el tofu. Agregar la
mezcla anterior y revolver constantemente hasta que espese. Agregar los
fideos y mezclar con cuidado para que no se partan.

Servir caliente y rociar con el cacahuete.

LASAÑA TRADICIONAL

Ingredientes para 6 personas:
1 caja de pasta de lasaña de sémola de trigo duro • 3 hojas de laurel
1 taza de soja texturizada o de proteína vegetal triturada
3 tazas de salsa napolitana (ver salsas) • 2 tazas de cebolla fresca
finamente picada • ½ kilo de tomates frescos pelados y en trocitos
2 tazas de tallo de apio finamente picado • 3 tazas de salsa blanca
espesa (ver salsas) • 1 taza de cebollín picado • ½ kilo de
champiñones laminados • ½ taza de perejil picado • 1 taza de queso
parmesano • 4 cucharadas de mantequilla • 1 taza de queso
mozzarella rallado • ½ cucharada de tomillo • sal y pimienta al gusto

Remojar la soja texturizada en agua hirviendo de 5 a 10 minutos, dejarla enfriar y pasarla por la batidora brevemente, luego exprimirla sobre un
colador.

Derretir 2 cucharadas de mantequilla y freír la cebolla fresca hasta que esté transparente. Luego añadir perejil, tomillo, laurel y, por último, la soja texturizada. Sofreír 15 minutos y agregar la salsa napolitana y los tomates. Seguir cocinando 5 minutos más hasta lograr una salsa de consistencia espesa. Añadir hojas de laurel, sal y pimienta.

En una sartén aparte poner 2 cucharadas de mantequilla y el cebollín; cuando esté bien caliente sofreír los champiñones hasta que estén tiernos y agregarlos a la salsa.

Cocinar la pasta en abundante agua con sal hasta que esté al dente y pasarla a un recipiente con agua fría. Engrasar los moldes en que se va a armar la lasaña, colocar por capas pasta, salsa blanca, salsa napolitana y queso mozzarella; terminar con pasta con salsa blanca y queso parmesano.

Hornear a 250 grados durante 30 minutos, sacar, reposar y servir.

NÓTA: Al usar pasta precocida, tapar el molde hasta hervir y luego gratinar.

LASAÑA DE VEGETALES

Ingredientes para 6 personas:
1 caja de lasaña de sémola de grano duro • 2 calabacines tiernos en rodajas finas • 2 zanahorias pequeñas en rodajas finas
6 hojas de espinaca blanqueadas y troceadas • ½ taza de cebolla puerro en rodajas • ½ taza de cebollín finamente picado
½ taza de hojas de albahaca fresca picada • 2 tazas de salsa blanca espesa (ver salsas) • 2 tazas de salsa napolitana (ver salsas)
1 taza de queso mozzarella rallado • 1 taza de queso parmesano
1 cucharada de mantequilla • sal y pimienta al gusto

Engrasar una bandeja de horno rectangular donde se va a preparar la receta.

En una sartén calentar la mantequilla, freír la cebolla puerro, la albahaca y el cebollín.

Agregar a la sartén los calabacines y freírlos durante 1 minuto rociados con sal y pimienta, sacarlos y en la misma sartén sofreír la zanahoria.

Las espinacas, pasadas por agua caliente (blanqueadas), escurrirlas y salpimentarlas.

Hervir la pasta de lasaña durante 3 minutos en suficiente agua con sal. Luego pasarla al agua fría. Armar la lasaña por capas de pasta, salsa blanca, verduras, salsa roja y queso mozzarella, y así hasta terminar; dejando por último la capa de pasta, la salsa blanca y el queso parmesano.

Llevar al horno a 250 grados durante 35 minutos.

Si se utiliza pasta de lasaña precocida, la salsa debe ser más líquida y cubrirse con papel aluminio hasta que hierva, luego quitar el papel para gratinar.

Nota: Para quienes no consumen lácteos, la salsa blanca se puede preparar con leche de soja y el queso parmesano se puede reemplazar por miga de pan.

RIGATONI CON TOMATE Y BERENJENA

Ingredientes para 4 personas:
½ kilo de rigatoni • ½ kilo de tomates frescos, pelados y picados
1 cebolla fresca grande picada • 4 cucharadas de queso parmesano
rallado grueso • 1 berenjena mediana • 5 hojas de albahaca
3 cucharadas de aceite de oliva • 1 diente de ajo triturado sin la vena
central • 1 cucharadita de paprika • sal y pimienta negra al gusto

Partir en cubos la berenjena sin pelar y dejarla ½ hora en agua con abundante sal, luego aclarar y escurrir.

Calentar 2 cucharadas de aceite en una sartén a fuego medio y agregar la cebolla, el ajo, la paprika y la berenjena, sofreír durante 5 minutos removiendo con frecuencia.

Añadir los tomates y cocinar lentamente sin tapar hasta que la salsa esté espesa, agregar sal y pimienta.

En una olla grande con agua y sal cocinar los rigatoni dejándolos al dente; escurrirlos y servirlos bañados con la salsa anterior, queso parmesano y albahaca.

MACARRONES TRIPLE QUESO

Ingredientes para 6 personas:
3 cucharadas de mantequilla • 2 cucharadas de aceite
4 cebollas puerro en rodajas • 1 diente ajo macerado sin la vena
central • 6 cucharadas de harina de trigo • 1 taza de leche
1 cucharada de salsa de soja • ½ cucharadita de nuez moscada
½ taza de caldo básico (ver receta) • 750 gr de macarrones cocidos y
escurridos • 1 cucharadita de paprika • 180 gr de queso cheddar
rallado • 120 gr de queso brie • 90 gr de queso parmesano
2 cucharadas de miga de pan • sal y pimienta al gusto

Freír en aceite y mantequilla la cebolla, el ajo y la paprika. Incorporar la harina revolviendo hasta que dore y agregar poco a poco la leche tibia mezclada con el caldo, revolviendo constantemente hasta que espese.

Quitar del fuego, agregar los quesos cheddar, brie y la mitad del parmesano.

Sazonar con salsa de soja, sal, pimienta y nuez moscada. Revolver con los macarrones y verterlos en una fuente engrasada. Cubrirlos con el resto de queso parmesano mezclado con la miga de pan.

Llevar al horno a 250 grados durante 30 minutos.

MACARRONES EN SALSA PRIMAVERA

Ingredientes para 6 personas:
½ kilo de pasta corta • 2 cucharadas de albahaca fresca
½ kilo de berenjenas en cuadritos • 1 cucharadita de orégano fresco
6 tomates maduros, picados o secos • 3 cucharadas de aceite
1 cucharadita de mejorana picada • ½ taza de perejil picado
1 diente de ajo macerado sin la vena central • 1 taza de brécol
cocinado en florecitas pequeñas • sal y pimienta al gusto

Pelar los tomates y cortar en cuadrados. Poner las berenjenas en agua con abundante sal durante ½ hora, aclarar y escurrir.

En una olla grande poner el aceite, el ajo, las berenjenas y los tomates, dejar sofreír y cocinar 15 minutos o hasta que las berenjenas estén tiernas. Luego añadir el brécol y demás ingredientes, y cocinar durante 5 minutos hasta formar una salsa de buena consistencia.

Cocinar la pasta en agua caliente con sal, escurrir y servir muy caliente bañada con la salsa anterior.

PASTA CON GARBANZOS

Ingredientes para 6 personas:
2 tazas de garbanzos remojados desde el día anterior • 2 cucharadas de albahaca picada • 2 cucharadas de aceite • ½ kilo de espaguetis o tallarines de sémola • 1 diente de ajo triturado sin la vena central de grano duro • 1 cucharadita de paprika • 2 cucharadas de aceite de oliva • ½ taza de cebollín picado • sal y pimienta al gusto 1 tomate pelado y picado sin semilla

Aclarar los garbanzos frotándolos para desechar la cáscara que suelten. Cocinarlos en olla a presión durante 15 minutos. Dejar reposar y destapar.

Agregar aceite, cebolla y sal. Seguir cocinando hasta que estén blandos. Luego añadir la albahaca, tomate y ajo, y hervir 15 minutos más.

Agregar la pasta, aumentar el fuego y añadir agua hirviendo si fuera necesario para que la pasta pueda ablandar; la salsa debe quedar espesa.

Al servir, rociar con aceite de oliva, pimienta negra y paprika.

PANCAKES Y CRÊPES

PANCAKES

Ingredientes para 8 unidades:
1 taza de leche • 1 taza de harina de trigo • 1 cucharadita de polvo
para hornear • 2 cucharaditas de azúcar • 1 cucharadita de sal
1 cucharada de mantequilla

Colocar todos los ingredientes en un tazón y batir muy bien.

En una sartén plana de tamaño pequeño poner 1 cucharadita de mantequilla, y cuando esté bien caliente verter suficiente batido de modo que al extenderlo por toda la sartén quede homogéneo y con un espesor de ½ cm aproximadamente; dejar secar y voltear con la ayuda de una espátula.

Cuando esté seca por ambos lados sacar y continuar hasta terminar con el batido.

Servir acompañados con miel de abejas o miel de arce.

Crêpes: Básicamente contienen los mismos ingredientes de los pancakes, pero en diferentes proporciones para lograr una consistencia más clara. Asimismo, se preparan en capas más delgadas.

CRÊPES AL JENGIBRE

Ingredientes para 10 raciones:
½ taza de harina de trigo • ½ cucharadita de panela en polvo
½ taza de harina integral de trigo • 1 cucharadita de polvo para
hornear • 1 ½ taza de agua leche • 1 cucharadita de mantequilla
½ cucharadita de sal

Licuar todo muy bien; si está muy espesa la masa agregar más leche.

En una sartén antiadherente freír en capas muy delgadas por ambos lados; se puede tapar para agilizar el proceso.

1 taza de crema de leche o yogur de soja • 1 cucharadita de jengibre
2 cucharadas de miel • 4 manzanas rojas y verdes partidas en lonchas
delgadas • 2 cucharaditas de canela en polvo • ½ taza de uvas pasas

Para preparar la salsa, mezclar la crema de leche, miel, canela y jengibre
(reservar ⅓ parte de la salsa), agregar la manzana y las uvas.

Rellenar las crêpes con la mezcla de frutas y bañar con la salsa reservada.

NOTA: Si el yogur de soja es dulce no utilizar miel.

CRÊPES BECHAMEL

Ingredientes para 10 unidades:
½ taza de harina de trigo integral • ½ taza de harina de trigo
1 ½ taza de agua leche • 50 gr de mantequilla
1 cucharadita de polvo para hornear • 1 cucharadita de sal

Batir todos los ingredientes hasta lograr una mezcla homogénea y liviana.

En una sartén antiadherente freír el batido en capas muy delgadas por
ambos lados; se puede tapar para agilizar el proceso.

Para el relleno:
½ taza de aceite de oliva corriente • 250 gr de orellanas en trozos
½ taza de cebollín finamente picado • 1 cucharada de orégano fresco
picado • 1 diente de ajo macerado sin la vena central
¼ de cucharadita de nuez moscada • 3 berenjenas peladas
½ taza de queso parmesano • 2 cucharadas de harina de trigo
1 cucharada de vinagre de vino • 1 kilo de tomates pelados sin semilla
en trozos • sal y pimienta al gusto

Pelar las berenjenas y dejarlas en agua con suficiente sal durante 1 hora,
aclarar y secar.

En una sartén de fondo grueso poner el aceite, el cebollín, las berenjenas
y las orellanas; rociar con sal y pimienta; freír 5 minutos o hasta que las

berenjenas estén tiernas; agregar los tomates, vinagre de vino y nuez moscada; cocinar a fuego lento 15 minutos y rectificar el sabor.

Preparar la salsa bechamel según su receta.

A tiempo de servir poner en cada plato una crêpe caliente, 3 cucharadas de la salsa de berenjena, otra crêpe, salsa de berenjena y otra crêpe. Bañar cada plato con salsa bechamel, queso parmesano y orégano picado.

CRÊPES CON SALSA DE MANZANA

Ingredientes para 10 unidades:
½ taza de harina de trigo • 1 cucharadita de mantequilla
½ taza de harina de trigo integral • 1 cucharadita de sal
1 ½ taza de agua leche • ½ cucharadita de polvo para hornear

Batir todos los ingredientes hasta lograr una mezcla homogénea y liviana.

En una sartén antiadherente freír el batido en capas muy delgadas por ambos lados; se puede tapar para agilizar el proceso.

Para la salsa:
1 taza de compota de manzana • ½ taza de nueces troceadas y doradas
1 cucharada de ralladura de limón

Calentar la compota, bañar las crêpes y rociar con nueces y ralladura de limón.

CRÊPES POPEYE

Ingredientes para 10 unidades:
½ taza de harina integral de trigo • ½ taza de harina de trigo
1 ½ taza de agua leche • 1 cucharadita de mantequilla
½ cucharadita de polvo para hornear • 10 cucharadas de espinaca
cocinada y picada gruesa • 5 cucharadas de queso de cabra fresco
rallado (o queso de soja) • 1 taza de champiñones en láminas, fritos en
poco aceite y aromatizados con ajo • sal y pimienta al gusto

Batir todos los ingredientes hasta lograr una mezcla homogénea y liviana.

Freír las crêpes en una sartén antiadherente sobre ½ cucharadita de mantequilla caliente, y cuando estén burbujeantes poner las espinacas, el queso y los champiñones. La crêpe se dobla en dos y se le da la vuelta para que termine de hacerse.

Servir caliente.

CRÊPES DE HIERBAS CON ESPÁRRAGOS Y JAMÓN DE VEGETALES

Ingredientes para 6 unidades:
1 taza de harina de trigo o mezclada • 500 gr de espárragos
(o espárragos frescos) con harina de trigo integral • 6 lonchas de jamón
de vegetales • ½ cucharadita de sal • ¼ de cucharadita de comino
1 taza de mezcla de leche y agua (o agua con gas)
¼ de cucharadita de polvo para hornear • 5 cucharadas de hierbas
picadas finas: cebollín, • 1 cucharada de aceite de girasol o ajonjolí
perejil, estragón, toronjil, albahaca

Salsa de rábano picante
125 gr de queso cremoso o ricota • 2 cucharadas de crema agria
1 cucharadita de rábano picante y rallado

Tamizar la harina con la sal y licuar con la mezcla de leche, aceite y polvo para hornear. Si la salsa queda muy espesa agregar un poco de agua y seguir licuando hasta lograr una mezcla liviana. Agregar las hierbas y licuar una vez más.

Preparar la salsa mezclando el queso (crema o ricota) con los demás ingredientes y dejar enfriar.

En una sartén plana de tamaño pequeño poner una cucharadita de aceite y cuando esté bien caliente verter el batido y extenderlo por toda la sartén formando una capa delgada, dejar secar y voltear con la ayuda de una espátula.

Cuando esté seca por ambos lados retirar y continuar hasta terminar con el batido.

Cubrir cada crêpe con 2 cucharadas de salsa, luego poner 1 loncha de jamón y encima 3 espárragos, cerrar en forma de cono y hornear durante 5 minutos a 250 grados.

En el momento de servir cubrir con el resto de la salsa.

CRÊPES DE ESPINACA Y QUESO COTTAGE

Ingredientes para 4 personas:
½ taza de harina integral de trigo • ½ taza de harina de trigo
1 ½ taza de agua leche • 1 cucharadita de mantequilla
½ cucharadita de polvo para hornear • sal al gusto

Batir todos los ingredientes hasta lograr una mezcla homogénea y liviana.

Freír en una sartén antiadherente el batido en capas muy delgadas, tapando para agilizar el proceso.

Para el relleno:
½ kilo de espinacas frescas • 2 cucharadas de agua • 2 cucharadas de cebollín finamente picado • 2 cucharadas de aceite de oliva •
1 taza de queso cottage o ricota • ½ cucharadita de nuez moscada en polvo • ½ de taza de queso parmesano para gratinar • ½ taza de almendras laminadas o nueces • sal y pimienta al gusto

Lavar las espinacas y cocinar al vapor durante 5 minutos, escurrir, enfriar y picar.

Mezclar la espinaca, el cebollín, el queso, la nuez moscada, y sal y pimienta.

Formar capas intercalando crêpe, mezcla de espinaca, crêpe, espinaca y crêpe, rociar con el queso parmesano y hornear a 150 grados hasta que gratine.

Servir inmediatamente y rociar con las almendras o nueces.

Guía de cocción

Cereal	Cantidad	Volumen de agua	Tiempo cocción	Raciones
Amaranto	200 gr	3 veces	25-30 minutos	4-6
Arroz de grano largo (basmati)	200 gr	2 veces	20-30 minutos	4-6
Arroz integral	200 gr	2-2,5 veces	40-50 minutos	4
Bulgur	200 gr	2 veces	Agregar agua hirviendo Cocinar 15-20 minutos	4-6
Cebada	200 gr	2,5 veces	35-40 minutos	4-6
Avena copos	100 gr	2,5-3 veces	15-30 minutos	2-3
Cuscús	200 gr	2 veces	Agregar agua hirviendo Cocinar 15-20 minutos	4-6
Mijo	200 gr	2,5-3 veces	30-45 minutos	4-6
Quínoa	200 gr	2 veces	15 minutos	4
Trigo	200 gr	4,5 veces	45-60 minutos	4-6

Guía nutricional

Contenido en 100 gr de parte comestible

Cereal	Cal. gr	Agua gr	Prot. gr	Grasa gr	CH gr	Fibra gr	Ca mg	P mg	Fe mg	Vit. A U.I
Amaranto	366	8,0	17,0	6,2	60,7	4,9	510	397	11	0
Arroz blanco	359	12,2	7,8	0,4	78,8	0,3	9	140	0,8	0
Arroz integral	341	11,5	8,6	1	77	0,8	10	380	2	0
Avena	356	9	14,2	7,3	66,7	1,6	56	450	5,2	0
Cebada entera	311	14,6	10,2	1,6	69	2,7	45	380	4,2	0
Cebada perlada	359	11,4	9	0,7	76,8	1,0	36	480	1,7	0
Fécula de maíz	347	13,5	0,6	0,2	85,2	0,4	8	16	3,0	0
Maíz (t) blanco	348	25	8,7	0,9	74,6	0,5	4	71	1,1	0
Maíz (t) amarillo	361	12	8,4	1,2	77,3	0,5	5	99	1,2	300
Maíz mijo	328	11	8,5	2,6	73	3,4	27	240	2	0
Maíz tierno	136	64,2	4,7	1,2	27,0	1,2	12	120	0	20
Trigo entero	314	13,5	10,8	1,6	69,3	3,3	50	280	4,2	0
Trigo harina	342	12,9	11,8	1	73,2	0,5	52	170	2,8	0
Quínoa	301	13	16,4	2	59,6	6	55	354	8,4	0

LEGUMBRES

Judías, garbanzos, lentejas, guisantes secos, habas secas, cacahuete, reunidos bajo el nombre de legumbres, son las semillas secas comestibles de plantas leguminosas.

La importancia de las legumbres en la alimentación reside en su elevado contenido proteínico, casi dos veces el de los cereales (17 a 25 por ciento). El haba de soja contiene de un 36 a un 38 por ciento de proteína.

Los aminoácidos esenciales son complementarios de los que contienen los cereales, por ejemplo, la mayor parte de las leguminosas son ricas en lisina, aminoácido que escasea en los cereales. Para la síntesis de proteínas se necesita una proporción exacta de los diferentes aminoácidos; por lo tanto, es necesario incluir leguminosas y cereales en las dietas.

Contienen otros elementos nutritivos, como calcio, hierro, magnesio, fósforo, vitaminas B1, B2 y B3 y abundantes hidratos de carbono. Las judías germinadas aumentan su contenido vitamínico y se convierten en fuente de vitamina A y C.

Es vital una preparación correcta de las legumbres, pues contienen lecitina, sustancia que pierde su toxicidad en el proceso de remojo y cocción. Deben escogerse, lavarse y remojarse en abundante agua durante 8 horas como mínimo, en el caso de las judías y los garbanzos. No agregar sal al agua de cocción y en algunos casos, como el de las habas, se recomienda quitar la piel. Es preciso masticarlas y ensalivarlas con generosidad.

No se deben cocinar dos legumbres a la vez y no deben acompañarse de alimentos excesivamente ácidos. Preferiblemente deben ser consumidas en la comida del medio día.

Al igual que los cereales, se deben guardar en recipientes de vidrio oscuro, bien tapados, en lugares frescos y protegidos del sol para que la humedad no les quite sabor y calidad.

HABA DE SOJA

Proporciona todos los aminoácidos esenciales y más proteínas que otras legumbres, y minerales como potasio, calcio, magnesio, hierro y azufre. Se utilizan con más frecuencia sus derivados, como leche, tofu, tempeh, miso, proteína vegetal texturizada, natas, salsa de soja y tamari.

ELABORACIÓN DE LA LECHE DE SOJA

Ingredientes para 2 tazas:
2 tazas de soja remojada, en suficiente agua, 24 horas • agua caliente

Lavar la soja varias veces en agua caliente.

Licuar la soja en cuatro tazas de agua caliente. Luego colarla en un lienzo, exprimiendo muy bien.

Si se va a consumir como leche, hervirla con astillas de canela para suavizar el sabor.

Si se va a utilizar esta leche para obtener tofu o queso de soja, no hervirla con canela y continuar con el siguiente procedimiento.

ELABORACIÓN DEL TOFU O QUESO DE SOJA

Ingredientes para obtener medio kilo
5 tazas de soja remojada, en suficiente agua, 24 horas
10 tazas de agua caliente • 1 cucharada de sulfato de magnesio
disuelto en ½ taza de agua tibia o ½ taza de zumo de limón con una
cucharada de sal

Repetir el procedimiento anterior para obtener la leche de soja, licuando cada vez una taza de soja con dos de agua caliente, hasta terminar.

Calentar en una olla grande la leche de soja hasta hervir, en este momento apagar el fuego, agregar el sulfato o el limón y mezclar en forma suave y corta una vez, dejarlo reposar una hora sin volver a mezclar, hasta que corte y suelte el suero. Dejar enfriar.

Ir vaciando en un colador de tela (o un colador amplio cubierto con un lienzo), dejando escurrir totalmente el suero, repetir el procedimiento hasta terminar y exprimir bien. En este punto se logra un queso de consistencia blanda, para usar en dips o salsas.

Para obtener un queso mas consistente llevarlo a un molde de rejilla con un peso encima, prensándolo durante una hora.

Se debe conservar en la nevera, en una vasija, cubierto totalmente con agua.

NOTA: No se debe congelar.

DIP DE TOFU AL AJO

Ingredientes para 4 personas:
1 diente de ajo picado sin la vena central • 1½ taza de vinagre de sidra • ½ cucharadita de sal • 350 gr de tofu blando

Licuar todos los ingredientes. Esta mezcla sirve para acompañar vegetales crudos.

DIP DE TOFU AL LIMÓN

Ingredientes para 4 personas:
1 cucharada zumo de limón • ½ cucharadita pimienta blanca
375 gr de tofu blando

Licuar todo. Se puede acompañar con tostadas y corazones de alcachofas.

HAMBURGUESA DE VEGETALES Y TOFU

Ingredientes para 4 personas:
250 gr de espinacas • ½ cucharadita de pimienta • 2 cucharadas de aceite de oliva • 1 cucharadita de curry • 1 cebolla puerro finamente picada • 1 cucharadita de cilantro finamente picado • 2 dientes de ajo

macerados sin la vena central • 1½ taza de miga de pan
1½ taza de champiñones picados • 4 panes para hamburguesa
250 gr de tofu firme rallado • sal y pimienta al gusto

Lavar las espinacas y cocinarlas 2 minutos.

En una sartén con aceite dorar el ajo y la cebolla durante 3 minutos, agregar los champiñones y el tofu, cocinar 3 minutos más. Añadir las espinacas, el curry, la sal y la pimienta, cocinar 1 minuto más, llevar al procesador por 30 segundos o hasta conseguir una consistencia suave y homogénea (o mezclar muy bien manualmente con las espinacas picadas).

Pasar a una fuente y mezclar con la miga de pan y el cilantro, dejar enfriar y amasar, formar 4 raciones de igual tamaño en forma de hamburguesa, refrigerar 30 minutos y sacar.

En una sartén con 1 cucharada de aceite caliente, dorar las hamburguesas 5 minutos por cada lado.

Armar las hamburguesas en el pan ya sea con cebolla, tomate, lechuga o queso y acompañar con patatas a la paprika.

Acompañamiento:
Patatas a la paprika

2 patatas grandes de consistencia dura • 2 cucharadas de harina
de trigo • 1 cucharada de paprika • 2 cucharadas de aceite de oliva

Partir las patatas en cascos y cocinar en agua hirviendo por 10 minutos, escurrir y secar.

Impregnar las patatas en la mezcla de harina y paprika. En un molde de hornear, colocarlas y rociar con el aceite de oliva.

Llevar al horno precalentado a 250 grados durante 15 minutos o hasta que estén doradas.

MILHOJAS DE VEGETALES

Ingredientes para 6 personas:
½ kilo de masa de hojaldre • 2 cucharadas de tahine • 1 pepino
vinagre balsámico • 1 zuchini mediano (calabacín largo)

salsa de soja • 3 zanahorias • aceite • 1 cebolla fresca blanca
ajonjolí • 250 gr de tofu

Cortar las verduras en láminas finas, reservando una zanahoria; pincelar las verduras con aceite y salsa de soja; luego dorarlas en una sartén por 5 minutos.

Extender el hojaldre muy fino y partirlo en dados de 10×10 cm; pincelarlos con aceite y cubrirlos con ajonjolí; luego llevarlos al horno precalentado a 250 grados durante 7 minutos hasta que estén crocantes.

Cocinar la zanahoria restante hasta que esté blanda, batirla en la batidora con el tofu, un poco de aceite, el tahine y una cucharadita de vinagre balsámico, para formar un puré.

Formar milhojas con capas de hojaldre, verduras y puré (por último la capa de hojaldre); decorarlas con copos de puré vertidos con manga de repostería.

Especial como entrada sobre hojas de lechuga.

PERICOS DE TOFU

Ingredientes para 6 personas:
½ kilo de queso de soja desmenuzado • 1 taza de sofrito de cebolla
y tomate • 1 cucharada de salsa de soja • 2 cucharadas de aceite
cilantro picado (opcional) • sal y pimienta al gusto

En una sartén con aceite dorar el tofu durante 5 minutos.

Preparar un buen sofrito, agregarlo al tofu dorado y remover constantemente, cocinar durante 10 minutos. Rociar con la salsa de soja, el cilantro, la sal y la pimienta.

Servir caliente.

Variación: Agregar maíz tierno dorado o jamón vegetal en dados a la mezcla anterior.

QUICHE DE TOFU

Ingredientes del relleno
2 cucharadas de aceite • 1½ taza de brécol cortado en láminas
½ taza de calabacines cortados en tiras finas • 250 gr de tofu firme
1 cucharada de levadura fresca o granulada preparada según receta
2 cucharadas de salsa teriyaki • perejil para adornar • agua con gas
sal y pimienta al gusto

Ingredientes de la masa
1 taza de harina de trigo integral • 1 cucharada de aceite
1 cucharada de semillas de ajonjolí

Mezclar poco a poco la harina con el aceite, luego añadir el ajonjolí y agua con gas suficiente para lograr una masa blanda sin trabajarla demasiado. Refrigerar durante 30 minutos.

Para el relleno, calentar el aceite en una sartén y saltear las verduras durante 5 minutos.

En una fuente mezclar el tofu, el agua, la salsa teriyaki y la levadura preparada; mezclar con la batidora hasta lograr una masa homogénea; agregar sal y pimienta.

Extender la masa en una superficie enharinada y luego forrar con ella un molde redondo de 3 cm de fondo. Llevarlo al horno precalentado a 200 grados 15 minutos, o hasta que dore; sacar y dejar enfriar. Luego colocar una capa de verduras salteadas, verter encima la mezcla de tofu y adornar con el pimentón. Hornear a 200 grados durante 10 minutos.

Servir frío o caliente rociado con perejil.

ROLLOS DE HOJALDRE Y TOFU

Ingredientes para 6 personas:
½ kilo de masa de hojaldre • 1 taza de tofu desmenuzado • 1 taza de champiñones • 3 cucharadas de cebollín picado • 3 cucharadas de crema de leche (opcional) • 1 cucharada de finas hierbas • aceite • sal y pimienta al gusto

Partir los champiñones en láminas y freírlos en aceite y cebollín durante 3 minutos.

Sacar los champiñones, y en el jugo que sueltan mezclar el tofu desmenuzado con la crema de leche, la sal y la pimienta, revolver hasta formar una mezcla homogénea, luego agregar los champiñones y las finas hierbas, y mezclar de nuevo.

Extender el hojaldre y colocar en el centro la preparación anterior, formar un rollo, sellando los extremos, y llevar al horno precalentado a 250 grados durante 20 minutos o hasta que el hojaldre esté dorado.

TOFU AL AJILLO EN CROTONES

Ingredientes para 8 personas:
¼ de taza de aceite de oliva • 1 cucharada de albahaca fresca picada
2 dientes de ajo finamente picados sin la vena central
½ taza de mantequilla fundida • 750 gr de tofu en dados gruesos
½ taza de tomates frescos, pelados y picados • 2 panes molde sin
cortar • ¼ taza de tomates secos picados
1 cucharadita de salvia picada
2 cucharadas de zumo de limón • salsa de soja

Marinar el tofu con salsa de soja y salvia.

En una sartén de fondo grueso calentar el aceite y dorar el ajo, luego agregar el tofu y dorarlo por todos lados, sin que se seque, añadir los tomates frescos y secos, la albahaca y el limón durante 2 minutos y retirar.

Partir el pan en 6 lonchas de 3 centímetros de alto, retirar la masa del centro del pan, dejando base para formar una caja, untar con mantequilla el pan por dentro y por fuera, y llevar al horno a 250 grados hasta que doren.

Para servir se rellenan las cajitas de pan con el tofu, rociadas con albahaca fresca y acompañados de rodajitas de limón.

Servir con vegetales surtidos al wok.

TOFU CON ESPÁRRAGOS

Ingredientes para 4 personas:
400 gr de espárragos verdes procesados • ½ cucharadita de pimienta
½ kilo de tofu en dados de 2 × 2 cm • 1 cucharadita de estragón
1 taza de guisante tierno cocinado • aceite de oliva corriente para freír
1 taza de crema de leche Sal al gusto • ½ taza de salsa de soja
mezclada con 2 cucharadas de agua • 1 cucharada de cebolla fresca
finamente picada

En un tazón mezclar salsa de soja, cebolla, pimienta, estragón y sal; marinar el tofu en esta mezcla durante media hora.

A tiempo de servir retirar el tofu de la marinada y dorarlo en aceite de oliva.

Mezclar en una fuente los espárragos escurridos, la crema de leche, el guisante y el tofu dorado caliente.

Servir acompañado de puré de patata.

TOFU EN SALSA RIOJANA

Ingredientes para 6 personas:
½ kilo de tofu • 6 tomates maduros, pelados y en dados
1 cucharada de perejil • 2 cucharadas de cebolla fresca finamente
picada • 5 hebras de azafrán • 2 cucharadas de aceite
1 taza de champiñones limpios partidos en mitades
½ taza de guisante tierno cocinado • ½ taza de zanahorias precocidas
tiernas cortadas en juliana • ½ cucharadita de tomillo
2 cucharadas de pasta de tomate • aceite de oliva
sal y pimienta al gusto • Hojas de laurel

Partir el tofu en dados de 2 × 2 cm y 1 cm de espesor, hervirlo en agua, sal y tomillo durante 2 minutos.

Para preparar la salsa cocinar los tomates y pasta de tomate con aceite, cebolla, laurel, azafrán, sal, pimienta y 1 taza de agua a fuego lento durante 15 minutos.

Pasar la salsa a una pirex y poner los dados de tofu, los champiñones, los guisantes y las zanahorias, llevar al horno precalentado a 250 grados por 15 minutos.

Servir acompañado con puré de patata.

TOFU CON NUECES

Ingredientes para 6 personas:
6 cucharadas de salsa de soja • 6 cucharadas de apio troceado
3 cucharadas de agua • 2 cucharadas de fécula de maíz
1 cucharada de crema de ajonjolí (tahine) • 4 cucharadas de nueces
picadas y tostadas • 1 cucharadita de cebolla fresca
1 taza de calabacín • 6 cucharadas de cebollín • 1 taza de agua fría
½ kilo de tofu en dados

Marinar el tofu en 3 cucharadas de salsa de soja, la crema de ajonjolí, la cebolla, el cebollín y el aceite, durante ½ hora.

En una sartén caliente vaciar el tofu con la marinada y cocinar los guisantes 3 minutos o hasta que seque un poco el líquido.

En otro recipiente saltear con una cucharada de aceite las verduras y las nueces 3 minutos, diluir la fécula de maíz con el resto de salsa de soja y agregarla sobre las verduras; cocinar 3 minutos; luego revolver con la mezcla de tofu.

Servir sobre arroz al dente.

TOFU EN CURRY A LA TAILANDESA

Ingredientes para 6 personas:
1 cebolla fresca pequeña picada • ¼ de taza de hojas de cilantro
1 cucharadita de cúrcuma • 6 granos de pimienta negra molida
1 cucharadita de sal • 2 cucharaditas de comino molido
2 dientes de ajo sin la vena central • 2 cucharadas de cebolla larga
picada • 2 cucharadas de aceite • 2 cucharaditas de ralladura de lima

2 cucharadas de raíz de limonaria macerada • 2 cucharadas de salsa
de soja • 2 tazas de leche de coco disuelta en media taza de caldo
1 cucharada de raíz de cilantro macerada • cilantro picado
½ kilo de tofu en dados • picante al gusto • 3 hojas de lima o naranjo

Licuar las cebollas (larga y fresca) con ajo, picante, limonaria, raíz de
cilantro, mitad de las hojas de cilantro, pimienta, comino, ralladura de
lima, cúrcuma, sal, aceite y salsa de soja.

En una sartén con aceite verter la mezcla anterior, cocinar durante 5
minutos y agregar la leche de coco, las hojas de lima y el tofu en dados.

Cocinar con el resto de hojas de cilantro durante 20 minutos a fuego
medio.

Acompañar con arroz blanco.

TOFU ISLEÑO

Ingredientes para 4 personas:
½ kilo de tofu • 4 cucharadas de salsa de soja • 1 cucharadita
de pimienta • 1 taza de crema de leche espesa • ½ taza de salsa pesto
(ver receta) • 1 cucharada de aceite de oliva

Cortar el tofu en lonchas medianas, marinar en las salsas de soja y de
pesto durante 1 hora.

Dorar por cada lado, en una sartén de fondo grueso con 1 cucharada de
aceite, las lonchas de tofu, pinchándolas con tenedor para que conserven
el pesto.

Mezclar la crema de leche, la pimienta y la salsa de soja, cubrir cada
plato con esta mezcla y poner encima las raciones de tofu caliente. Servir inmediatamente.

VERDURAS SALTEADAS CON TOFU

Ingredientes para 6 personas:
300 gr de tofu • 2 berenjenas pequeñas procesadas (ver receta)
4 calabacines tiernos • 1 taza de mazorca tierna desgranada
2 cucharadas de almendras laminadas y tostadas • 2 cucharadas
de aceite de oliva • 2 cucharaditas de paprika

Para la salsa:
1 cucharadita de mostaza • 3 cucharadas de salsa de soja
2 cucharadas de aceite de oliva • ½ taza de zumo de naranja
sal y pimienta al gusto

Mezclar en una taza todos los ingredientes de la salsa.

Cortar el tofu en dados, añadirlo con cuidado a esta salsa y dejarlo por una hora. Luego sacar el tofu y conservar la salsa.

Verter la salsa en una sartén, añadir todas las verduras cortadas y revolver a fuego rápido durante cinco minutos.

En otra sartén con poco aceite, dorar los dados de tofu y agregarlos a las verduras.

Por último, rociar con las almendras y dejar cocinar 2 minutos.

SOJA TEXTURIZADA

Como la soja texturizada al hidratarla duplica su tamaño, si se necesita 1 taza de soja texturizada hidratada se debe remojar ½ taza de la misma.

ALBÓNDIGAS DE SOJA TEXTURIZADA

Ingredientes para 8 albodingas:
1 taza de soja texturizada remojada ½ hora en dos tazas de agua
1 taza de trigo americano remojado ½ hora • 2 cebollas largas picadas
• 2 tomates maduros pelados y picados • 1 cucharada

de albahaca picada • 2 cucharadas de salsa soja • ½ taza de ajonjolí
mezclado con una cucharada de harina de trigo • 1 cucharada
de aceite para el sofrito de cebolla y tomate • aceite suficiente
para freír • sal y pimienta al gusto

Pasar la soja texturizada con agua por la batidora y exprimirla, amasar con el trigo y la salsa soja.

Preparar en 1 cucharada de aceite un sofrito de cebolla, tomate, albahaca picada y sal.

Mezclar todo muy bien hasta obtener una buena consistencia; si para lograrlo es necesario agregar un poco de avena en copos, formar albóndigas pequeñas y pasarlas por ajonjolí.

Freír en aceite caliente.

Servir con mayonesa de curry (ver receta).

CROQUETAS DE SOJA TEXTURIZADA Y ARROZ

Ingredientes para 8 personas:
2 tazas de arroz cocido del día anterior • 1 taza de queso manchego
½ taza de soja texturizada • 1 tallo de cebolla o cebollín picado
1 cucharada de aceite • 1 taza de agua caliente • miga de pan
queso parmesano • sal y pimienta al gusto

Hidratar la soja texturizada en agua caliente durante 30 minutos, pasarla por la batidora y exprimirla.

Sofreír el cebollín en aceite.

Moler el arroz y la soja texturizada licuada (molino o procesador), luego amasar con sal, pimienta y queso manchego.

Revisar el sabor y dar forma a las croquetas, pasarlas por la miga de pan y por el queso parmesano.

Colocar las croquetas sobre una lata engrasada y llevar al horno a 350 grados durante 20 minutos.

Servir con mayonesa vegetariana.

QUIBBES

Ingredientes para 20 unidades:

1 taza de harina de trigo o harina para arepas • 3 tazas de trigo
americano remojado • 2 tazas de soja texturizada • ½ taza de
almendras o nueces picadas en el procesador • 1 cebolla fresca
finamente picada • 1 taza de seitán finamente picado
2 dientes de ajo macerado sin la vena central • 1 cucharada de perejil
picado • 2 cucharadas de hierbabuena fresca finamente picada
2 cucharadas de salsa de soja • aceite • sal y pimienta al gusto

Remojar la soja texturizada en 4 tazas de agua caliente durante ½ hora.

Pasarla por la batidora, colar y exprimir dos veces, luego dorarla en un
poco de aceite y salsa de soja.

En otra sartén freír la cebolla y el ajo, agregar el seitán, las nueces,
1 cucharada de salsa de soja, sal y pimienta, dejar a fuego bajo durante
5 minutos.

Amasar la harina con el trigo remojado y exprimido, agregar la soja texturizada, el perejil, hierbabuena, sal y pimienta y amasar durante 5 minutos. Formar bolas de 5 cm de diámetro, ahuecar en el centro con los dedos, rellenar con la fritura de seitán y nueces, cerrar y dar forma a los
quibbes.

Freír en aceite caliente.

NOTA: antes de formar cada quibbe aclararse las manos.

FRÍJOLES

BALÚ A LA CREMA

Balú, chachafruto o nupo es un fríjol grande rico en proteína (21 por ciento) y carbohidratos.

Ingredientes para 4 personas:
½ kilo de balúes • 1 cucharada de mantequilla • 1 taza caldo básico
2 cucharadas crema de leche • 1 cucharada de queso mozzarella
sal y pimienta al gusto

Desenvainar los balúes y ponerlos a cocinar en agua con sal unos 40 minutos, dejar enfriar y quitarles la cáscara oscura.

Llevar nuevamente a cocinar en el caldo básico hasta que estén blandos.

Agregar los otros ingredientes menos el queso, cocinar a fuego lento; cuando se hayan consumido ⅔ partes del caldo, agregar el queso y servir caliente.

BALÚ A LA CRIOLLA

Ingredientes para 4 personas:
½ kilo de balúes • 2 cucharadas de perejil finamente picado
4 cucharadas de cebolla finamente picada • 4 tomates pelados y
picados en trocitos • 1 cucharada de tallos de apio finamente picado
1 cucharadita de cúrcuma • aceite • sal y pimienta al gusto

Desenvainar los balúes y ponerlos a cocinar en agua con sal unos 40 minutos, dejar enfriar y quitarles la cáscara oscura.

En una sartén con el aceite freír el apio y la cebolla hasta que estén transparentes.

Agregar los demás ingredientes hasta formar una buena salsa.

Verter los balúes en la salsa y dejar cocinando a fuego lento hasta que estén blandos, rectificar el sabor.

CUBANOS

Ingredientes para 8 personas:
½ kilo de fríjoles negros (caraotas) • 2 cucharadas de panela en polvo
10 tazas de agua • 2 cucharadas de vinagre de frutas
½ taza de aceite de oliva o girasol o ajonjolí • 2 cucharadas de aceite
de oliva • 2 cebollas frescas finamente picadas
3 dientes de ajo triturados • 1 guindilla (opcional)
½ cucharadita de orégano • 2 hojas de laurel • sal y pimienta

Seleccionar y lavar muy bien los fríjoles. Remojar con la guindilla entera (opcional) desde el día anterior, escurrir y aclarar. Poner a cocinar en las 10 tazas de agua hasta que ablanden, 45 minutos aproximadamente. Apartar una taza de fríjoles blandos.

En una sartén con aceite caliente freír la cebolla y el ajo. Agregar la taza de fríjoles y macerarlos bien, mezclar y verter el conjunto a la olla con los fríjoles, añadir el orégano, el dulce, el laurel, sal y pimienta al gusto. Dejar cocinar a fuego lento durante una hora, mezclando esporádicamente.

Antes de servir agregar el vinagre y el aceite de oliva.

FALAFEL DE FRÍJOLES NEGROS (Caraota)

Ingredientes para 6 personas:
4 rebanadas de pan blanco humedecido • 1 taza de garbanzos
remojados 24 horas • 2 cucharadas de harina de garbanzo
3 cebollas largas picadas • 4 cucharadas de perejil picado
4 cucharadas de cilantro picado • 250 gramos de fríjol negro remojado
24 horas • 1 cucharada de hojas de hierbabuena picada
aceite • pimienta al gusto

Moler los fríjoles y los garbanzos junto con la cebolla, el perejil, el cilantro y la hierbabuena. Luego, agregar el pan exprimido, sal y pimienta.

Amasar y agregar la harina de garbanzo hasta lograr una masa homogénea, formar discos de 5 cm de diámetro, llevar al congelador por una hora para que tomen buena consistencia.

Sacar del congelador y freír en aceite caliente.

FRÍJOL BLANCO DE CABECITA NEGRA EN ARROZ DE COCO

Ingredientes para 6 personas:
1 taza de fríjoles blancos de cabecita negra remojados durante
24 horas • 1½ taza de arroz • 1 taza de leche de coco
1 cucharada de aceite • sal y panela en polvo • aceite

Lavar y aclarar bien los fríjoles y cocinar en 1 ½ taza de agua hasta que ablanden.

En la olla del arroz poner dos tazas del caldo de la cocción del fríjol, agregar aceite, sal, la panela o azúcar integral y la leche de coco; cuando esté hirviendo agregar el arroz lavado y escurrido. Conservar a fuego rápido hasta que se formen burbujas, tapar y bajar el fuego. Cuando el arroz esté a medio hacer, revolver agregando los fríjoles y seguir cocinando hasta que el arroz alcance su punto ideal.

BALÚ EN VINAGRETA

Ingredientes para 4 personas:
½ kilo de balúes • 2 tazas de vinagreta básica (ver receta)
1 diente de ajo finamente picado sin la vena central
1 taza caldo básico • 1 taza de eneldo finamente picado
½ taza de cilantro finamente picado

Desenvainar los balúes y ponerlos a cocinar en agua con sal durante unos 40 minutos, dejar enfriar y quitarles la cáscara oscura.

Llevar nuevamente a cocinar en el caldo básico hasta que estén blandos, dejar enfriar y partir en lonchas gruesas.

Colocar los balúes en una vasija de vidrio o cerámica, agregar la vinagreta, el ajo, el cilantro y el eneldo, y dejarlos marinar durante 2 horas.

Servir frío.

SOPA DE FRÍJOL BLANCO A LA PROVENZAL

Ingredientes para 6 personas:
1 taza de fríjol blanco remojado 24 horas • 2 cucharadas de aceite
1 zanahoria mediana picada • 1 tallo de apio cortado en láminas
1 cebolla puerro en lonchas delgadas (la parte blanca)
1 tomate maduro pelado y sin semillas • 4 tazas de agua
1 patata de consistencia dura pelada en dados • sal al gusto

Para la salsa:
3 dientes de ajo • 15 hojas de albahaca • 1 tomate maduro pelado
2 cucharadas de aceite

Aclarar los fríjoles y ponerlos a hervir en 4 tazas de agua a fuego alto durante ½ hora. Reducir el fuego y dejar hervir hasta que se ablanden.

En otra olla, freír con el aceite la cebolla puerro durante 5 minutos. Agregar la zanahoria, el apio y el tomate, cocinar a fuego lento durante 20 minutos. Añadir las patatas, 1 taza del caldo de los fríjoles y cocinar hasta que los vegetales estén blandos. Agregar los fríjoles, sin el caldo, conservar al calor y añadir sal al gusto. Si esta mezcla queda muy seca añadir un poco más de caldo de la cocción del fríjol.

Preparar la salsa en la batidora.

Servir la sopa de fríjol y rociar con la salsa.

POTAJE DE FRÍJOLES TIERNOS

Ingredientes para 6 personas:
1 kilo de fríjoles en vaina • 6 tomates maduros pelados y troceados
2 cebollas largas finamente picadas • 2 cucharadas de perejil fresco
picado • ½ taza de ahuyama (calabaza amarilla) picada
½ taza de zanahoria rallada • ½ taza de mazorca tierna
3 cucharadas de aceite • 5 tazas de agua • sal y pimienta al gusto

Desgranar el fríjol. En la olla a presión saltear la cebolla en el aceite; agregar el agua y dejar hervir; añadir fríjol, mazorca, zanahoria y ahuyama; tapar y cocinar durante 5 minutos; dejar reposar; destapar y agregar sal, pimienta, el tomate y el perejil; seguir cocinando sin tapar a fuego medio hasta espesar.

Servir acompañado de arroz o plátano frito y pisado.

TORTA DE BALÚ

Ingredientes para 4 personas:
250 gr de balúes • 3 cucharadas de sucedáneo de huevo
½ taza de harina de trigo • ½ taza de queso mozzarella o pera rallado
1 taza panela en polvo • 1 cucharadita de polvo para hornear
7 cucharadas de mantequilla • ½ astilla de canela

Desenvainar los balúes y ponerlos a cocinar en agua con astillas de canela durante 40 minutos, dejar enfriar y quitarles la cáscara oscura.

Moler o macerar los balúes.

Mezclar todos los ingredientes y batir bien.

Verter la mezcla en un molde previamente engrasado y llevar al horno.

Hornear a 200 grados durante 45 minutos.

GARBANZOS

L a harina obtenida del garbanzo seco (besan) es utilizada en mezclas para empanados, como las tempuras y pakoras, porque proporciona una cubierta crujiente.

GARBANZOS AL YOGUR

Ingredientes para 6 personas:
2 tazas de garbanzos remojados durante 24 horas • 1 cucharada
de aceite de oliva • ½ taza de yogur natural tipo postre • sal, pimienta
y paprika al gusto • 1 manojo de cilantro finamente picado

Aclarar muy bien los garbanzos y cocinar hasta que ablanden, escurrir bien y mezclar con el yogur, sal y pimienta, conservar unos 10 minutos a fuego lento y por último mezclar el cilantro dejando cocinar 5 minutos más.

A tiempo de servir, rociar con aceite de oliva y paprika; acompañarlo con cuñas de pan árabe tostadas.

POTAJE DE GARBANZOS

Ingredientes para 6 personas:
½ taza de garbanzos remojados durante 24 horas • ½ taza de calabaza
en daditos • 3 hojas de acelga en trozos • 2 zanahorias picadas
1 cebolla morada grande finamente picada • ½ taza de cilantro y
perejil finamente picados • 4 patatas peladas y en daditos
1 cucharadita de paprika • ½ cucharadita de azafrán
4 chorizos vegetales en trozos y fritos • 4 tomates pelados y partidos
2 hojas de laurel • ½ cucharadita de salvia • 2 cucharadas de aceite
agua suficiente para la cocción • ajo, sal y pimienta al gusto

Aclarar y cocinar los garbanzos en la olla a presión con agua abundante.

Sofreír en una sartén de buen tamaño con el aceite, calabaza, zanahoria, cebolla, cilantro, laurel, sal y pimienta durante 10 minutos; agregar el agua en donde se cocinaron los garbanzos y cocinar media hora. Añadir las patatas, los garbanzos, la acelga y seguir cocinando a fuego lento hasta que las patatas estén tiernas.

En otra sartén sofreír el tomate y el azafrán, agregar al cocido anterior conservando siempre buena cantidad de líquido. Preparar los chorizos vegetales fritos.

Al momento de servir, mezclar el potaje con los chorizos, la paprika y el perejil picado.

Servir acompañado de arroz blanco.

GARBANZOS CON ACELGAS

Ingredientes para 8 personas:
400 gr de garbanzos remojados durante 24 horas • 1 kilo de acelgas
2 dientes de ajo sin la vena central • ½ vaso de aceite de oliva
½ cucharada de paprika • 1 hoja de laurel • ½ cucharadita de
cominos • 2 litros de agua • sal y pimienta al gusto

Cocinar los garbanzos en los 2 litros de agua durante una hora. Agregar las acelgas limpias y troceadas y cocinar media hora más.

En una sartén sofreír el ajo, la paprika, el laurel y los cominos. Sacar el sofrito, desechar la hoja de laurel y macerar el resto en un mortero con una cucharadita de sal.

Escurrir los garbanzos y las acelgas, agregar el macerado del sofrito, rectificando la sal. Dejar cocinar unos 15 minutos más y servir caliente acompañado de pan de leña untado de aceite de oliva.

GARBANZOS MARINADOS CON JENGIBRE

Ingredientes para 6 personas:
250 gr de garbanzos remojados durante 24 horas • 5 cucharadas
de aceite de oliva • ½ cucharadita de clavo molido • 1 ajo macerado
sin la vena central • 2 cucharadas de vinagre de vino de cocina
1 cucharadita de jengibre • ½ taza de cebolla fresca finamente picada
• sal y pimienta negra recién molida

Aclarar los garbanzos frotándolos hasta que desprendan la cascarilla.

Cocinar los garbanzos hasta que estén blandos sin que se desbaraten.

Mezclar en una pirex aceite de oliva, clavo, ajo, jengibre, vinagre, cebolla, sal y pimienta. Escurrir bien los garbanzos, agregarlos a la mezcla anterior y cubrirlos con un paño. Dejarlos reposar durante 2 horas.

Servirlos fríos en buffet de ensaladas.

GARBANZOS MASALA

Ingredientes para 8 personas:
1½ taza de garbanzos remojados durante 24 horas • 1 cucharada de
masala (mezcla de especies) • 1 frasco mediano de salsa de tomate
½ taza de cebolla larga o cebollín finamente picado • 3 cucharadas de
aceite de oliva • 1 cucharadita de miel • 1 cucharada de salsa de soja
2 hojas de laurel • 2 ramas de perejil • 2 cucharadas de apio
finamente picado • sal y pimienta al gusto • aceite

Aclarar y frotar los garbanzos remojados hasta que, en lo posible, desprendan la cascarilla. Cocinar en abundante agua con hojas de laurel, ramas de perejil y apio hasta que se ablanden, cuidando que no se desbaraten.

En una sartén de fondo grueso, calentar aceite a fuego medio con el masala durante 3 minutos hasta que suelte el aroma. Agregar el garbanzo escurrido, mezclando hasta que se impregne del sabor.

Disolver la salsa de tomate en una taza del caldo del garbanzo y agregar sal, miel, salsa de soja, cebollín y pimienta. Mezclar todo con el garbanzo y cocinar a fuego medio hasta que quede una salsa espesa. Bajar del fuego y agregar el aceite de oliva.

Servir acompañado con arroz de ajonjolí.

GARBANZOS EN SALSA DULCE

Ingredientes para 6 personas:

1 taza de garbanzos remojados 24 horas • 1 taza de uvas pasas
remojadas media hora • 2 cebollas frescas finamente picadas
5 tomates maduros pelados y picados • 2 cucharadas de pasta de
tomate • aceite • sal y pimienta al gusto

Aclarar y frotar los garbanzos hasta que desprendan la cascarilla.

Cocinar los garbanzos en la olla a presión cuidando de que queden enteros. Escurrir y agregar sal y aceite.

Aparte, preparar una salsa con aceite, cebolla, tomate, pasta de tomate, uvas pasas, sal y pimienta, dejando conservar a fuego lento durante 20 minutos.

Servir los garbanzos calientes bañados con esta salsa y acompañados de cuscús al vapor (ver receta).

HABAS

CREMA DE HABAS

Ingredientes para 6 personas:
1 kilo de habas frescas desgranadas • 2 cucharadas
de aceite de oliva • 1 cebolla puerro en rodajas finas
1 taza de caldo básico • 2 cucharaditas de estragón • 1 cucharada
de perejil • ½ taza de queso cremoso • sal y pimienta al gusto

En una sartén con 1 cucharada de aceite saltear la cebolla durante 5 minutos, agregar las habas y saltear 5 minutos más, agregar el caldo y cocinar a fuego alto durante 10 minutos o hasta que ablanden las habas.

Dejar reposar y licuar las habas con el queso, el estragón, el perejil, sal y pimienta, pasar nuevamente a la sartén, rociar con la otra cucharada de aceite y calentar.

Servir sobre tostadas.

POTAJE DE HABAS

Ingredientes para 4 personas:
250 gr de habas frescas • 2 cebollas puerro en juliana
1 taza de calabaza pelada y en dados pequeños • 1 patata grande
(consistencia dura) pelada y en dados pequeños • 2 cucharadas de
arroz crudo • 2 tazas de caldo básico • 2 dientes de ajo entero sin la
vena central • 2 cucharadas de pasta de tomate • ½ taza de aceite
4 hebras de azafrán tostadas • sal y pimienta al gusto

Calentar una sartén con aceite, freír los ajos, retirarlos y reservarlos.

Agregar a la sartén la cebolla, la calabaza y las habas, sofreír 5 minutos, incorporar la pasta de tomate y sofreír 2 minutos más. Agregar el caldo, rociar con sal y pimienta, tapar y seguir cocinando a fuego lento.

Cuando las habas estén medio cocidas agregar las patatas y el arroz. Cuando todo esté a punto, macerar los ajos con el azafrán, verterlo en el potaje, rectificar la sal y servir caliente.

HABAS CON CEBOLLITAS

Ingredientes para 6 personas:
1 kilo de habas frescas • 15 cebollitas rojas • 1 lechuga batavia
1 taza de caldo básico • 2 cucharadas de aceite • 2 cucharadas de
perejil picado • ½ cucharadita de mejorana • ½ cucharadita de
tomillo • 1 cucharadita de panela en polvo • 1 cucharada de salsa de
soja
½ cucharada de vinagre de vino • sal y pimienta al gusto

Lavar bien las cebollitas y conservar en agua durante 10 minutos.

Sofreír las cebollitas en una sartén con aceite, y cuando empiecen a dorar agregar las habas, tapar la sartén y cocinar a fuego lento durante 10 minutos.

Agregar las hojas de lechuga, tomillo, mejorana, sal, pimienta, panela en polvo y el caldo, y cocinar a fuego bajo hasta que las habas estén tiernas.

Poner la fuente de servir con salsa de soja y vinagre de vino, verter encima las habas calientes y adornar con perejil.

LENTEJAS

ARROZ DE LENTEJAS

Ingredientes para 8 personas:
1 taza de arroz • 1 tallo de cebolla larga • 1 taza de lentejas remojadas
2 horas • ramas de apio y perejil • 1 taza de agua • salsa de soja
2 hojas de laurel • sal al gusto • 4 cucharadas de aceite • 1
cucharadita de pimienta • ½ cucharadita de canela • 4 cebollas
frescas en aros

Aclarar muy bien las lentejas y cocinarlas en 2 tazas de agua con sal, el laurel, las ramas de apio, el tallo de cebolla y el perejil (que no queden muy blandas). Escurrir, sacar las hojas y las ramas, conservar el agua en que se cocinaron (mínimo una taza).

Preparar la olla del arroz con el caldo de las lentejas, completar dos tazas con agua, sal, canela, pimienta y aceite, y cocinar el arroz siguiendo el procedimiento normal. Cuando se va a revolver el arroz, agregar las lentejas, mezclar bien y poner a fuego lento sobre una hornalla hasta que el arroz esté a punto.

En una sartén con poco aceite freír la cebolla hasta que se dore. Se puede rociar con salsa de soja.

Servir el arroz en una fuente y cubrirlo con la cebolla frita.

ENSALADA DE LENTEJAS

Ingredientes para 6 personas:
1 taza de lentejas remojadas y cocinadas • 1 cebolla roja finamente
picada • 1 calabacín en láminas finas • 2 zanahorias en daditos
cocinadas al vapor • 3 tallos de apio en julianas • 2 tomates maduros
pelados y troceados • 1 aguacate en lonchas pequeñas • 2 cebollas
frescas blancas fritas en aros • ½ taza de zumo de naranja y de limón
1 cucharada de ralladura de naranja y de limón • aceite de ajonjolí o
de oliva • sal y pimienta al gusto

Preparar una fuente con la lenteja, la cebolla, el calabacín, la zanahoria, el apio y los tomates.

Aparte, mezclar aceite, zumo de naranja y de limón, ralladura de naranja y de limón, sal y pimienta, batir fuertemente estos ingredientes y rociar la fuente de las lentejas.

Para servir adornar con lonchas de aguacate, champiñones sofritos, berenjenas a la plancha, cebolla frita, perejil y albahaca picados.

CREMA DE LENTEJAS

Ingredientes para 6 personas:
1 taza de lentejas remojadas 2 horas • ½ cebolla fresca picada y sofrita
• 3 patatas amarillas • 1 zanahoria pequeña finamente picada
1 cucharada de salsa de soja • 2 cucharadas de perejil picado
5 tazas de agua con sal • picatostes en aceite y ajo

Cocinar las lentejas, las patatas y las zanahorias en agua con sal. Cuando estén blandas dejar enfriar y reservar la mitad.

Licuar la otra mitad de lentejas con el resto de ingredientes y verterlas en la olla agregando las lentejas enteras, la cebolla y la salsa de soja. Hervir 15 minutos.

Servir en cazuelas adornadas con pan tostado y perejil picado.

HAMBURGUESAS DE LENTEJAS Y MAÍZ

Ingredientes para 6 hamburguesas:
1 taza de granos de maíz tierno • 1 taza de lentejas remojadas 2 horas
y bien escurridas • 3 cucharadas de harina de trigo integral
1 tallo de cebolla picada • 1 manojo de perejil • 1 manojo de cilantro
• 1 cucharadita de curry • ½ cucharadita de comino molido
miga de pan • sal y pimienta al gusto • ghee o aceite para asar

Hervir las lentejas 5 minutos, escurrir muy bien (deben quedar duras).
Moler el maíz y las lentejas junto con la cebolla, el perejil y el cilantro.

Añadir la harina y amasar muy bien hasta obtener una masa de buena consistencia, condimentar y formar las hamburguesas.

Pasar las hamburguesas por miga de pan y asarlas con un poco de ghee.

LENTEJAS CON LIMÓN Y HIERBABUENA

Ingredientes para 6 personas:
1 taza de lentejas remojadas 2 horas • 3 cucharadas de hierbabuena fresca finamente picada • 2 dientes de ajo finamente picados sin la vena central • 2 cucharadas de aceite de oliva • zumo de 2 limones sal y pimienta al gusto

Aclarar las lentejas y cocinarlas en una cantidad de agua que apenas las cubra, cuidando de que no se desbaraten.

Agregar los demás ingredientes, menos el limón, y conservar a fuego lento durante 15 minutos. Servir calientes, rociar con el limón y acompañar con arroz blanco.

Variación: Lentejas frías

Dejar enfriar y escurrir las lentejas si tienen mucho líquido.

Agregar los demás ingredientes y el limón, dejar marinar durante 15 minutos.

Servir sobre pan o galletas.

SOPA GRIEGA DE LENTEJAS

Ingredientes para 4 personas:
1 cebolla puerro • 4 tazas de caldo básico • 2 troncos de apio
1 cucharada de aceite de oliva • 1 zanahoria grande
ralladura de limón • 1 cucharada de salsa de soja • cúrcuma
½ taza de lenteja remojada • sal y pimienta al gusto

Picar todas las verduras en diagonal y la cebolla puerro en tiras delgadas, colocarlas en una sartén con aceite, agregando la cúrcuma y la salsa de soja, sofreír durante 5 minutos. Luego añadir el caldo y las lentejas aclaradas, y cocinar hasta que las lentejas estén tiernas. Al final rociar con ralladura de limón y pimienta, rectificar la sal.

Servir con pan integral, untado de aceite y albahaca.

También se puede acompañar con pesto de brécol (brécol pequeño blanqueado, 6 nueces tostadas, aceite de oliva y una pizca de miel; licuar todo y al final agregar una cucharadita de vinagre de ciruelas y frutas).

Guía de cocción

Legumbre	Tiempo de remojo	Volumen de agua	Tiempo de cocción
Garbanzos	12 horas	1 a 4 veces	1 hora
Guisante fresco	No hace falta	1 a 3 veces	30 minutos
Habas	12 horas	1 a 4 veces	1 hora
Fríjol blanco	12 horas	1 a 3 veces	1 hora
Fríjol caraota	6 horas	1 a 3 veces	1 hora
Fríjol radical	12 horas	1 a 4 veces	1½ horas
Fríjol rojo	12 horas	1 a 3 veces	1½ horas
Fríjol cabecita negra	6 horas	1 a 3 veces	1 hora
Fríjol cargamanto	12 horas	1 a 4 veces	1½ horas
Fríjol mungo	No hace falta	1 a 3 veces	30 minutos
Soja	12 horas	1 a 4 veces	3 a 4 minutos
Lenteja roja	No hace falta	1 a 2 veces	20 minutos
Lenteja verde	1 hora	1 a 2 veces	30 minutos
Lenteja parda	+ hora	1 a 3 veces	30 minutos

Guía nutricional

Contenido en 100 gr de parte comestible

Legumbre	Cal. gr	Agua gr	Prot. gr	Grasa gr	CH gr	Fibra gr	Ca mg	P mg	Fe mg	Vit. A U.I
Guisante verde	116	66,4	8,2	0,3	21,2	3,0	36	110	2,4	220
Guisante seco	308	12,4	23,9	0,8	54,0	6,5	60	270	4,6	220
Balú	66	80,5	4,0	0,1	13,3	1,0	16	78	1,2	0
Caraota	322	12,5	22,8	1,7	56,2	2,8	129	413	10,9	0
Cargamanto	313	11,9	22,8	1,5	54,4	6,0	175	424	4,7	0
Fríjol blanco	306	14,1	22,2	1,1	54,4	4,2	110	420	5,8	0
Fríjol cab. negra	317	12,8	21,6	1,4	56,6	3,9	81	396	5,7	0
Fríjol mungo	323	11,2	24,4	0,9	56,7	3,2	148	570	6,1	85
Fríjol radical	312	12,4	22,9	1,3	54,5	5,2	145	474	5,3	0
Fríjol rojo	302	14,8	20,4	1,2	54,6	5,0	100	430	7,1	0
Fríjol verde	151	58,2	10,5	0,4	27,2	1,8	67	220	3,3	40
Garbanzo	339	13,0	19,6	5,5	55,7	3,4	150	300	6,4	0
Haba verde	130	65,7	9,9	0,3	18,3	4,5	50	190	2	100
Habas	297	14,0	23,1	1,8	49,8	8,4	90	420	4,9	0
Lentejas	315	12,6	23,5	0,6	56,5	4,4	70	370	9,5	0
Cacahuete tostado	577	2,7	29,6	50,4	12,8	1,8	40	410	1,8	0
Soja	366	9,5	34,0	16,1	27,9	7,3	210	500	8.9	40

HORTALIZAS Y VEGETALES

S e denomina hortalizas a cualquier planta herbácea hortícola (cultivada en huerta). Las hortalizas constituyen un grupo de alimentos de gran variedad, tales como bulbos, hojas, raíces, tallos tiernos y jóvenes. Se pueden consumir crudas, cocidas o en conserva. Son de fácil digestión.

Las hortalizas son bajas en grasas, hidratos de carbono y proteínas; contienen un 90 por ciento de agua; su importancia nutritiva radica en su contenido de carotenos (precursores de la vitamina A), vitamina C, sodio, calcio, magnesio, potasio, vitaminas del grupo B y fibra.

Limpieza de las verduras

Todas las verduras se deben lavar previamente en una solución de 1 litro de agua por 2 gotas de hipoclorito (cloro natural, lejía), sumergiéndolas durante unos 3 minutos, para luego aclarar con agua filtrada y secar. Comercialmente se encuentran otros bactericidas naturales.

ACELGAS

E legir hojas oscuras y brillantes con el tallo blanco o rojizo. Los tallos y las hojas se deben cocinar por separado.

TALLOS DE ACELGAS AL CURRY

Ingredientes para 8 personas:
1 kilo de acelgas (usar la parte blanca) • 2 cucharadas de harina de trigo • 1 rama grande de apio • 1 cucharadita de curry
1 cebolla fresca morada • 3 tazas de picatostes • 4 cucharadas de puré de tomate • 400 gr de jamón vegetal
1 taza de caldo básico • 2 cucharadas de mayonesa vegetariana (ver receta) • 1 cucharada de mantequilla

Limpiar la parte blanca de las acelgas, cortarlas en trozos de 4 o 5 cm y cocinarlas en agua con sal durante 15 minutos.

Picar en julianas el apio y la cebolla. En una sartén gruesa derretir la mantequilla y colocar los trozos de acelga con el apio y la cebolla; sofreír un poco y agregar el puré de tomate.

En 1 taza de caldo de cocción, disolver la harina de trigo y agregarla a las acelgas. Luego, sin dejar de revolver suavemente, poner el curry.

Tostar los picatostes en una sartén untada de aceite.

Picar el jamón en cuadros y revolverlos con la mayonesa.

Agregar los picatostes y servir en una bandeja alrededor de las acelgas calientes.

Acompañar con arroz o patatas.

TARTA DE HOJAS DE ACELGAS

Ingredientes para 6 personas:
1 kilo de hojas de acelga (utilizar la parte verde)
1 paquete de hojaldre o pasta quebrada • 2 cucharadas de mantequilla
• 200 gr de salchichas vegetales en picadillo
3 cucharadas de perejil picado • 2 dientes de ajo finamente picados
sin la vena central • 1 cucharada de harina de trigo
sal y pimienta al gusto

Cocinar las acelgas en agua hirviendo durante 5 minutos. Sacar, escurrir y picar la parte verde.

En una sartén con mantequilla freír durante 5 minutos las salchichas, el ajo y las acelgas, rociadas con sal y pimienta; por último agregar el perejil picado.

Engrasar con mantequilla un molde, preferiblemente redondo. Tener el hojaldre a temperatura ambiente, estirarlo con un rodillo sobre una superficie enharinada, cubrir el molde con una capa de hojaldre y rellenar con picadillo, luego colocar la tapa de hojaldre y sellar bien los bordes con los dedos humedecidos en agua fría. Llevar al horno a 250 grados durante unos 20 minutos.

Dejar reposar por 5 minutos y desmoldar.

AGUACATE

E s un fruto con alto contenido en grasas, de mayoría monoinsaturada. Para conocer un aguacate maduro, presionar la base y la punta, las cuales cederán un poco; pueden comprarse verdes o maduros; para acelerar su maduración envolver en papel.

CREMA DE AGUACATE Y PATATA

Ingredientes para 6 personas:
1 lechuga • 2 aguacates maduros y blandos • 1 cucharada
de aceite de oliva • 1 cucharada de cilantro picado
½ cucharadita de pimienta • sal al gusto

Licuar todos los ingredientes muy bien (menos la lechuga).

Servir en copas de cóctel sobre fondo de lechuga, agregar la sal en el momento de servir para que no se oscurezca.

Acompañarlo con patatas fritas chips o a la francesa.

ENSALADA DE AGUACATE Y ACEITUNAS

Ingredientes para 8 personas:
2 aguacates maduros y firmes • 1 taza de aceitunas negras o moradas
deshuesadas • 250 gr de tomates cherry o tomates maduros
cortados en daditos • 1 lechuga romana • 1 lechuga morada
2 cucharadas de aceite de oliva • 2 cucharadas de perejil
finamente picado • 1 cucharada de vinagre balsámico
sal y pimienta negra recién molida

Lavar las lechugas, secarlas y trocearlas con los dedos, desechando la parte gruesa.

Partir el aguacate y formar bolitas con una cucharita pequeña. Lavar los tomates.

En una ensaladera plana colocar por capas las lechugas, el aguacate, los tomates y las aceitunas. Preparar vinagreta: vinagre balsámico, aceite de oliva, sal y pimienta; rociar con perejil.

ENSALADA DE AGUACATE Y ORÉGANO

Ingredientes para 4 personas:
2 aguacates grandes y maduros • 1 lechuga • 4 tomates maduros
175 gr de queso manchego • 6 cucharadas de aceite de oliva
2 cucharadas de vinagre de vino blanco • 1 cucharadita
de orégano seco • sal y pimienta negra al gusto

Cortar los aguacates por la mitad, pelarlos y sacarles la nuez.

Poner en cada plato una hoja de lechuga y encima una mitad de aguacate, con el lado del corte hacia abajo.

Cortar el aguacate por el centro a lo largo y luego en rebanadas sin que pierda su forma.

Lavar los tomates, pelarlos y cortarlos por la mitad, cortar cada mitad.

Cortar el queso al mismo tamaño del tomate y alternarlo entre el tomate y el aguacate.

Rociar con sal y pimienta; luego mezclar el aceite y el vinagre, y nuevamente rociar con este aderezo la ensalada.

Antes de servir, espolvorear cada plato con un poco de orégano.

AHUYAMA (CALABAZA)

Pelar una ahuyama es bastante difícil. Se puede primero partir en trozos con un cuchillo bien afilado y luego asar para quitar más fácilmente la piel. Para cremas y guisos se puede utilizar sin pelar.

AHUYAMA ESTILO GOURMET

Ingredientes para 6 personas:
2 tazas de ahuyama pelada y partida • 1 cucharada de mantequilla
½ taza de crema de leche • 1 cucharada de cebollín finamente picado
1 cucharada de harina de trigo integral (opcional)
2 cucharadas de leche • sal al gusto

Cocinar la ahuyama en agua con sal hasta que esté blanda, escurrir muy bien el agua, hacer un puré, agregar los demás ingredientes y cocinar durante 30 minutos hasta que tome buena consistencia.

PONQUÉ DE AHUYAMA

Ingredientes para 6 personas:
½ kilo de ahuyama cocida y prensada • 2 botes pequeños de leche condensada • ½ de taza de leche en polvo • 125 gr de mantequilla derretida y reposada • 2 tazas de harina de trigo tamizada
3 cucharaditas de polvo de hornear • ½ cucharadita de sal
1 cucharada de zumo de limón y ralladura de la cáscara
uvas pasas, nueces y coco rallado

Cocinar la ahuyama con cáscara, retirar la pulpa y formar un puré.

Tamizar la harina, el polvo de hornear y la sal.

Mezclar muy bien la ahuyama con la leche condensada, la leche en polvo y la mantequilla; poco a poco incorporar la harina de trigo, la ralladura y el zumo de limón y los demás ingredientes.

Verter en un molde engrasado y enharinado.

Llevar al horno precalentado a 350° durante 40 minutos.

Variación: En lugar de zumo de limón puede utilizarse esencia de vainilla.

ALCACHOFAS

Preparar las alcachofas lavándolas en un chorro de agua, cortar la parte extrema del tallo y las puntas de las hojas. Dejar en agua y limón durante 10 minutos, aclarar y luego cocinar en olla a presión con abundante agua y sal, 15 minutos; si se utiliza olla normal la cocción deberá ser de 30 a 40 minutos. Dejar enfriar, retirar las hojas gruesas, la espina del centro y la pelusa que se forma debajo de ésta. Coger la alcachofa de lado y podar medio centímetro de las hojas, dejando los corazones y las hojas más tiernas. De las hojas gruesas se puede utilizar la base con vinagreta o mantequilla derretida, o licuadas y coladas para hacer cremas.

ALCACHOFAS A LA GRIEGA

Ingredientes para 4 personas:
4 alcachofas pequeñas y tiernas • 3 limones • 2 tazas de agua
1 tacita de aceite de oliva • 2 cucharaditas de cilantro finamente
picado • 1 cucharadita de pimienta fresca molida • ½ cucharadita de
tomillo • ½ cucharadita de laurel • ½ cucharadita de perejil
½ cucharadita de hinojo seco • sal al gusto

Lavar las alcachofas, partirlas por la mitad, prepararlas según la indicación anterior y frotarlas con el jugo de 1 limón.

Quitar la piel de 1 limón y ponerlo en una sartén con el agua, jugo de 2 limones, aceite y los demás ingredientes; cuando empiece a hervir añadir las alcachofas y cocinar durante 30 minutos. Sacarlas y escurrirlas, seguir cocinando el líquido hasta que se reduzca a la mitad, colar y verter sobre las alcachofas.

ALCACHOFAS CON CHAMPIÑONES

Ingredientes para 6 personas:
6 alcachofas • ½ taza de crema de leche • 750 gr de champiñones
4 cucharadas de perejil picado • 1 cucharada de mantequilla
2 cucharadas de harina de trigo • 2 cucharaditas de aceite
sal y pimienta al gusto • 4 cucharadas de cebollín

Preparar las alcachofas según la indicación inicial.

Limpiar los champiñones y partir en láminas gruesas. En una sartén calentar la mantequilla con aceite para evitar que se queme, freír el cebollín e ir pasando poco a poco los champiñones hasta que queden brillantes. Retirar los champiñones de la sartén, y en la grasa que queda agregar la harina de trigo y disolver con el caldo del champiñón formando una salsa. Añadir la crema de leche, sal y pimienta. Si la salsa queda muy seca añadir un poco del caldo de las alcachofas. Dejar hervir 5 minutos y volver a poner los champiñones.

Rociar las alcachofas con sal y pimienta, calentar en mantequilla, pasarlas al plato y bañarlas con la salsa de champiñones.

Acompañar con puré de patatas.

CORAZONES DE ALCACHOFAS A LA GITANA

Ingredientes para 4 personas:
4 alcachofas grandes • 1 diente de ajo sin la vena central
5 cucharadas de aceite de oliva • 6 aceitunas negras • 1 cucharada
de vinagre • 1 tomate maduro pelado • 1 ramita de estragón fresco
4 hojas de lechuga verde fresca • 1 pimiento rojo procesado
sal y pimienta al gusto

Preparar las alcachofas según la indicación inicial.

Preparar el pimentón, eliminando piel y semillas, y cortarlo en tiras pequeñas, luego freír en 2 cucharadas de aceite caliente durante 2 minutos.

Picar el diente de ajo, añadirlo al pimentón, sazonar con sal y pimienta y dejar enfriar. Cuando las alcachofas estén blandas, escurrirlas y dejarlas enfriar. Quitar las hojas gruesas, redondeando los corazones y conservando las hojas tiernas, separar la parte comestible de las hojas gruesas con la ayuda de una cucharita o cuchillo; preparar una vinagreta con el resto del aceite, vinagre, sal y pimienta, añadir el estragón y la parte comestible de las hojas gruesas.

Preparar una bandeja con lechugas, colocar las alcachofas y cubrirlas con la vinagreta, ruedas de tomate y aceitunas picadas.

CREMA DE ALCACHOFA

Ingredientes para 4 personas:
5 tazas de caldo básico • 4 alcachofas • 1 mazorca desgranada
1 cucharada de perejil y cilantro finamente picado
patatas en cuadraditos o dados de picatostes
crema de leche (opcional)

Cocinar en el caldo básico las alcachofas, siguiendo la preparación indicada, con la mazorca desgranada, durante 25 minutos o hasta que todo esté blando.

Sacar las alcachofas y enfriar. Separar las hojas gruesas de los corazones, licuar estas hojas en el caldo y colar.

Partir los corazones en cuadritos y reservar.

Volver a licuar el caldo colado con la mazorca, hervir 5 minutos y rectificar el sabor.

Agregar los corazones picados.

Servir caliente acompañado con patatas paja, cilantro, perejil y un poco de crema de leche.

APIO

APIO ORIENTAL

Ingredientes para 6 personas:
2 tazas de tallos de apio en trozos cortados en diagonal
3 cucharadas de aceite • 500 gr de champiñones partidos por la mitad
• 1 frasco de maíz miniatura en trocitos o mazorca tierna
2 tazas de caldo básico • 2 cucharadas de fécula de maíz
½ taza de agua • 1 cucharada de salsa de soja • sal y pimienta al gusto

En una sartén con aceite caliente freír el apio, los champiñones y la mazorca; conservar 5 minutos a fuego lento. Agregar el caldo, la salsa de soja y la fécula de maíz disuelta en el agua. Condimentar con sal y pimienta. Dejar conservar a fuego lento, hasta que se forme una salsa espesa.

ARROZ CON APIO Y AJONJOLÍ

Ingredientes para 6 personas:
1½ taza de arroz precocido o integral • 2 cucharadas de aceite
2 tazas de tallos de apio picado • 4 tazas de agua • ½ taza de ajonjolí
2 cucharaditas de sal

Poner en una olla el agua con las dos cucharadas de aceite. Cuando empiece a hervir agregar el arroz, lavado y escurrido. Dejar a fuego alto hasta que se formen burbujas, en ese momento tapar y dejar a fuego lento durante 20 minutos. Cuando el arroz haya crecido lo suficiente, agregar la sal disuelta en un poquito de agua y el apio picado y sofrito; revolver.

Al servir, mezclar con el ajonjolí tostado.

CAZUELA DE APIO

Ingredientes para 6 personas:

2 ramas de apio • 3 tomates grandes maduros • 2 cebollas frescas
2 zanahorias medianas • 2 cucharadas de mantequilla
2 cucharadas de aceite • 3 tazas de caldo básico • 1 ramillete de
hierbas aromáticas (ej: perejil, orégano, tomillo, etc.)
sal y pimienta al gusto

Tomar las partes blancas del apio, partir en trozos y cocinar 3 minutos. Luego pasar por agua fría y secar.

Pelar las cebollas y partir en rodajas. Limpiar las zanahorias y partirlas en cubos. Pelar los tomates, quitarles las semillas y trocearlos.

En una sartén mezclar la mantequilla con el aceite. Freír la cebolla y luego las demás verduras. Por último, añadir los tomates, el ramillete de hierbas y el caldo, rectificar el sabor y agregar sal y pimienta. Dejar a fuego lento durante media hora.

Servir caliente.

BERENJENAS

Escogerlas de aspecto liso y brillante, sin manchas color café. Se deben conservar en un lugar fresco. Crudas son tóxicas. Se deben desangrar antes de utilizarlas para quitarles el sabor amargo. Hay tres formas de hacerlo:

Sumergirlas en agua con abundante sal durante 1 hora.

Cubrirlas con agua leche proporción 2:1 y sal durante 1 hora.

Frotarlas con abundante sal, colocarlas en un colador con un peso encima y dejar que escurran por 1 hora.

Finalmente aclarar con abundante agua y secar.

ALBÓNDIGAS DE BERENJENA

25 gr de mantequilla • 2 tallos de apio finamente picados
2 berenjenas peladas, partidas y desangradas • 1 cucharadita
de puré de tomate • ½ cucharadita de comino molido • 100 gr de
pipas de calabaza tostadas y finamente picadas • 60 gr de pan integral
rallado • sal y pimienta al gusto

En una sartén con mantequilla saltear el apio a fuego medio hasta que esté tierno. Añadir la berenjena y cocinar hasta que se forme una pulpa, luego agregar el tomate, el comino, las pipas de calabaza, el pan, sal y pimienta. Mezclar bien y formar bolitas.

Hornear a 250 grados durante 10 minutos.

BERENJENAS A LA BRASA

Ingredientes para 4 personas:
3 berenjenas muy sanas • 3 cucharadas de salsa de soja • 1 cucharada
de panela en polvo • ½ taza de caldo básico • 1 cucharada de aceite
de ajonjolí • 2 cucharadas de semillas de ajonjolí • aceite

Partir las berenjenas en rebanadas gruesas, sumergirlas en abundante agua salada durante 1 hora, aclarar y secar.

Freír las berenjenas en aceite caliente.

En otra sartén poner aceite y semillas de ajonjolí, salsa de soja, caldo básico y panela en polvo; revolver y cocinar durante 2 minutos. Rociar las berenjenas con la salsa anterior.

Variación de salsa: Puede agregar cebollín picado, jengibre rallado, ajo, picante y una cucharadita de sagú disuelto en agua, cocinar durante 5 minutos y rociar las berenjenas.

BERENJENAS EN ESCABECHE

Ingredientes para 6 personas:
1 kilo de berenjenas • 2 cucharadas de aceite
1 cucharada de vinagre • 1 diente de ajo picado sin la vena central
1 cucharadita de orégano • sal y pimienta verde al gusto

Cortar las berenjenas en rodajas bastante gruesas y hervir en agua salada, sacar cuando aún estén consistentes, escurrir un rato para que boten el agua. Poner en una vasija de vidrio o de porcelana y agregar el resto de ingredientes, mezclar cuidadosamente sin romperlas. Conservar más o menos 8 horas.

BERENJENAS GRATINADAS

Ingredientes para 6 personas:
6 berenjenas medianas • 1 taza de sofrito de tomate y cebolla
2 cucharadas de aceite de oliva • 1 taza de queso mozzarella rallado
grueso • ½ taza de salsa blanca (ver receta) • ½ taza de miga de pan
250 gr de queso de soja rallado (pasado por agua caliente 5 minutos)
2 cucharadas de crema de leche (opcional)

Partir las berenjenas por mitad a lo largo. Sacar con una cuchara la parte central de la berenjena y picar esta pulpa en cuadritos. Poner la pulpa y la piel de la berenjena en agua con sal durante 1 hora. Aclarar y escurrir.

Rociar las cáscaras de berenjena con sal y pimienta y bañar con aceite de oliva. Freír el picadillo de la berenjena junto al sofrito hasta que esté blando. Luego agregar el queso de soja, la crema de leche y la miga de pan.

Rectificar el sabor y revolver todo con la salsa blanca.

Rellenar las cáscaras de berenjena con el preparado anterior, cubrirlas con el queso mozzarella y llevar al horno precalentado a 250 grados hasta que gratinen.

Servir calientes.

BERENJENAS MANCHEGO

Ingredientes para 6 personas:
6 patatas • ½ cucharadita de orégano • 3 berenjenas
5 tomates maduros • 1 cucharada de albahaca fresca picada
½ taza de queso parmesano • 1 cucharadita de paprika
1 cucharadita de canela y nuez moscada • aceite

Cocinar los tomates con 2 cucharadas de agua durante 5 minutos, retirar, licuar y colar.

Pelar las patatas y partir en lonchas gruesas, prepararlas fritas o al vapor (que queden firmes).

Partir las berenjenas en dados, sumergirlas en abundante agua salada durante 1 hora, aclarar, secar y rociar con especias, pasar por la plancha caliente con un poco de aceite.

Arreglar en cazuelas por capas: patatas, berenjenas rociadas con albahaca, paprika, orégano, salsa de tomate y queso parmesano. Llevar al horno precalentado a 250 grados hasta que gratine.

BERENJENAS MASALA

Ingredientes para 4 personas:
2 berenjenas peladas y partidas en trozos grandes
1 cucharadita de cúrcuma • ½ taza de cebollín
½ cucharadita de panela en polvo • 5 cucharadas de yogur natural
1 cucharadita de comino tostado y molido • sal al gusto
aceite de mostaza (3 cucharadas de aceite
por media cucharadita de mostaza)

Sumergir las berenjenas en abundante agua salada durante 1 hora, aclarar y secar con papel absorbente. Frotarlas con cúrcuma y freírlas en un poco de aceite de mostaza caliente, escurrirlas sobre papel absorbente.

Freír en un poco de aceite la cebolla con la panela, agregar el yogur y cocinar durante 2 minutos. Cuando empiece a hervir, agregar la berenjena y dejar que hierva 5 minutos. Antes de retirarlas, rociar con el comino molido.

BERENJENAS MEDITERRÁNEAS

Ingredientes para 4 personas:
2 berenjenas peladas y cortadas delgadas a lo largo • 3 cucharadas
de aceite de oliva • 2 tomates grandes maduros pelados
y partidos en lonchas • 1 cucharada de albahaca fresca picada
8 lonchas de queso mozzarella • 1 cucharadita de laurel
1 cucharadita de orégano • sal y pimienta al gusto

Sumergir las berenjenas en agua con abundante sal durante 1 hora, escurrir y aclarar.

Dorar las berenjenas a la plancha con poco aceite. Preparar una pirex de poco fondo, entremezclar lonchas de berenjena, tomate y queso, rociar con los demás ingredientes. Llevar al horno precalentado a 250 grados durante 5 minutos.

Servir caliente como entrada.

MOUSSAKA DE BERENJENA

Ingredientes para 8 personas:

3 berenjenas medianas • ½ kilo de tomates pelados, picados pequeños
• 250 gr de hojaldre • 1 cebolla fresca grande en rodajas
½ kilo de seitán picado fino o molido grueso
2 cucharadas de vinagre de vino tinto o de arroz • 2 cucharadas de
aceite de oliva • 1 cucharada de perejil picado
1 cucharada de menta o hierbabuena fresca picada
½ cucharadita de canela

Salsa de queso
2 cucharadas de mantequilla • ¼ de taza de harina
2 tazas de leche • ¼ de taza de queso emmental o gruyere rallado
sal y pimienta blanca al gusto

Colocar en una pirex de 5 cm de profundidad una capa de hojaldre pinchado con tenedor y poner a hornear, hasta que la masa esté crocante.

Pelar las berenjenas y partirlas en rodajas, sumergirlas en abundante agua salada. Después de 1 hora aclararlas y secarlas con papel absorbente.

En una sartén saltear el seitán con la cebolla a fuego rápido durante 10 minutos, agregar el vinagre, el tomate, las hierbas y las especias. Cocinar a fuego lento hasta formar una salsa espesa.

Salsa de queso
En otra sartén derretir la mantequilla y agregar la harina, mezclar mientras se cocina a fuego lento. Agregar leche tibia revolviendo, para evitar que se formen grumos, hasta que hierva. Retirar del fuego y agregar el queso.

En una sartén freír las berenjenas hasta que estén doradas. Arreglar por capas en la pirex con hojaldre parte de las berenjenas, luego el seitán, el resto de las berenjenas, cubrir con la salsa de queso y hornear a 250 grados durante 20 minutos.

Servir tibio.

CAZUELA DE BERENJENA Y PATATA

Ingredientes para 6 personas:
6 patatas de consistencia dura • 4 berenjenas partidas
en láminas medianas • 1 taza de salsa boloñesa (ver receta)
1 taza de salsa blanca • queso parmesano o pan rallado • aceite

Pelar las patatas, partirlas en rebanadas gruesas y freír en un poco de aceite (deben quedar medio crudas).

Conservar las berenjenas durante 1 hora en agua con bastante sal, aclarar y dorar a la plancha o en sartén con poco aceite.

En una cazuela amplia poner en capas salsa boloñesa, patatas, salsa blanca, berenjenas, y así sucesivamente hasta acabar los ingredientes.

Cubrir con pan rallado o queso parmesano. Llevar a fuego medio y cocinar hasta que las patatas estén tiernas.

CAPONATA DE BERENJENAS

Ingredientes para 4 personas:
2 berenjenas • 1 cebolla finamente picada • 2 tomates pelados y en
rodajas • 1 cucharada de alcaparras picadas • 1 tallo de apio picado
1 cucharada de aceitunas picadas • 2 cucharadas de vinagre
1 cucharadita de panela en polvo • uvas pasas (opcional)
almendras (opcional)

Cortar las berenjenas en dados sin pelar, sumergirlas en abundante agua salada durante 1 hora o agua leche y sal.

En una sartén freír la cebolla, el tomate, las alcaparras, el apio y las aceitunas; dejar dorar todo y apartar del fuego.

Lavar las berenjenas, secarlas y freírlas en otra sartén con aceite caliente. Dejarlas enfriar y mezclar con la preparación anterior. Añadir el vinagre y la panela. Poner nuevamente al fuego para que el vinagre se evapore (se le puede agregar pasas y almendras al tiempo con el vinagre).

Servir frío como entrada o como complemento de barra de ensaladas.

BRÉCOL

E l brécol fresco es firme, compacto, verde y sin partes amarillas; conservar refrigerado y consumir máximo en dos días.

BROCHETAS DE BRÉCOL

Ingredientes para 6 personas:
1 brécol grande, se usan las flores • 2 cucharadas de albahaca
1 cucharada de salsa de soja • 1 diente de ajo macerado sin la vena
central • 2 cucharadas de mantequilla • 6 pinchos de bambú
sumergidos en agua por media hora • 3 cucharadas de perejil
finamente picado • 2 cucharadas de cebollín finamente picado
caldo básico suficiente para cubrir el brécol • jugo de un limón

Poner las flores de brécol en pinchos. En una cacerola poner el caldo básico y la salsa de soja. Llevar al fuego y cocinar las brochetas hasta que queden al dente.

Para la salsa:
Derretir en una sartén la mantequilla y agregar los demás ingredientes, menos el limón, y cocinar 5 minutos.

Al final rociar con aceite, bañar con esta salsa las brochetas y por último echar limón al gusto.

BRÉCOL CON ALMENDRAS

Ingredientes para 4 personas:
1 brécol, flores y tallos • 3 cucharadas de crema de leche
½ taza de almendras partidas y doradas, nueces o macadamia
1 cucharada de hojas de eneldo • 1 cucharada de mantequilla
sal y pimienta al gusto

Lavar y cocinar el brécol en poca agua sin sal, que quede al dente. Cortar las florecitas, pelar los tallos y picarlos en trozos. Las almendras se doran en mantequilla. Poner el brécol en una pirex engrasada, salpimentar, cubrir con la crema de leche y las hojas de eneldo, llevar al horno a 350 grados durante 10 minutos.

Antes de servir agregar las almendras doradas.

BRÉCOL CON UVAS

Ingredientes para 4 personas:
1 brécol cocido al dente • 1 cucharada de hojas de eneldo fresco
½ taza de uvas pasas remojadas en agua tibia • 2 cucharadas de aceite
de oliva • ½ taza de uvas verdes peladas y sin semillas
sal y pimienta al gusto • 4 cucharadas de nueces picadas y doradas

Pelar las uvas, partirlas por la mitad y quitarles las semillas. Partir el brécol en florecitas, revolver con todos los ingredientes en una pirex y llevar al horno precalentado a 250° durante 10 minutos.

CALABACÍN

Se deben elegir firmes y brillantes, de tamaño mediano, no deben tener arrugas ni partes blandas en la piel. Son bajos en calorías.

BUÑUELOS DE CALABACÍN

Ingredientes para 4 personas:
2 calabacines finamente picados • 5 cucharadas de aceite • 2 cebollas frescas ralladas • 125 gr de tofu o queso fresco rallado • 5 cucharadas de eneldo picado • 5 cucharadas de perejil picado • 3 cucharadas de harina de trigo integral • sal y pimienta al gusto

En una sartén con poco aceite freír la cebolla. Escurrir los calabacines en un colador y verterlos en la sartén, saltear durante 5 minutos.

En otro recipiente mezclar el queso, las hierbas y los condimentos; luego pasar a la sartén, mezclar bien con los calabacines y la harina integral.

Freír la mezcla por tandas en poco aceite caliente.

Servir acompañado de ensalada de tomate y de yogur con ajo.

CALABACINES CON TOFU AL HORNO

Ingredientes para 6 personas:
1½ kilo de tofu en dados • ½ kilo de calabacín en dados
1 cebolla puerro picada • 4 tomates • 250 gr de queso mozzarella
(opcional) • 1 cucharadita de orégano fresco picado • 1 cucharadita
de salvia fresca picada • 4 cucharadas de aceite • 2 cucharadas de
salsa de soja • sal y pimienta al gusto

Marinar el tofu en 2 cucharadas de salsa de soja, ½ taza de agua, orégano y salvia durante media hora, luego saltearlo en una sartén con aceite caliente.

Preparar un sofrito, en poco aceite, con la cebolla puerro y el tomate pelado y picado.

En una sartén con 2 cucharadas de aceite, saltear el calabacín rociado con sal y pimienta.

Engrasar una pirex y poner por capas calabacín, tofu, queso mozzarella rallado y sofrito, así hasta terminar.

Cubrir con avena en copos o miga de pan. Hornear a 250 grados durante 30 minutos.

CALABACINES EN ESCABECHE

Ingredientes para 6 personas:
6 calabacines lavados y cortados en rodajas • 4 hojas de hierbabuena finamente picada • 1 diente de ajo triturado sin la vena central
1 cucharada de vinagre de vino • 2 cucharadas de aceite de oliva
sal al gusto

Secar los calabacines.

Freír por tandas los calabacines en una sartén con aceite caliente, sacar y poner sobre papel absorbente. Cuando estén fríos pasarlos a una cazuela, preferiblemente de barro, añadir la hierbabuena, ajo, sal y vinagre, y luego llevar a la nevera.

CALABACINES RELLENOS

Ingredientes para 8 personas:
4 calabacines medianos • 3 cucharadas de cebolla fresca finamente picada • 1 cucharadita de aceite • ½ taza de queso de soja rallado
1 cucharadita de sal • 1 cucharada de albahaca • 1 pizca de tomillo •
4 cucharadas colmadas de miga de pan • ½ cucharada de mantequilla
½ taza de caldo básico

Lavar los calabacines, quitarles las puntas y cortarlos por la mitad a lo largo. Con una cucharita sacar parte de la pulpa para cocinarla en un poco de agua con sal.

En una sartén con aceite caliente freír la cebolla y la pulpa cocinada, luego agregar el queso de soja, mantequilla, albahaca y tomillo picados.

Engrasar una fuente, colocar el caldo, los calabacines rellenos con la mezcla anterior y rociar con la miga de pan.

Llevar al horno a 250 grados durante 20 minutos o hasta que gratine.

ENSALADA DE CALABACÍN Y ALFALFA

Ingredientes para 6 personas:
4 calabacines pequeños tiernos • 1 cucharada de albahaca picada
6 rábanos rojos • 1 cucharada de perejil picado • ½ taza de alfalfa
verde fresca • 2 cucharadas de aceite • 1 cucharada de ajonjolí
1 cucharada de vinagre de hierbas • 1 cucharada de cebolla larga o
cebollín • 1 cucharadita de mostaza finamente picada • sal y pimienta
al gusto • 1 diente de ajo sin la vena central
1 cucharada de zumo de limón

Lavar los calabacines y partir en dados pequeños.

Freír en una sartén con aceite la cebolla y el ajo entero; retirar el ajo, agregar los calabacines y la albahaca; freír durante 2 minutos.

Pelar los rábanos y partir en ruedas muy delgadas, dejar en un recipiente con agua y limón.

Aclarar y separar la alfalfa.

Preparar la vinagreta con aceite, vinagre, mostaza, sal y pimienta.

En una ensaladera mezclar los calabacines, rábanos y alfalfa, rociar con vinagreta y ajonjolí. Adornar con albahaca y perejil picados.

LENTEJAS CON CALABACÍN

Ingredientes para 6 personas:

1 taza de lentejas remojadas 2 horas • 1 cucharada de zumo de limón
1 calabaza mediana (o calabacín) • 1 cucharadita de curry
2 cebollas frescas cortadas a lo largo y en láminas • 1 cucharadita de
cúrcuma • 1 diente de ajo macerado sin la vena central
sal al gusto • ½ taza de hojas de hierbabuena
3 cucharadas de aceite de oliva

Aclarar las lentejas y cocinar en 3 tazas de agua hasta que ablanden.

Pelar la calabaza, partir en trocitos y freír en aceite con cebolla, hasta que ablande; mezclar con las lentejas y su caldo, hierbabuena, ajo, sal, cúrcuma y curry. Por último, añadir el zumo de limón al gusto, y dejar cocinar hasta que la salsa esté espesa.

SOUFLÉ DE CALABACÍN

Ingredientes para 8 personas:

3 tazas de calabacín laminado delgado • 1 cucharadita de paprika
½ taza de cebolla fresca en rodajas finas • 1 cucharada de mantequilla
2 tazas de salsa bechamel espesa (ver receta) • ½ taza de miga de pan
1 taza de queso fresco o de soja firme rallado

Engrasar un molde con mantequilla y rociarlo con miga de pan.

Mezclar el calabacín con los demás ingredientes reservando un poco de queso y miga de pan. Verter esta mezcla en el molde, rociar con el resto de queso y miga de pan, llevar al horno a 250 grados durante 40 minutos o hasta que gratine.

TAHINE DE VEGETALES

Ingredientes para 4 personas:
1 cucharada de aceite • 1 cucharada de albahaca picada
3 tazas de calabacitas o calabacines en rodajas
1 cucharada de perejil picado • 2 cebollas frescas en anillos finos
½ taza de tallos de apio picado • 4 tomates troceados sin piel ni
semillas • sal y pimienta al gusto • 1 taza de queso mozzarella rallado

Cocinar todo en aceite caliente a fuego lento, empezando por las cebollas y por último las hierbas. Cuando adquiera consistencia cremosa, apagar y agregar el queso.

Servir con pan de pita en trozos.

CHAMPIÑONES

Elegir setas frescas de aspecto firme, descartar cuando tengan zonas oscuras o humedad. Conservarlas refrigeradas en bolsa de papel. Las setas secas no deben tener aspecto polvoriento ni humedad.

El champiñón cultivado es más joven y tierno. El shitake, originario del Japón, se encuentra seco y envasado. La orellana o seta ostra se consigue fresca, utilizada en muchas preparaciones. El portobello es una seta grande de sombrero plano, se prepara a la plancha o al horno.

Para limpiar los champiñones antes de mojarlos, rociar con harina de trigo, frotar, sacudir, aclarar rápidamente con agua y secar.

Recomendación para que los hongos duren frescos hasta 2 meses

Para conservar los hongos frescos hasta 2 meses, y para que no se achiquen al freírlos o cocinarlos, así como para usarlos el mismo día, hacer la siguiente preparación:

1 caja de hongos • 2 tazas de agua • 1 cucharada de vinagre
2 limones (zumo) • 2½ tazas de agua hervida (fría)

Poner los hongos y el zumo de limón en 2 tazas de agua durante 2 horas, cocinar en esta misma agua y contar 3 minutos a partir del momento en que suelte el primer hervor, apagar el fuego rápidamente para que no se achiquen, dejarlos enfriar en la misma agua.

En un frasco sin tapa poner las 2½ tazas de agua hervida con el vinagre, sacar los hongos del agua, escurrirlos y pasarlos al frasco. Deben quedar perfectamente cubiertos.

Guardar en la nevera y no taparlos por ningún motivo.

TARTA DE CHAMPIÑONES

Ingredientes para 8 personas:

Ingredientes para la masa
200 gr de mantequilla • 300 gr de harina de trigo
1 cucharada de sémola de trigo • 3 cucharadas de agua • sal al gusto

Poner en un recipiente todos los ingredientes, amasar con la punta de los dedos y luego con las manos hasta lograr una masa suave.

Forrar un molde de tarta de aproximadamente 25 cm de diámetro, cortando el excedente de los bordes.

Ingredientes para el relleno
1 cebolla fresca finamente picada • ½ taza de florecitas de brécol
laminadas • 4 cucharadas de pasta de tomate
1 cucharadita de finas hierbas • 1 tomate maduro, pelado y picado
2 cucharadas de queso ricota • 2 cucharadas de aceite • ½ taza de
tomaties cherry • 3 cucharadas de sémola de trigo • 6 hojas de rúcola
1 cucharada de harina de trigo • sal y pimienta al gusto
500 gr de champiñones laminados

Sofreír en una sartén con aceite las cebollas hasta que esté transparente, agregarle los champiñones laminados y sofreír durante 3 minutos, reservar la mitad. Luego añadirle la pasta de tomate, el tomate picado, las finas hierbas, el brécol, sal y pimienta. Dejar a fuego medio 3 minutos más.

Enfriar y mezclar con la harina de trigo, sémola y queso, revolver muy bien y rellenar el molde de tarta. Llevar al horno precalentado a 250 grados durante 30 minutos.

A tiempo de servir, cubrir con los champiñones sofritos reservados, lonchas de tomates cherry y hojas de rúcola.

CHAMPIÑONES MARINADOS

Ingredientes para 4 personas:
½ kilo de champiñones enteros • 3 cucharadas de zumo de limón
½ taza de aceite de oliva • 1 cucharada de hierbas frescas mezcladas
(estragón, mejorana, orégano) • 2 cucharadas de perejil finamente
picado • 1 cucharada de salsa de soja • sal y pimienta al gusto

Limpiar los champiñones. Colocarlos en una pirex honda con tapa, mezclar con todos los ingredientes y dejar marinar durante 12 horas.

Servir frío como entrada acompañado de pan francés.

ARROZ CON CHAMPIÑONES

Ingredientes para 8 personas:
2 tazas de arroz, lavado y escurrido • 4 tazas de agua • 1 cebolla fresca
grande finamente picada • 2 cucharadas de aceite • 2 hojas de laurel
750 gr de champiñones laminados • sal al gusto

En una olla con aceite freír unos minutos el laurel y la cebolla. Agregar los champiñones laminados y freírlos hasta que se sequen.

Incorporar el arroz y la sal. Dorar durante 3 minutos. Agregar el agua caliente, tapar y cocinar 20 minutos o hasta que los granos de arroz estén blandos.

CHAMPIÑONES A LA GRIEGA

Ingredientes para 6 personas:
750 gr de champiñones frescos, lavados y secos • 1 zanahoria rallada 1
taza de jugo de tomate • 2 cucharadas de zumo de limón
3 cucharadas de cebolla fresca finamente picada • 3 cucharadas de
aceite de oliva • 1 cucharadita de hinojo, eneldo y laurel • 1 diente de
ajo finamente picado sin la vena central • sal y pimienta al gusto

Freír en aceite caliente la cebolla y la zanahoria.

Frotar los champiñones con zumo de limón.

En una sartén aparte freír en aceite los champiñones laminados, luego mezclar con la anterior fritura, agregar las hierbas aromáticas, el tomate, sal y pimienta, y dejar que evapore un poco. Por último mezclar el ajo y dejar reposar por media hora.

Servir frío.

CHAMPIÑONES STROGONOFF

Ingredientes para 6 personas:
1½ kilo de champiñones lavados y secos • 3 cucharadas de cebolla
fresca finamente picada • 3 cucharadas de aceite • 1 cucharada de
paprika • 1 cucharada de mostaza • 3 cucharadas de vinagre de vino
de arroz • 1 cucharadita de miel • 2 cucharadas de salsa de soja
½ taza de crema de leche • 1 cucharada de sagú o fécula de maíz
caldo básico • sal y pimienta al gusto

Marinar los champiñones con salsa de soja y pimienta durante 10 minutos.

En una sartén amplia con aceite freír la cebolla finamente picada y cuando esté a alta temperatura agregar los champiñones poco a poco, para sellarlos. Rociarlos con paprika y agregar el vinagre de vino de arroz, la miel, mostaza y sal al gusto; mezclar constantemente durante 5 minutos.

Agregar la crema de leche cuando los champiñones tengan buena consistencia. Si la salsa queda clara, espesar con sagú disuelto en caldo.

Servir caliente acompañado con patatas a la francesa.

Variación: Para obtener la salsa Strogonoff utilizar los champiñones laminados.

ESTOFADO DE FRÍJOL VERDE Y CHAMPIÑÓN

Ingredientes para 4 personas:
4 patatas de consistencia dura • ½ taza de salsa napolitana (ver receta)
250 gr de fríjol verde fresco en vaina • ½ taza de agua o caldo básico
1 taza de champiñones • ½ taza de pan rallado • 2 berenjenas
aceite • 3 tomates pelados y picados • sal al gusto
1 cebolla fresca en rodajas

Cocinar al vapor las patatas con piel, pelarlas y partirlas en lonchas gruesas.

Desgranar el fríjol, cocinarlo hasta que esté blando, escurrirlo y freírlo en una sartén con aceite, cebolla, champiñones y tomate durante 5 minutos.

Pelar las berenjenas, dejarlas en agua con suficiente sal durante 1 hora, aclararlas y secarlas. Pasarlas por una plancha con muy poco aceite hasta que estén blandas.

En una pirex engrasada poner una capa de patata, fríjoles con salsa y berenjenas; bañar con salsa napolitana disuelta con el agua o caldo básico. Rociar con pan rallado, llevar al horno a 250 grados durante 20 minutos.

Servir con arroz de perejil (ver receta).

PLANCHA DE CHAMPIÑONES

Ingredientes para 1 persona:
250 gr de tomates cherry • 250 gr de champiñones medianos
1 cucharada de salsa de soja • 1 cucharadita de cebollín finamente
picado • ½ cucharadita de mostaza • ½ cucharadita de ajo macerado
sin vena central • 150 gr de queso mozzarella rallado grueso (opcional)
1 cucharada de perejil liso finamente picado • ½ cucharadita de
albahaca • zumo de 1 limón • sal y pimienta al gusto • aceite

Abrir los tomates en cruz en la parte superior.

Lavar muy bien los champiñones con limón y agua, secar. Después marinarlos con salsa de soja, cebollín, mostaza, ajo, sal y pimienta, durante ½ hora.

Poner los champiñones en una sartén plana muy caliente hasta que doren. Luego pasarlos a un recipiente de poco fondo con los tomates, cubrir con el queso y llevar al horno a 250 grados durante 5 minutos para fundir el queso.

A tiempo de servir cubrir con perejil y albahaca.

Acompañar de pan integral o patatas fritas.

PORTOBELLOS GRATINADOS CON SEMILLAS DE AJONJOLÍ

Ingredientes para 4 personas:
1 cucharada de semillas de ajonjolí • 1 cucharada de cebollín
finamente picado • 2 cucharadas de salsa teriyaki
1 cucharada de aceite de ajonjolí • 1 cucharada de vinagre de vino
de arroz • 4 portobellos • ½ cucharada de panela en polvo o miel
cebollín picado largo

Dorar las semillas de ajonjolí.

Limpiar los portobellos (o setas), marinarlos 5 minutos con teriyaki, vinagre de vino de arroz, miel, cebollín y aceite.

Dorar los portobellos por cada lado en una plancha caliente unos 5 minutos, pincelándolos con la marinada. Ponerlos al horno en una fuente y bañarlos con la marinada sobrante. Llevarlos al horno precalentado a 250 grados durante 10 minutos o hasta que estén dorados.

Espolvorear con las semillas de ajonjolí y el cebollín picado largo.

ROLLO DE CHAMPIÑONES

Ingredientes para 6 personas:
H kilo de masa de hojaldre • H taza de cebollín picado
5 lonchas de queso cheddar • 2 zanahorias cocinadas en caldo básico
H kilo de champiñones laminados • aceite • H taza de nueces picadas
sal y pimienta • 1 manojo de espinacas sin tallo

Cocinar las zanahorias en el caldo básico hasta que ablanden. Licuar en poco caldo hasta formar una crema.

Extender el hojaldre con rodillo sobre una superficie plana.

Colocar en el centro y a lo largo las lonchas de queso, nueces picadas, champiñones, cebollín picado y espolvorear con sal y pimienta.

Hacer un rollo de unos 5 cm de diámetro y sellar los extremos, poner sobre una lata engrasada.

Llevar al horno precalentado a 250 grados durante 15 minutos o hasta que el hojaldre esté dorado.

Cocinar las espinacas, quitarles el agua sobrante y saltearlas en una cucharada de aceite con cebollín, sal y pimienta.

Servir el rollo, cortado en seis raciones, sobre la crema de zanahoria caliente y adornarlo con las hojas de espinacas.

PORTOBELLOS EN CURRY VERDE

Ingredientes para 4 personas:
5 champiñones portobello • 1 mango maduro y firme
6 estrellas de anís (anís estrellado) • 4 cucharadas de crema de leche
3 cucharadas de salsa de soja • 1 cucharadita de curry verde
(se consigue en supermercados) • aceite • sal y pimienta al gusto

Lavar y secar bien los champiñones. Cortar un champiñón en rodajas finas.

Pelar el mango y partirlo en trocitos medianos.

Dorar los champiñones enteros en 1 cucharada de aceite caliente durante 5 minutos, añadir las rodajas y dejar 3 minutos más.

Agregar salsa soja, mango y anís, revolver 3 minutos más, añadir la crema de leche y el curry, dejar 1 minuto más y servir inmediatamente.

COLIFLOR

Una buena coliflor debe estar firme, sin manchas oscuras y las hojas exteriores que protegen los ramitos deben estar verdes.

COLIFLOR A LA CANELA

Ingredientes para 4 personas:
1 coliflor en florecitas • 1 cucharadita de canela molida
2 cucharadas de concentrado de tomate • 1 cucharadita de cúrcuma
3 cucharadas de vinagre de vino • 2 cucharadas de aceite de oliva
½ taza de caldo básico • sal y pimienta negra al gusto

Mezclar el vinagre con el concentrado de tomate. Cubrir la coliflor con esta salsa y dejar reposar.

En otro recipiente mezclar el resto de ingredientes y agregar a la coliflor. Cocinar a fuego lento, revolviendo constantemente durante 10 minutos.

Servir caliente.

GRATINADO DE PATATA Y COLIFLOR

Ingredientes para 6 personas:
250 gr de patatas • 1 coliflor mediana • ½ taza de mayonesa
vegetariana • 1 cucharada de mantequilla de soja • 2 cucharadas de
perejil finamente picado • ½ taza de agua • sal y pimienta al gusto

Cocinar las patatas al vapor partidas en rodajas de 1 cm. Cocinar la coliflor en florecitas durante 5 minutos y escurrir.

En una pirex untada de mantequilla, poner una capa de patatas y una de coliflor, cubrir totalmente con la mezcla de mayonesa, perejil, pimienta, sal y agua. Llevar al horno 10 minutos hasta que dore.

Dulce de amaranto y leche.

Cuadros de amaranto y vegetales.

Arroz a la genovesa.

Arroz con germinados y lentejas.

Paella.

Cebada con setas.

Sopa de maíz tierno.

Bizcochitos de hierbas y polenta.

Bombay.

Seitán gratinado.

Seitán relleno y molde de seitán y tofu.

Milanesas de seitán.

Cuscús de naranja.

Canelones de espinaca y ricota.

Pasta con garbanzos.

Crêpes de espinaca y queso cottage.

Tofu en salsa riojana.

Albóndigas de soja texturizada.

Quibbes.

Balú en vinagreta.

Garbanzos en salsa dulce.

Caponata de berenjenas.

Portobellos en curry verde.

Coliflor con uvas.

Espárragos Luzmith.

Pepinos al yogur.

Ensalada de rábano y patata.

Repollo agridulce.

Tomates marinados.

Ñoquis de zanahoria.

Encurtido de berenjena y zanahoria.

Encurtido hindú.

COLIFLOR EN CAZUELA

Ingredientes para 6 personas:
1 kilo de coliflor • ½ taza de nueces o almendras partidas
3 cucharadas de aceite • ½ taza de perejil picado • 1 diente de ajo
finamente picado sin la vena central • sal y pimienta al gusto
2 cucharadas de pasas remojadas

Lavar la coliflor y hervirla en agua ligeramente salada y sacar cuando aún esté consistente. Cortar en trocitos y pasar a una cazuela con el aceite. Añadir las pasas, las semillas, sal y pimienta; cocinar y, cuando estén a punto, rociar el ajo y el perejil picados.

COLIFLOR CON UVAS

Ingredientes para 4 personas:
1 coliflor • ½ taza de uvas pasas hidratadas • 1 pera • 1 cucharada
de vinagre • 1 cucharada de zumo de limón • 1 cucharadita de sal
½ de cucharadita de pimienta • 2 cucharadas de aceite de oliva

Lavar y cocinar la coliflor en agua con sal (que la cubra) durante 5 minutos desde el momento en que empiece a hervir. Escurrir, dejar enfriar y separar las florecitas. Rociar con vinagre.

Pelar la pera, quitarle la semilla y el corazón. Cortar en dados pequeños, mezclar con las uvas pasas y el zumo de limón en otra fuente.

A tiempo de servir, mezclar todos los ingredientes y sazonar con sal, pimienta y aceite.

ESPÁRRAGOS

Elegir espárragos de punta compacta y cerrada, que estén firmes; pueden ser blancos o verdes (trigueros).

¿Cómo cocinar los espárragos?

Cortar un poco del tallo, aclarar bien y poner a hervir en un recipiente alto y de boca estrecha, cuidando que las puntas queden por fuera del recipiente para que se cocinen al vapor.

Dejar hervir aproximadamente 15 minutos o hasta que las puntas estén blandas. Sacar y sumergir inmediatamente en agua con hielo, para conservar su color y suspender la cocción.

ENSALADA DE ESPÁRRAGOS

Ingredientes para 3 personas
6 hojas de lechugas frescas, lavadas y secas • 1 frasco de espárragos
o espárragos crudos • salsa verde (ver receta)

Servir los espárragos sobre lechugas bañadas con la salsa verde.

Acompañar con tostadas o pan francés.

Esta entrada también puede ir acompañada de rodajas de remolacha en encurtido (ver receta).

ESPÁRRAGOS LUZMITH

Ingredientes para 3 personas:
6 lonchas de jamón vegetal • 6 lonchas delgadas de queso
amarillo • 6 espárragos verdes crudos partidos por la mitad
6 cucharadas de harina de trigo (o 3 de harina de trigo y 3 de harina
de garbanzo) • ½ taza de agua fría • 1 cucharadita de bicarbonato
1 cucharadita de cúrcuma • aceite para freír • sal y pimienta al gusto

En cada loncha de jamón vegetal colocar una de queso, en la mitad poner 2 raciones de espárragos, enrollar y asegurar con un palillo en la mitad.

Mezclar la harina con el agua y demás ingredientes, formando una salsa espesa, agregar más agua si fuere indispensable.

Sumergir los rollos en esta salsa y freírlos en aceite caliente hasta que estén dorados.

Retirar el palillo, servir sobre hoja de lechuga y acompañar con salsa de mostaza dijon y miel (ver receta).

ESPINACAS

E scogerlas de hojas sanas y color intenso.

ARROLLADO DE ESPINACAS

Ingredientes para 6 personas:
750 gr de espinacas • 250 gr de queso cremoso • 3 cucharadas
de crema de leche • 100 gr de tomates secos picados en trocitos
3 cucharaditas de sagú o fécula de maíz • ½ cucharadita de nuez
moscada • 1 cucharadita de paprika • salsa de mostaza (ver receta)
sal y pimienta al gusto

Lavar las espinacas, utilizar únicamente las hojas, sumergirlas en agua hirviendo durante 5 minutos, pasarlas por agua fría y escurrirlas muy bien.

Picar finamente las espinacas y ponerlas en un recipiente, agregar una cucharada de crema de leche, nuez moscada, pimienta, sagú y sal. Extender esta mezcla sobre papel parafinado, previamente engrasado, formando un rectángulo de 25 × 35 cm. Colocar sobre un recipiente de horno. Hornear por 5 minutos en horno precalentado a 250 grados. Sacar del horno, dejar reposar y llevar a la nevera durante 10 minutos.

Entretanto, batir el queso crema, con 2 cucharadas de crema de leche, sal, pimienta, paprika y los tomates secos. Poner a enfriar. Tomar el rectángulo de espinacas, cubrirlo con la mezcla de queso, enrollarlo, desprendiendo lentamente las espinacas del papel parafinado. Envolver el rollo en papel parafinado o plástico auto adherente y poner a enfriar, para que compacte. Para servir, partir el rollo en rodajas de 2 cm.

Servir la salsa de mostaza caliente cubriendo el plato en que se va a llevar a la mesa y sobre esta salsa servir las rodajas del arrollado de espinacas.

RAITA

Ingredientes para 6 personas:
½ kilo de espinacas frescas blanqueadas • 1 cucharadita de comino en grano molido, escurrido y finamente picado • ½ cucharadita de cúrcuma • 1½ taza de yogur natural
sal y pimienta al gusto

Para blanquear: pasar la espinaca por agua hirviendo durante 1 minuto y luego por agua fría.

Mezclar todos los ingredientes formando una salsa.

Servir frío acompañando diferentes frituras. La raita se puede preparar con distintas verduras, como acelga, apio, zanahoria rallada, etc.

ENSALADA DE ESPINACAS Y MANGO

Ingredientes para 6 personas:
250 gr de espinacas lavadas, secadas y partidas en tiras finas
10 lonchas de jamón vegetal partido en cuadritos
2 mangos maduros firmes pelados y picados en tiras finas

Vinagreta
1 cucharada de vinagre • 2 cucharadas de salsa soja
1 cucharadita de mostaza • 1 cucharadita de sal • 1 cucharadita
de panela o azúcar de caña en polvo • 2 cucharadas de aceite de oliva
2 cucharadas de agua

Todos los ingredientes se colocan en un frasco con tapa y se agitan para que se mezclen bien.

En una sartén con poco aceite dorar los trozos de jamón unos 5 minutos. Luego mezclarlos con los demás ingredientes en una ensaladera.

Servir con patatas al queso y tostadas con ajo.

Patatas al queso

10 patatas de consistencia harinosa, peladas, cocinadas en agua
con sal y partidas en trozos • 1 cucharada de mantequilla
1 cucharada de cebollín finamente picado • 2 cucharadas de crema
de leche • 3 cucharadas de queso rallado

En una cazuela colocar mantequilla, cebollín y crema de leche a fuego lento, luego ir agregando las patatas y cocinar durante 10 minutos. A tiempo de servir añadir el queso rallado.

HALU PALAK

Ingredientes para 6 personas:
1 taza de espinacas lavadas y picadas • 4 patatas de consistencia
harinosa en dados • 1 ajo triturado sin la vena central
1 tomate maduro, pelado y sin semilla • 1 cucharada de cilantro
picado • 1 cucharadita de jengibre rallado • ½ cucharadita de canela
1 cucharada de cebolla larga finamente picada • ají al gusto • aceite
sal al gusto

Freír las patatas en aceite caliente.

Moler en el mortero el jengibre, la canela, el ají, el ajo y la sal.

Preparar un sofrito con los ingredientes molidos, cebolla, cilantro y toma-te. Cuando esté listo, añadir las espinacas y mantener a fuego bajo duran-te 3 minutos. Agregar las patatas y acompañar con tofu frito.

HINOJO

Es un bulbo de sabor anisado; elegir los hinojos firmes de color homogéneo y redondeado, con abundantes hojas verde claras.

HINOJO AL HORNO

Ingredientes para 6 personas:
3 bulbos medianos de hinojo limpios, finamente cortados
2 puerros limpios cortados en rodajas • 400 gr de queso manchego o
de soja rallados • ½ cucharadita de nuez moscada rallada
1 diente de ajo, partido por la mitad, sin la vena central
25 gr de queso parmesano rallado • 25 gr de pan rallado
mantequilla • sal y pimienta al gusto

Retirar las hojas exteriores del hinojo, y reservar algunas para decorar.

Colocar en una fuente, engrasada con mantequilla, el hinojo y los puerros, agregar el queso manchego, nuez moscada, sal y pimienta. Mezclar bien.

Frotar una pirex con el ajo. Colocar la mezcla del hinojo, alisando la superficie. Espolvorear con la mezcla de queso parmesano y pan rallado. Tapar con papel aluminio y hornear a 250 grados durante 1 hora o hasta que el hinojo esté tierno. Retirar el papel de aluminio y hornear 10 minutos más para dorar.

Servir decorado con las hojas de hinojo reservadas.

JUDÍAS

JUDÍAS CON ENELDO

½ kilo de judías verdes • ½ taza de vinagre de frutas
½ taza de panela en polvo • 2 cucharadas de mostaza • 1 taza de agua
½ cucharadita de sal • 5 granos de pimienta dulce
ramas de eneldo

Quitar las puntas de las judías, lavar y partir en trozos de 3 cm.

Poner todos los ingredientes en una cazuela de fondo grueso. Cocinar a fuego medio hasta que las judías tengan buena textura. Dejar enfriar.

Conservar en frasco de vidrio con el líquido en que se cocinaron.

Sirve para enriquecer las ensaladas.

JUDÍAS CON SALCHICHAS DE VEGETALES Y ORÉGANO

Ingredientes para 6 personas:
2 tazas de judías verdes cocidas al dente • ½ de taza de mayonesa
aromatizada con orégano (ver receta) • 2 cucharadas de nueces
troceadas • 1 cucharada de semillas de ajonjolí • 4 salchichas
vegetales en rueditas doradas en aceite
2 cucharadas de hojas de perejil

Mezclar las judías con la mayonesa. Agregar las salchichas. Espolvorear con las nueces y el ajonjolí.

Adornar con las hojas de perejil y servir a temperatura ambiente.

PEPINOS

CEVICHE DE VEGETALES

Ingredientes para 4 personas:
2 tomates pelados, sin semilla y picados • 250 gr de pepino
2 aguacates picados en dados y rociados con limón • 2 cebollas frescas
moradas partidas en cascos • 1 taza de cebollín picado
1 coliflor mediana en florecitas • 8 tortillas de maíz crujientes
1 taza de hojas de rúcola

Aderezo
1 cucharadita de semillas de cilantro molidas • 1 cucharadita
de azúcar • 2 cucharadas de crema de leche o yogur • 2 cucharadas
de cilantro picado • pimienta al gusto • jugo de un limón
ralladura de una naranja y su jugo

Batir los ingredientes del aderezo y dejar reposar en un recipiente tapado.

Pelar los pepinos, picarlos en dados, espolvorearlos con sal y dejar que
larguen agua durante media hora; luego aclararlos y escurrirlos.

Cocinar la coliflor 2 minutos en agua hirviendo con sal y refrescar en
agua fría; ponerla en un recipiente grande para mezclar con los demás
ingredientes picados y la salsa; dejar reposar media hora.

Servir en las tortillas, 2 por persona, decorando con la rúcola picada.

Variación: La coliflor puede reemplazarse por la parte blanda de las hojas y corazones de alcachofa picados.

PEPINOS AL YOGUR

Ingredientes para 6 personas:
2 pepinos • 4 cucharadas de queso cremoso • 2 cucharadas de yogur
natural • 1 cucharadita de paprika • 2 cucharaditas
de cebollín picado • sal y pimienta al gusto

Pelar parcialmente los pepinos, cortar cada uno en 3 trozos, vaciarlos formando cajitas, espolvorearlos con sal y dejarlos que larguen agua durante media hora, luego aclarar y escurrir.

Mezclar los demás ingredientes, formando una crema, rellenar las cajitas del pepino con la preparación del queso y refrigerar.

FATTUCH

Ingredientes para 6 personas:
6 panes de pita tostados • ½ taza de cebollín picado
4 pepinos pelados y picados • 1 cebolla fresca picada
1 lechuga grande lisa picada • jugo de un limón grande • ½ taza de
aceitunas (preferiblemente negras) picadas • sal, pimienta y aceite
1 taza de hierbabuena fresca picada • tomate (opcional) • 1 cucharada
de hierbabuena seca

Espolvorear los pepinos con sal y dejarlos que larguen agua durante media hora; luego aclararlos y escurrirlos.

Picar el resto de las verduras, aclararlas y dejarlas en un colador.

Humedecer el pan en agua sin que se deshaga y revolver con las verduras agregándole los demás ingredientes.

Esta ensalada acompaña quibbes, falafel o empanadas de espinacas.

PEPINOS CRIOLLOS

Ingredientes para 6 personas:
6 pepinos para rellenar • ½ taza de cebolla larga picada
1 taza de salsa boloñesa (ver receta) • 1 taza de tomate pelado
y picado • ½ taza de arroz cocido • ½ taza de caldo básico
½ taza de puré de patata criolla • 6 cucharadas de queso parmesano
3 cucharadas de aceite • ½ cucharadita de cúrcuma
sal y pimienta al gusto

Lavar los pepinos, abrirlos y retirar las semillas. Ponerlos en agua hirviendo durante 3 minutos y escurrir.

Preparar la salsa boloñesa, revolver con el arroz y el puré. Rellenar los pepinos con esta mezcla.

Preparar un sofrito con la cebolla, el tomate, la cúrcuma, sal y pimienta, y aclararlo con el caldo básico.

Poner los pepinos en una fuente engrasada, cubrir con el guiso, rociar con el queso parmesano y llevar al horno precalentado a 250 grados durante 15 minutos.

RÁBANO

Es una raíz de color rojo o blanco, redonda o alargada; se caracteriza por el sabor picante. Para su compra son adecuados los de aspecto fresco y crujiente.

ENSALADA DE RÁBANO Y PATATA

Ingredientes para 4 personas:
½ kilo de patatas de consistencia dura, lavadas y partidas por la mitad sin pelar • ½ pepino • 2 cucharadas de sal • 5 rábanos rojos laminados • 1 cucharada de zumo de limón • 1 diente de ajo macerado sin la vena central • 1 lechuga verde o morada

Para la salsa:
1 cucharada de mostaza de dijon • 2 cucharadas de aceite de oliva 2 cucharadas de vinagre de vino blanco • 2 cucharadas de hierbas finamente picadas y mezcladas (perejil, cilantro, mejorana)

Mezclar todos los ingredientes y refrigerar.

Rallar el rábano entero a lo largo con un tenedor y poner en agua con sal durante 15 minutos; escurrir, aclarar, retirar semillas y partir en rodajas delgadas.

Marinar los rábanos laminados en la mezcla del zumo de limón y el ajo durante 10 minutos; escurrir.

Cocinar las patatas en agua hirviendo durante 10 minutos o hasta que estén blandas y dejar enfriar.

En una fuente para ensalada colocar hojas de lechuga, y rábano alrededor de la bandeja en forma decorativa; apilar las patatas en el centro y rociar con la salsa.

RÁBANOS SALTEADOS

10 rábanos rojos y blancos • 1 cebolla puerro partida en rodajas
1 cucharadita de tomillo • 1 cucharada de mantequilla
sal y pimienta fresca al gusto • agua

Cortar las hojas de rábano dejando un poco de los tallos verdes y macerarlos. Si las hojas están en buenas condiciones y tiernas, lavarlas y reservarlas. Partir los rábanos pequeños por mitades y los grandes por cuartos.

En una sartén derretir la mantequilla y saltear la cebolla con el tomillo durante 1 minuto. Agregar los rábanos, sal, pimienta y agua que los cubra. Cocinar durante 5 minutos o hasta que los rábanos estén tiernos. Sacar los rábanos a otra fuente.

Añadir las hojas al líquido que quedó y cocinar 1 minuto; luego bañar los rábanos.

REPOLLO

Es una col con cabeza compacta que puede ser de colores blanco, verde o morado. Elegir los firmes con hojas exteriores frescas.

ENSALADA DE REPOLLO Y PERA

Ingredientes para 4 personas:
4 tazas de repollo morado finamente picado • 2 peras sin pelar
(o manzana) en casquitos • 2 cebollas en rodajas finas
1 zanahoria rallada • 2 cucharadas de cebollín finamente picado
4 hojas de lechuga verde

Vinagreta
4 cucharadas de zumo de pera • 1 cucharadita de mostaza
3 cucharaditas de aceite de oliva • 1 cucharadita de vinagre de vino
1 cucharadita de cebollín finamente picado • sal y pimienta al gusto

Mezclar fuertemente en un frasco con tapa.

Poner el repollo en agua y refrigerar durante 1 hora, cambiando 2 veces el agua en ese lapso. Escurrir.

Dejar la cebolla partida en agua con sal durante 15 minutos. Escurrir bien.

En una fuente mezclar el repollo, la cebolla y la pera.

Arreglar, en una fuente para ensalada, las hojas de lechuga enteras, verter sobre éstas la mezcla anterior y rociar con la zanahoria rallada y la vinagreta.

ROLLITOS DE REPOLLO

Ingredientes para 6 personas:
2 tazas de soja texturizada • ½ taza de yogur natural • 1 diente de ajo
macerado sin la vena central • 12 hojas de repollo blanco
½ taza de avena cruda • 1 cucharadita de mejorana y romero
picado • 3 cucharadas de aceite • sal y pimienta al gusto

Para la salsa:
3 cucharadas de mantequilla • ½ taza de cebollín finamente picado
3 tazas de tomate frito • 2 cucharadas de pasta de tomate disuelta
en 1 cucharada de agua • ½ cucharadita de sal • ½ cucharadita de
azúcar • pimienta al gusto

En una sartén grande freír en la mantequilla el cebollín, el tomate y la
pasta de tomate, agregar sal, azúcar y pimienta. Cocinar 10 minutos.

Lavar las hojas del repollo, desbastar la parte central de la hoja y ponerla
en agua hirviendo 3 minutos. Escurrir muy bien.

Remojar la soja texturizada en agua caliente durante 10 minutos, pasar
por la batidora brevemente, escurrir, pasar por agua fría y exprimir, dorar en aceite caliente.

Mezclar la soja texturizada con avena, yogur, sal, pimienta, romero y
mejorana.

Extender las hojas y poner en el centro 2 cucharadas de soja texturizada
preparada; formar rollos, colocarlos en una cazuela, cubrirlos con la salsa
y cocinar durante ½ hora a fuego lento.

ROLLOS PRIMAVERA (VERDURAS Y TAILANDÉS)

Ingredientes para 20 personas:

Masa para los rollos
½ kilo de harina de trigo • 200 gr de mantequilla
1 cucharadita de bicarbonato • agua

Poner la harina tamizada y el bicarbonato sobre una superficie firme.

Agregar la mantequilla blanda y amasar con los dedos hasta que todo esté mezclado.

Agregar agua poco a poco hasta formar una masa suave.

Poner a reposar en la nevera durante media hora.

Sacar la masa y estirarla con un rodillo hasta que quede muy delgada.

Formar láminas de 15 x 6 cm para hacer los rollos.

NOTA: Los rollos se pueden preparar con láminas de arroz, que se encuentran en tiendas naturistas.

Para el relleno de verduras:
1 cucharada de aceite • 2 cucharadas de nueces picadas
1 diente de ajo entero • 2 cucharaditas de harina de maíz o sagú
1 cucharada de cebollín finamente picado • 1 cucharada de aceite de
ajonjolí • 1 cucharadita de jengibre • 1 cucharada de salsa de soja
2 ramas de apio en rodajas muy finas • 1 taza de zanahoria rallada
1 taza de repollo en juliana • ½ taza de tofu en tiras finas
1 taza de raíces chinas • pimienta al gusto

Poner en el wok el aceite y saltear el ajo, la cebolla y el jengibre. Agregar las verduras y cocinar en su propio jugo durante 2 minutos, retirar el diente de ajo. Añadir la harina de maíz o sagú disuelta en 2 cucharadas de agua, aceite de ajonjolí, salsa de soja y pimienta, además agregar el tofu y las nueces. Mezclar hasta que la salsa espese. Dejar enfriar y hacer los rollos.

Calentar aceite y freír los rollos en tandas hasta que estén bien dorados. Escurrirlos sobre papel absorbente.

Servir con salsa agridulce o de soja.

Para el relleno tailandés:
30 gr de fideos cocinados al dente y escurridos • 1 cucharada de
aceite • 2 dientes de ajo macerados sin la vena central • 1 cucharadita
de jengibre rallado • 1 cucharada de raíces de cilantro finamente
picadas • 2 cucharadas de cebollín picado • ½ taza de seitán
finamente picado • 1 tallo de apio finamente picado • 1 cucharada de
sagú o de fécula de maíz • 1 zanahoria rallada • 1 cucharada de

cilantro finamente picado • 2 cucharadas de salsa chile dulce
2 cucharadas de salsa de soja • 1 cucharada de panela en polvo

Freír el ajo, el jengibre, las raíces de cilantro, el cebollín y el apio. Agregar el seitán hasta que dore, luego la zanahoria, la panela, el cilantro, el sagú disuelto en 3 cucharadas de agua y las salsas, mezclando constantemente; por último agregar los fideos.

Formar los rollos como en el caso anterior.

REPOLLO AGRIDULCE

Ingredientes para 8 personas:
1 repollo morado pequeño cortado en tiras finas sin los corazones
½ taza de vinagre • 1 cucharada de panela en polvo
½ cucharadita de canela molida • ½ cucharadita
de clavos molidos • 1 cucharadita de sal

Poner todo en la olla a presión, dejar 5 minutos después de que pite y retirar.

Servir frío o caliente.

Conservar en vasija de vidrio y refrigerar.

TOMATES

Deben ser firmes pero no muy duros, de piel lisa y buen color; por ningún motivo deben consumirse verdes. Es imprescindible desinfectarlos en un litro de agua con dos gotas de hipoclorito (lejía) durante una hora.

ASADO DE TOMATES Y PIMIENTOS

Ingredientes para 6 personas:
4 pimientos rojos procesados y en juliana • 6 tomates grandes maduros • 4 cucharadas de albahaca picada • 1 cucharada de tomillo en polvo • 2 dientes de ajo picados sin la vena central • 2 dientes de ajo partidos por mitad sin la vena central • 3 cucharadas de aceitunas negras partidas • 4 cucharadas de aceite de oliva 250 gr de tofu en tiras • pimienta al gusto • miga de pan fresco

Poner los pimientos sobre una parrilla a fuego rápido o en el horno, hasta que se quemen y tornen negros, guardarlos en bolsa de plástico sellada para que el vapor acabe de ablandar la piel, luego sacar, pelar y quitar la semilla. Si no se utilizan inmediatamente, guardar en frasco de vidrio con aceite de oliva y ajo partido por la mitad.

Pelar los tomates y partir en rodajas.

Aceitar levemente la pirex. Cubrir el fondo con una capa de tomate. Luego el tofu en tiras, cubrir con albahaca, tomillo, ajo picado y la mitad de las aceitunas. Sazonar con pimienta. Añadir la mitad del pimentón y otra capa de tomate. Repetir el proceso (2 capas), cubrir con miga de pan. Rociar con aceite.

Hornear a 250 grados durante 10 minutos. Servir caliente.

TARTA DE ESPINACAS Y TOMATE

Ingredientes para 6 personas:
8 hojas de espinacas • 5 tomates • 3 cucharadas de aceite de oliva
2 cucharadas de salsa de soja • 1 cucharadita de azúcar
pimienta al gusto

Blanquear las espinacas (en agua caliente durante 3 minutos). Pelar los tomates, quitar las semillas y partir en cuadros, ponerlos en una mezcla de aceite, pimienta, azúcar y salsa de soja, a fuego lento, sin dejarlos cocinar (apenas entibiar).

Cubrir un molde pequeño individual, engrasado, con las hojas de espinacas escurridas.

Llenar con 1½ cucharada del tomate. Tapar con las mismas hojas. Desmoldar boca abajo sobre el plato que se va a llevar a la mesa. Rociar con pimienta recién molida.

TOMATES RELLENOS CON ESPINACAS

Ingredientes para 12 personas:
12 tomates medianos, no muy maduros • 2 tazas de espinacas cocidas
4 cucharadas de crema de leche • 6 cucharadas de queso parmesano
6 cucharadas de cebollín finamente picado • 2 cucharadas
de mantequilla • sal y pimienta al gusto

Lavar muy bien los tomates y quitar la tapa de la parte redonda. Sacar las semillas. Rociar los tomates por dentro con un poco de sal y ponerlos boca abajo. Exprimir las espinacas y picarlas finas.

Freír el cebollín en mantequilla, agregar las espinacas, crema de leche, 2 cucharadas de queso, pimienta y sal. Rellenar los tomates, cubrirlos con el resto del queso y servirlos fríos o calientes.

TOMATES MARINADOS

Ingredientes para 6 personas:
6 tomates medianos maduros firmes y parejos • 1 taza de extracto
de tomate • ½ taza de salsa de tomate • ¼ taza de vinagre balsámico
1 cucharadita de mostaza • 1 cucharadita de tomillo en polvo o fresco
1 cucharadita de laurel en polvo • 1 cucharadita de perejil fresco
finamente picado • 1 cucharadita de orégano finamente picado
¼ taza de aceite de oliva • sal y pimienta al gusto

Pelar los tomates sin romperlos y colocarlos enteros en una fuente de
cristal amplia.

Formar una salsa con los demás ingredientes.

Cubrir los tomates con la salsa y conservarlos tapados en nevera, mínimo
6 horas.

TOMATES RELLENOS DE ARROZ

Ingredientes para 6 personas:
6 tomates pequeños maduros
2 cucharadas de aceite • ½ taza de cebollín finamente picado
3 cucharadas de perejil picado grueso • ¼ taza de arroz cocinado
½ taza de caldo básico • 2 cucharadas de aceite de oliva
2 cucharadas de concentrado de tomate • sal y pimienta al gusto

Quitar la parte superior de los tomates. Eliminar las semillas. Retirar la
pulpa y reservarla.

Freír en una cazuela el cebollín a fuego lento y mezclar con el arroz.
Agregar la pulpa de tomate y el concentrado. Dejar cocinar a fuego lento 5 minutos. Agregar perejil, sal y pimienta.

Calentar el horno, rellenar los tomates, ponerlos sobre una bandeja con
el caldo y rociarlos con aceite de oliva.

Hornear 30 minutos (cubiertos con papel aluminio) a 250 grados.

VEGETALES

OKRA

L a okra es usual en la cocina india, sur de Estados Unidos y países africanos. Para su compra, debe tener un color intenso y sin manchas. Es también conocida como quimbombó o gumbo.

OKRAS A LA PLANCHA

½ kilo de okras • aceite de ajonjolí

En una sartén calentar el aceite y poner las okras por tandas hasta que doren.

Sacar y pasar por papel absorbente rápidamente y servir calientes.

Acompañar con mayonesa verde o estofado de fríjol y maíz.

RADICCHIO

2 radicchios (tipo de lechuga morada) • 3 cucharadas de aceite
de oliva • 2 cucharadas de perejil finamente picado • 2 cucharadas
de queso parmesano rallado • ½ cucharada de aceite de maíz
sal y pimienta al gusto

Cortar el radicchio a lo largo en 4 partes, rociarlo con aceite de oliva, sazonar con sal y pimienta, marinar por 1 hora.

En una sartén con aceite de maíz y a fuego alto dorar los radicchios durante 5 minutos, retirar y pasar a cada plato.

Rociar con perejil y queso parmesano.

TERRINA DE VERDURAS

Ingredientes para 6 personas:
3 hojas grandes de acelga sin tallo • ½ kilo de tofu semiblando
2 calabacines en rodajas • 2 zanahorias partidas delgadas
1 cebolla puerro en láminas • ½ taza de tomates secos picados
4 lonchas de jamón vegetariano • 2 tomates maduros pelados partidos
en rodajas • 3 cucharadas de aceite de oliva • 2 cucharadas de salsa
de soja • 1 cucharadita de albahaca fresca picada • ½ cucharadita
de jengibre • ½ cucharadita de paprika • 3 cucharadas de sucedáneo
de huevo preparado • 2 cucharadas de miga de pan
sal y pimienta al gusto

Pasar las hojas de acelga al vapor durante 2 minutos para que queden firmes.

Amasar el tofu con salsa de soja, paprika, sucedáneo de huevo, y pimienta y sal. Agregar miga de pan si la mezcla queda blanda.

Marinar las verduras con albahaca, jengibre, aceite, sal y pimienta.

Alistar un molde alargado de aproximadamente 7 cm de alto, engrasarlo y cubrirlo con las hojas de acelga, dejando que el sobrante de las hojas caiga por fuera. Luego poner por capas tofu, verduras y jamón, terminar con tofu, cubrir con el sobrante de hojas y presionar para compactar.

Tapar el molde con papel de aluminio, ponerlo dentro de otro molde más amplio con agua y llevar al horno precalentado a 250 grados por 30 minutos.

Dejar enfriar y refrigerar hasta el día siguiente, desmoldar y servir en lonchas de 2 cm de ancho.

VERDURAS AL WOK

Ingredientes para 6 personas:
1 zanahoria en juliana • 1 cucharada de cebollín picado
1 cucharada de aceite de ajonjolí • 2 cucharadas de salsa de soja
1 cebolla puerro en tiras largas • 2 cucharadas de nueces picadas
1 taza de judías en juliana • 1 cucharadita de jengibre fresco picado

1 taza de raíces chinas • 1 cucharadita de sagú o fécula de maíz
½ taza de florecitas de brécol • sal marina • 1 cucharada de cilantro
y perejil picado • agua

Poner en el wok aceite de ajonjolí y el jengibre picado; a medida que vaya calentando poner las judías, luego el brécol, la zanahoria, el puerro, las raíces y el resto de los ingredientes.

Manejar las verduras con dos cucharas salteándolas durante 5 minutos, cuidando de que queden crujientes; rociar con sal marina y poco a poco con agua, para que hagan vapor y tapar 2 minutos.

A tiempo de servir, rociar las verduras con una mezcla de media taza de agua, soja y una cucharadita de sagú o fécula de maíz; dejarlas 1 minuto más y servir caliente.

Decorar con fideos de arroz fritos y ajonjolí tostado.

VERDURAS AL GRUYÈRE

Ingredientes para 6 personas:
3 zanahorias en láminas • 2 cebollas puerro en rodajas finas
1 taza de cogollos de apio partidos en diagonal • 1 taza de
champiñones pequeños enteros • 2 cucharadas de harina de trigo
2 cucharadas de crema de leche • 100 gr de queso gruyère rallado
1 cucharada de mantequilla • 1 cucharadita de nuez moscada
1 taza de caldo básico • zumo de medio limón • sal y pimienta al gusto

Saltear las verduras en 1 cucharada de mantequilla con sal y pimienta.

En otra sartén con ½ cucharada de mantequilla y aceite dorar los champiñones; sacarlos y en esta mantequilla preparar una salsa blanca con la harina de trigo, el zumo de limón, la crema, el caldo y la nuez moscada. Agregar los champiñones a esta salsa y con todo esto bañar las verduras.

Rociar con el queso gruyère y servir caliente.

VERDURAS PRIMAVERA

Ingredientes para 6 personas:
1 taza de champiñones partidos en trozos • 2 zanahorias medianas
en juliana • 1 taza de palmitos en julianas • 4 cucharadas de cebollín
finamente picado • 1 taza de raíces chinas • 1 col china en juliana
2 cucharadas de salsa de soja • aceite • sal y pimienta al gusto

Calentar el wok con aceite, sal y pimienta.

Añadir la zanahoria, la col y mezclar; agregar el resto de vegetales con la
salsa de soja y el cebollín.

Dejar 5 minutos con el wok tapado para que la verdura ablande al gusto.

Servir con salsa agridulce o utilizar para acompañar pasta.

VERDURAS SALTEADAS

Ingredientes para 8 personas:
1 taza de apio en trozos • 2 cebollas puerro en laminitas
2 tazas de judía en juliana • 2 tazas de zanahorias tiernas en
bastoncitos • ½ taza de cilantro picado • ½ taza de perejil picado
½ taza de salsa de soja • 4 cucharadas de aceite de girasol
(o de ajonjolí) • 1 coliflor pequeña en florecitas

Calentar el aceite en una sartén amplia y de fondo grueso a fuego alto.

Agregar en su orden: cebolla puerro, zanahoria, apio, judías y coliflor;
revolver constantemente, y dejar tapado para que forme vapor durante
5 minutos.

Bajar el fuego, ir agregando poco a poco la salsa de soja y seguir cocinando a fuego lento hasta lograr la consistencia deseada.

A tiempo de servir agregar el cilantro y el perejil.

VEGETALES CRUDOS CON VINAGRETA PICANTE

Ingredientes para 4 personas:
10 hojas de espinacas baby troceadas • 8 nueces picadas
1 aguacate grande • 1 taza de germinado de alfalfa • 1 pimentón
procesado en juliana (opcional) • 1 bulbo de hinojo en tiras finas

Vinagreta picante
½ cucharadita de pimienta • 1 cucharadita de azúcar moreno o miel
1 cucharada de cilantro fresco picado • ½ taza de aceite de oliva
2 cucharadas de vinagre de vino • sal y pimienta al gusto

Licuar todos los ingredientes de la vinagreta junto con media guindilla y refrigerar.

Disponer en una ensaladera todos los vegetales y rociar con la vinagreta a tiempo de servir.

VERDURAS SURTIDAS CON JENGIBRE

Ingredientes para 6 personas:
3 patatas picadas medianas • 4 patatas harinosas picadas medianas
3 calabacines raspados y en cuadros • 2 zanahorias en cuadritos
3 tomates pelados sin semilla • 1 cebolla fresca • 1 cucharadita
de jengibre fresco rallado • 1 cucharadita de paprika
sal y pimienta al gusto • aceite

Colocar en una olla de fondo grueso las patatas y las zanahorias con media taza de agua, sal y aceite, dejar cocinar a fuego lento 15 minutos.

Freír en una sartén con aceite el jengibre rallado, durante 3 minutos hasta que suelte aroma, agregar la cebolla y el tomate troceado, dejar freír 5 minutos y agregar el calabacín, cocinar 2 minutos más e incorporar la paprika, sal y pimienta, mezclar con las patatas y zanahorias y cocinar 2 minutos más.

Para acompañar milanesas de seitán, servir caliente.

VEGETALES CON COCO

Ingredientes para 4 personas:
1 zanahoria cortada en juliana • ½ taza de calabacín cortado
en juliana • 1 cebolla fresca roja cortada en juliana
½ taza de cebolla puerro en rodajas finas • 2 tazas de champiñones
frescos en láminas • 1 diente de ajo macerado sin la vena central
2 cucharadas de aceite de cacahuete o de ajonjolí • ¼ de taza de leche
de coco • 2 cucharadas de cilantro picado • sal, pimienta y ají al gusto

Freír en un wok con el aceite de cacahuete, el ajo, la pimienta y el ají durante 3 minutos. Agregar las cebollas y freír durante 1 minuto, y luego los champiñones otros 2 minutos.

Agregar calabacín, zanahoria, sal y la leche de coco. Cocinar sin tapar hasta que el líquido se reduzca a la mitad.

Rociar con cilantro a tiempo de servir.

ZANAHORIA

Elegir zanahorias firmes al tacto, de tamaño mediano y piel lisa.

GAJAR VADA

Ingredientes para 5 personas:
4 zanahorias ralladas (por la parte fina del rallador) • 1 cucharadita
de levadura en polvo • 2 cucharadas de nueces maceradas
1 cucharadita de cúrcuma • 1 cucharada de coco rallado
3 cucharadas de harina de trigo integral • 1 cucharada de cilantro
y perejil frescos picados • 1 cucharada de harina de trigo
1 cucharadita de mezcla de comino • aceite para freír
y jengibre rallado o en polvo

Preparar la levadura en polvo en media taza de agua tibia con una pizca
de azúcar, dejar reposar 5 minutos en un ambiente tibio; cuando forme la
espuma, mezclar con las zanahorias y el resto de ingredientes hasta lograr
una pasta firme.

Calentar el aceite en una sartén de fondo grueso a fuego moderado, freír
por cucharadas la mezcla anterior hasta que doren las tortitas (4 a 5 minutos).

Servir con raitas de verduras (ver receta en espinacas) o con yogur natural.

HALVA CON ZANAHORIA

Ingredientes para 8 personas:
½ kilo de zanahorias peladas y finamente ralladas • 5 vainas
de cardamomo desgranado • 1 litro de leche fresca o de soja
½ taza de uvas pasas • 125 gr de panela en polvo • ½ taza de nueces
o almendras en trozos • 3 cucharadas de mantequilla

Cocinar las zanahorias en la leche y con la panela en polvo. Cuando la leche empiece a hervir, seguir cocinando a fuego lento, revolviendo de vez en cuando hasta que se evapore parte del líquido; en este momento agregar las uvas pasas y las nueces y mezclar.

Calentar la mantequilla con las semillas del cardamomo, agregar a la mezcla anterior y cocinar hasta que esté cremoso.

Servir frío.

ÑOQUIS DE ZANAHORIA

Ingredientes para 6 personas:
1 taza de arroz integral cocido • 2 zanahorias cocidas al vapor
½ taza de queso parmesano • 1 taza de sémola
3 tazas de caldo básico • harina de trigo integral según la necesidad
sal marina y pimienta al gusto

Pasar por el procesador o moler el arroz cocido hasta formar una masa homogénea. Repetir la operación con las zanahorias. Unir ambas preparaciones y formar un puré. Agregar la sémola y la harina integral hasta llegar a una consistencia que permita hacer rollos. Amasar sobre la mesa enharinada formando bastones. Cortar los bastones de 4 cm para obtener los ñoquis y colocarlos en una bandeja

Hervir el caldo e ir agregando los ñoquis procurando que no se peguen entre sí (hacerlo en dos etapas si es necesario).

Escurrir y espolvorear con queso, sal y pimienta. Conservar calientes.

Servir los ñoquis en una fuente y cubrir con la salsa deseada (puede ser tomate fresco o pesto de albahaca).

ZANAHORIA A LA ITALIANA

Ingredientes para 6 personas:
750 gr de zanahorias pequeñas • 1 cucharada de aceite de oliva
½ taza de arroz • ½ cucharadita de tomillo • 3 cebollas frescas

medianas • 1 cucharadita de orégano • 200 gr de queso emmental rallado • sal y pimienta al gusto • 1 cucharada de mantequilla

Picar las cebollas muy finas.

En una cazuela gruesa calentar el aceite, agregar el arroz y la mitad de las cebollas. Revolver con frecuencia sin dejar dorar el arroz. Bajar del fuego y añadir 1 taza de agua hirviendo. Añadir el tomillo, el orégano, sal y pimienta. Poner nuevamente la olla a fuego lento durante 15 minutos, siempre tapada, hasta que el arroz esté blando. Entre tanto, limpiar las zanahorias y partirlas en láminas finas y luego en cuartos.

En una sartén con una cucharada de aceite, freír las zanahorias y el resto de la cebolla. Agregar sal y pimienta, cocinar 3 minutos.

Revolver con el arroz, las zanahorias y la mitad del queso. Engrasar con la mantequilla la fuente y rociar con el resto del queso.

Llevar al horno a 250 grados hasta que gratine.

ZANAHORIA CON CHAMPIÑONES

Ingredientes para 4 personas:
½ kilo de zanahorias mini • 1 taza de caldo básico
250 gr de champiñones pequeños enteros • 1 cucharada de crema
de leche • 1 cucharada de aceite y mantequilla • cebollín y perejil
picados • 1 cucharadita de azúcar • sal y pimienta al gusto
1 cucharadita de nuez moscada

Lavar rápidamente los champiñones y secar.

En una sartén con mantequilla y aceite rociar el cebollín y freír los champiñones durante 2 minutos. Agregar con sal y pimienta.

Limpiar las zanahorias sin pelar y partirlas en trozos de 2 cm. Ponerlas en una cazuela con el caldo, la sal, la pimienta, la nuez moscada y el azúcar. Hervir 3 minutos. Luego mezclar con los champiñones y la crema de leche, y conservar hasta que seque un poco el caldo.

Acompañar con picatostes.

Guía nutricional

Contenido en 100 gr de parte comestible

Hortaliza	Cal. gr	Agua gr	Prot. gr	Grasa gr	CH gr	Fibra gr	Ca mg	P mg	Fe mg	Vit. A U.I
Pimentón	24	92,3	0,8	0,2	5,1	1,1	11	31	0,7	7.800
Zanahoria	36	88,9	0,7	0,1	8,4	1,1	33	28	0,6	7.000
Ahuyama	39	88,3	0,9	0,4	8,4	1,1	26	87	0,3	3.400
Guascas	42	86,1	3,2	0,5	7,0	1,3	245	45	7,1	3.200
Espinacas	27	89,7	3,5	0,3	3,3	1,1	118	50	4,1	2.500
Berro	19	93,6	1,7	0,3	2,8	0,5	195	46	2,0	2.400
Acelga hojas	26	90,0	2,4	0,2	4,3	1,0	112	52	2,9	1.800
Acelga tallo	12	94,5	0,8	0,1	2,1	0,9	31	14	0,8	60
Tomate	17	94,3	0,9	0,1	3,3	0,8	7	19	0,7	1.100
Repollo	24	90,8	2,2	0,1	4,1	1,5	344	46	1,4	1.100
Cohombro	9	96,7	0,5	0,1	1,8	0,5	7	30	0,3	20
Lechuga	13	95,1	1,1	0,2	1,9	1,0	44	42	1,0	260
Setas	22	94,5	1,5	1,2	22	0,0	6	39	0,8	0
Lechuga romana	13	94,8	1,1	0,1	2,3	1,0	30	30	1,6	290
Pepino rellenar	13	95,3	0,6	0,1	2,6	0,7	11	32	0,6	30
Aceitunas	128	75,8	1,2	13,6	3,1	1,7	36	5	1,7	291
Rábano rojo	15	94,7	0,8	0,1	3,0	0,7	32	24	0,8	0
Brécol	30	89,9	4,0	0,3	3,7	+1,9	106	137	1,1	750
Berenjena	19	92,6	1,0	0,0	3,9	2,0	17	29	0,4	0
Apio	20	92,8	0,7	0,1	4,3	0,9	70	33	0,6	0
Calabaza	20	93,9	0,8	0,0	4,5	0,4	13	29	0,3	0
Alcaparras	27	78,6	2,3	0,6	4,6	1,2	66	8	4,2	11
Coliflor	29	89,7	3,0	0,1	4,8	1,4	44	70	0,7	20
Nabo	22	92,6	0,7	0,0	5,0	0,9	41	29	0,5	0
Judía	29	90,0	2,1	0,0	5,5	1,6	60	54	1,0	170
Alcachofas	37	86,4	2,6	0,2	6,9	3,0	47	66	0,9	240
Guisantes	45	86,2	2,6	0,1	9,0	1,5	44	54	1,4	160
Remolacha	42	87,2	1,4	0,0	9,6	0,8	18	28	1,0	0
Palmitos	57	82,8	1,6	0,2	12,5	1,4	70	40	0,5	0
Ibias	55	84,6	1,1	0,1	12,6	0,7	8	42	0,5	0
Cubios	58	83,4	1,6	0,1	13,1	0,9	7	49	0,7	0
Chuguas	58	84,1	1,5	0,0	13,3	0,3	15	57	0,4	0
Cebolla puerro	60	82,4	1,6	0,1	13,7	1,4	86	51	0,8	0

ENSALADAS,
TEMPURAS
Y SUSHI

L as siguientes recetas de ensaladas sólo son sugerencias, ya que cada persona debe usar su imaginación y creatividad para mezclar los diferentes ingredientes que le den vida y color, y a la vez hacerlas adecuadas como entrada al plato principal y preparar el estómago para una buena digestión. Otro factor importante es la elección del aderezo, de acuerdo a las mismas.

ENCURTIDOS

ENCURTIDO DE BERENJENA Y ZANAHORIA
———

4 berenjenas sin pelar, en rebanadas de ½ cm
6 zanahorias pequeñas cortadas en rodajas • 2 dientes de ajo
macerados sin la vena central • aceite de oliva • vinagre de frutas
hojas de laurel y ramas de tomillo seco

Colocar en un colador las berenjenas cortadas, recubiertas con sal, durante 2 horas, aclarar y cocinar con mitad de agua y mitad de vinagre durante 15 minutos, dejar en esta agua 3 horas. Saltear las zanahorias en aceite. Dorar los ajos en otra sartén con aceite y sacarlos.

En una pirex con tapa poner el aceite donde se doró el ajo, una capa de berenjena, aceite, zanahoria y así hasta terminar.

Cubrir por encima con hojas de laurel y ramas de tomillo.

Guardar en nevera dos o tres días.

CAVIAR DE BERENJENA
———

4 berenjenas grandes • 2 dientes de ajo sin la vena central
2 cucharadas de aceite de oliva • 1 taza de aceitunas negras
sin semilla • zumo de 1 limón • sal, pimienta y paprika

Cortar el tallo de las berenjenas, lavarlas, sin pelar, asarlas en parrilla o en horno caliente, retirarlas cuando la piel esté arrugada.

Sacar la pulpa, volverla puré y dejarla enfriar.

Dejar unas aceitunas enteras, triturar las otras con el ajo mezclado con 2 cucharadas de aceite de oliva, añadir esta mezcla a las berenjenas con el resto del aceite, batiendo con cuchara de palo como si fuera una mayonesa; agregar el zumo de limón, pimienta y paprika.

Colocar en una fuente y adornar con el resto de las aceitunas.

ENCURTIDO DE REMOLACHA

3 remolachas • ½ taza de aceite de oliva • ½ taza de cebollín o cebolla
1 cucharadita de romero • ½ cucharadita de orégano
½ taza de vinagre • ½ taza de azúcar moreno o panela en polvo
sal al gusto

Remolachas cocidas, peladas y partidas en tiras delgadas.

En una fuente poner aceite, cebollín, romero, orégano, sal, azúcar y vinagre, macerar todo y mezclar con las remolachas; marinar durante 1 hora.

Guardar en frascos de vidrio en la nevera.

ENCURTIDO DE PEPINILLOS

1 kilo de pepinillos • 2 tazas de vinagre de sidra • ½ taza de semillas
o de hojas de eneldo • ½ taza de azúcar moreno

Raspar parcialmente los pepinillos y ponerlos en un recipiente con agua durante 3 días, cambiando el agua de vez en cuando. Luego cocinar en suficiente agua durante 15 minutos, agregar el vinagre, el azúcar y el eneldo y cocinar 20 minutos más o hasta que den una textura al dente.

Guardar en la nevera en frascos de vidrio.

CHUTNEY DE MANGO

5 mangos casi maduros, pelados y troceados • 3 cucharadas
de aceite • 1 taza de cilantro picado • sal y pimienta al gusto

Licuar los mangos, mezclar con los demás ingredientes y guardar en recipiente de vidrio.

ENCURTIDO DE PEPINO CON ENELDO

2 pepinos • 2 cucharadas de aceite • 3 cucharadas de ramas
de eneldo • sal y pimienta al gusto

Cocinar al dente los pepinos, pelados, sin semillas, en medias ruedas, en
agua con sal.

Sazonar con aceite tibio, cubrir con eneldo, sal y pimienta.

ENCURTIDO HINDÚ

2 tazas de azúcar moreno • 1 taza de vinagre de sidra • 2 cucharaditas
de jengibre en polvo • 1 cucharadita de sal • 4 tomates grandes
maduros, pelados y sin semilla • 1 cebolla blanca picada • 5 mangos
grandes maduros, pelados y cortados en dados • 1 taza de ciruelas
pasas sin semilla • ají al gusto

Mezclar el azúcar, el vinagre, el jengibre y la cebolla en una olla de fondo
grueso; cocinar a fuego lento revolviendo hasta que el azúcar se disuelva.

Agregar mangos, ciruelas y tomates, cocinar a fuego medio durante 1 hora
o hasta que espese. Revolver para que no se pegue, enfriar y guardar en
frascos de cristal.

Para acompañar con pan laminado, chapatas o tostadas.

Especial para servir con molde de seitán y tofu.

CEBOLLITAS AGRIDULCES

2 tazas de cebollitas moradas • ½ taza de azúcar moreno o panela
en polvo • ½ taza de vinagre • ½ taza de agua • aceite

Pelar las cebollitas y conservarlas 1 hora en agua fría; escurrir.

En una sartén de fondo grueso con aceite freír las cebollitas hasta que estén doradas. Luego añadir el azúcar, agua y vinagre mezclados mitad y mitad (con la cantidad suficiente para cubrir las cebollitas). Hervir hasta que se consuma el líquido y quede una salsa ligera. Para obtener un color más oscuro agregar tintura de panela.

Conservar en la nevera en frascos de vidrio.

Especial para bufetes de ensaladas.

ENSALADAS

ENSALADA AURORA

Ingredientes para 4 personas:
6 hojas de lechuga morada y verde • 6 hojas de rúcola
½ taza de hojas de albahaca • ½ taza de semillas de ajonjolí dorado
o girasol • 100 gr de queso parmesano en bloque • 2 cucharadas
de vinagre balsámico • 3 cucharadas de aceite de oliva
sal y pimienta negra al gusto

Lavar, escurrir y trocear las lechugas. Igualmente trocear la rúcola quitándole la parte gruesa del tallo.

En una ensaladera mezclar las hojas con la albahaca, las semillas, el aceite de oliva y el vinagre, rociar con sal y pimienta y revolver.

Por último, adornar con el queso parmesano rebanado por la parte más ancha del rallador.

ENSALADA DE ALFALFA

Ingredientes para 4 personas:
1 taza de coco fresco rallado • 2 cucharadas de salsa de soja
2 cucharadas de zumo de lima o naranja dulce • 2 cucharadas de agua
2 cucharadas de aceite de girasol • 1 diente de ajo partido por la mitad
sin la vena central • 1 cebolla fresca finamente picada • 2 pomelos
grandes pelados con los gajos separados • 1½ taza de alfalfa
germinada

Dorar en una sartén a fuego lento el coco rallado y reservar en una taza.

Agregar a la sartén la salsa de soja, el zumo de lima y el agua, calentar durante 1 minuto y nuevamente añadir el coco.

En otra sartén con aceite caliente freír la cebolla y el ajo 2 minutos, retirar el ajo, añadir la mezcla del coco y revolver.

En una bandeja para ensalada, colocar alrededor los gajos de pomelo y en el centro la alfalfa germinada. Rociar con la mezcla de coco.

ENSALADA DE ENDIVIAS CON ALMENDRAS

Ingredientes para 4 personas:
4 endivias frescas • 1 cucharada de salsa de soja • 3 cucharadas
de aceite de oliva • ½ taza de almendras laminadas y doradas
1 cucharada de vinagre balsámico • pimienta al gusto

Lavar las endivias, secarlas y partirlas por la mitad a lo largo.

Marinar las endivias con aceite, pimienta y salsa de soja.

Calentar una plancha o una sartén de fondo grueso.

Dorar las endivias 2 minutos por cada lado.

Servir caliente rociado con aceite de oliva y vinagre balsámico.

A tiempo de llevar a la mesa, rociarlas con las almendras doradas.

ENSALADA DE MANDARINA

Ingredientes para 6 personas:
6 hojas de lechuga lisa troceada • 1 cucharada de aceite de oliva
5 hojas de espinacas lavadas y picadas en tiras • 1 mandarina
en trocitos sin semilla • 1 zanahoria pequeña en láminas finas
zumo de 1 mandarina

Mezclar en un tazón la lechuga y las espinacas con el zumo de mandarina, el aceite y la zanahoria.

Macerar suficientemente con la mano, para que los vegetales se impregnen del jugo de la mandarina; luego adornar con la mandarina en trozos sin semillas.

ENSALADA DE GERMINADOS

Ingredientes para 6 personas:
½ taza de alfalfa germinada • 2 cucharadas de lentejas germinadas
½ taza de trigo germinado • 3 cucharadas de cebollín

finamente picado • ½ taza de calabacín picado • 1 cucharada de aceitunas picadas • 1 cucharadita de orégano seco molido

En una fuente mezclar todos los ingredientes y adornar con perejil fresco picado.

Preparación de germinados

Seleccionar bien el grano que se va a utilizar, lavar y remojar en agua tibia en un recipiente grande durante una noche.

Al día siguiente aclarar con agua tibia y colocar en un frasco de vidrio de boca ancha, agregar agua tibia hasta ⅔ de los granos, cubrir el frasco con una malla y ajustar con una banda de caucho.

Aclarar dos veces al día con agua tibia y agregarles nuevamente agua tibia para mantenerlos húmedos; el frasco debe permanecer en un lugar medianamente oscuro y tibio, y cuando aparece la raíz en los granos es porque ya están listos para consumir, en este momento se ponen al sol a través de un vidrio, durante un día, y luego se pueden guardar en la nevera hasta tres días, cambiándoles el agua diariamente.

Estos germinados son especiales para agregar a las ensaladas.

ENSALADA DE PAN DE CENTENO CON YOGUR

Ingredientes para 6 personas:
1 pan de centeno mediano en trocitos • 1 vaso de yogur natural
½ taza de zumo de limón • 3 cucharadas de aceite de oliva
2 cucharadas de hierbabuena finamente picada • 2 tomates pelados
y picados en cuadritos • 3 cucharadas de cebolla fresca finamente
picada • 1 ajo macerado sin la vena central • 4 hojas de lechuga
verde lisa • sal y pimienta al gusto

Remojar el pan con el yogur 1 hora antes de consumirla.

Añadir el resto de ingredientes y mezclar muy bien.

Dejar reposar en la nevera unos 15 minutos.

Servir sobre fondo de lechugas.

ENSALADA DE PALMITOS

Ingredientes para 6 personas:
1 bote de palmitos escurridos y troceados • 1 lechuga morada o verde,
lavada, escurrida y troceada • 1 taza salsa Belgrand

Para la salsa Belgrand:
4 cucharadas de crema de leche • 1 cucharada de limón • 1 cucharada
de mostaza • 1 cucharada de salsa de tomate • 1 cucharada de
cebollín finamente picado • 1 cucharada de perejil finamente picado
½ cucharada de vinagre • sal y pimienta al gusto

Batir los ingredientes de la salsa y rociar sobre la fuente decorada con
lechugas y palmitos.

ENSALADA DE TOMATE Y CILANTRO

Ingredientes para 4 personas:
3 tomates maduros pelados y troceados • 4 cucharadas de cebollín
finamente picado • 2 cucharadas de cilantro finamente picado
1 cucharada de aceite de oliva • 1 cucharada de azúcar moreno
sal al gusto • 2 cucharadas de zumo de lima o mandarina

Mezclar todo y dejar reposar.

ENSALADA DE ARRACACHA Y UVAS

Ingredientes para 4 personas:
1 arracacha grande • ½ taza de nueces picadas • 250 gr de uva blanca
pelada (o pasas remojadas) • 2 cucharadas de yogur natural
1 limón • 1 cucharadita de mostaza • 1 cucharada de perejil picado
4 lonchas de jamón vegetal cortado en dados pequeños
sal y pimienta al gusto

Limpiar la arracacha y aclarar con limón. Cocinar en abundante agua con sal. Cuando esté blanda, escurrir y picar en cubos pequeños.

Partir las nueces, pelar las uvas y picar el jamón.

Poner todo lo anterior en una ensaladera y preparar aparte la salsa con el resto de ingredientes.

Rociar la ensalada con la salsa y espolvorear con perejil.

ENSALADA DE TRIGO ENTERO

Ingredientes para 6 personas:
1 taza de trigo entero • 2 cucharaditas de pimienta negra
2 tazas de agua • 1 cucharada de hierbabuena finamente picada
4 tomates maduros pelados • zumo de 1 limón • 3 cucharadas de
aceite de oliva • sal al gusto • 3 cucharadas de cilantro picado

Lavar muy bien el trigo y remojarlo en 2 tazas de agua desde el día anterior.

Escurrir muy bien el trigo y mezclar con los demás ingredientes, marinar durante 2 horas.

Servir frío.

ENSALADA ESPECIAL

Ingredientes para 6 personas:
½ taza de queso de soja en dados • 3 patatas grandes de
consistencia dura, cocinadas y en lonchas • 1 taza de guisantes o
judías tiernas cocinadas al dente • 3 corazones de alcachofas en trozos
½ taza de aceitunas picadas • 6 hojas de lechuga troceadas
3 tomates maduros pelados y en cuadros • 1 cucharada de perejil
finamente picado
2 cucharadas de aceite mezclado con 1 ajo macerado sin la vena
central • 3 cucharadas de vinagreta básica

Marinar el queso de soja en ½ taza de salsa de soja aclarada con agua durante 15 minutos; dorar a la plancha.

Adobar las patatas, los guisantes y las alcachofas con el aceite de ajo y refrigerar.

A tiempo de servir, poner en la ensaladera las lechugas troceadas, el tomate, las aceitunas picadas, el perejil, el queso de soja y los vegetales refrigerados; rociar con vinagreta básica (ver receta).

ENSALADA GRIEGA

Ingredientes para 6 personas:
2 pepinos • 200 gr de queso feta • 4 tomates maduros, pelados y troceados • 3 cucharadas de aceite de oliva • 1½ cucharadas de vinagre • 1 taza de aceitunas negras y verdes deshuesadas
½ taza de albahaca fresca • 1 cucharada de orégano fresco finamente picado • 1 cucharada de sal marina • sal y pimienta al gusto

Pelar los pepinos, partirlos por la mitad a lo largo, rociarlos con sal marina y ponerlos boca abajo 10 minutos. Luego aclararlos y quitar un poco de semilla gruesa. Partirlos en láminas delgadas.

Trocear las aceitunas y desmenuzar el queso.

En la ensaladera mezclar todos los ingredientes y rociar con orégano, sal y pimienta.

ENSALADA DEL HUERTO

Ingredientes para 6 personas:
6 hojas de lechuga romana • 6 hojas de lechuga verde lisa • 6 hojas de lechuga morada • 1 taza de hojas de rúcola • ½ taza de hojas de albahaca • 1 zanahoria partida a la juliana cocinada al dente • ½ taza de habichuelín troceado y cocinado al dente • 1 cucharada de perejil finamente picado • 1 cucharada de cebollín en trozos • 1 taza de tomates cherry partidos por la mitad • ½ taza de tomates secos troceados • ½ taza de aceitunas verdes en rodajitas • ½ taza de

aceitunas negras o moradas picadas • 6 bolas de queso mozzarella
(bocconcini, tamaño pequeño) partidas por la mitad • 1 cucharada de
semillas de girasol • 1 cucharada de semillas de ajonjolí • 2
cucharadas de aceite de oliva

Para la vinagreta:
3 cucharadas de aceite de oliva • 1 cucharada de vinagre de frutas
1 cucharada de salsa de soja • 1 cucharadita de jengibre rallado
1 cucharadita de miel • 1 cucharada de ajonjolí dorado
pimienta fresca al gusto

Licuar todos los ingredientes y guardar en frasco de vidrio.

Lavar todas las hojas y retirar la parte gruesa, picar con los dedos y secar. Entremezclar con los demás ingredientes y rociar con 2 cucharadas de aceite de oliva.

Llevar a la mesa y antes de consumir rociar con la vinagreta.

ENSALADA TURCA

Ingredientes para 6 personas:
3 tomates pelados, sin semilla y en cuadros de 1 cm • 1 cucharada
de vinagre • 1 pepino en dados de 1 cm • 3 cucharadas de aceite
de oliva • 2 cucharadas de hierbabuena seca • sal y pimienta al gusto

Mezclar bien todo y servir acompañado de pan horneado con leña.

ENSALADA WALDORF

Ingredientes para 6 personas:
3 manzanas verdes cortadas en cuadritos • 1 taza de mayonesa
vegetariana (ver receta) • 5 troncos de apio • zumo de 1 limón
1 lechuga verde lisa troceada • sal al gusto
½ taza de nueces picadas y doradas

Pelar las manzanas, partirlas en trozos pequeños y conservarlas en agua con limón.

Lavar el apio sin las hojas y picarlos en diagonal en láminas muy delgadas, para conservar la fibra.

Escurrir las manzanas, mezclar con todos los ingredientes en un tazón y refrigerar.

TABULE

Ingredientes para 8 personas:
½ taza de trigo partido o trigo americano • 4 cucharadas de zumo de limón • ½ taza de cebollín finamente picado • ½ taza de cebolla fresca • ½ taza de hierbabuena finamente picada (opcional 1 taza de perejil finamente picado • ½ taza de aceite de oliva ½ taza de tomate pelado y picado • sal y pimienta al gusto

Remojar el trigo en abundante agua durante 2 horas y escurrir.

Mezclar todos los ingredientes y dejar marinar durante 2 horas, si no se va a consumir inmediatamente agregar el limón 1 hora antes.

SUSHI

Consejos para elaborar comida japonesa:

Siempre tener las manos frías.
Una toallita húmeda y un recipiente con agua fría.
Cuchillo cortante.
Vegetales para adornar.
El jengibre que se utilice debe ser pelado.
Las salsas se sirven en recipientes pequeños e individuales, por persona.
La esterilla para hacer el sushi es preferible que sea de bambú.
El vino de cocina debe ser blanco.

ROLLOS DE SUSHI

1½ taza de arroz de grano corto para comida japonesa • 4 cucharadas
de vinagre de arroz • 3 cucharadas de vino de cocina • 1 cucharada
de azúcar • ½ cucharada de sal marina • 1 taza de agua con
1 cucharada de vinagre de arroz (para sumergir cucharas y manos)
8 planchas de algas nori • 3 aguacates maduros, firmes, pelados,
cortados en tiras y mezclados con el zumo de ½ limón

Cocinar el arroz en agua con sal. En otro recipiente mezclar bien el vinagre, el vino, el azúcar y la sal marina (puede calentarse 5 minutos y dejar enfriar antes de usar). Pasar el arroz a un recipiente de cristal o madera y verter sobre él la mezcla anterior. Revolver con una cuchara de madera para que quede bien mezclado y con los granos sueltos (sumergir la cuchara de madera en el vinagre para que no se pegue el arroz). Cubrir con un paño de algodón y dejar en reposo durante 10 minutos. No refrigerar.

Si las planchas de nori están verdes, ya han sido tostadas. Si son negras, tostarlas pasándolas directamente por la llama o una hornalla hasta que adquieran un color verde brillante. Esto sucede en segundos.

Colocar cada plancha de nori con el lado brillante hacia abajo, en una esterilla de bambú para enrollar. Con una cuchara humedecida en agua con vinagre extender 4 cucharadas del arroz en cada hoja.

Colocar las tiras de aguacate en el centro del arroz y enrollar el nori en cada una de ellas, luego cortarlas todas en rodajas de 2 cm.

Variación: El relleno del centro puede ser con vegetales al vapor, como zanahoria, pepino, calabacín, palmitos, etc., cortados en juliana.

Acompañar con salsa de soja, salsa agridulce o salsa de pepino, soja y jengibre, vegetales al wok y tempuras.

TEMPURAS

Son deliciosos vegetales troceados pasados por una mezcla espesa de harina de trigo y garbanzo, y fritos en abundante aceite, que se sirven acompañadas con diferentes salsas: limonaria, mayonesa de curry, agridulce, de soja, etc.

ANILLOS DE CEBOLLA

2 tazas de harina de trigo • ½ taza de fécula de maíz
½ taza de agua fría • ½ cucharadita de bicarbonato • 1 cebolla grande
1 cucharadita de sal • 2 cucharaditas de pimienta • aceite para freír

Cortar los anillos de cebolla.

En un tazón mezclar ½ taza de harina, sal y pimienta. Introducir los anillos de cebolla para que se impregnen.

En otra taza mezclar el resto de harina, fécula de maíz, bicarbonato y agua. Sumergir los anillos en esta mezcla y pasarlos por aceite caliente 2 o 3 minutos, secar sobre papel absorbente. A la última mezcla se le pueden añadir hierbas picadas.

PAKORAS

Ingredientes para 6 personas:
1½ taza de harina de garbanzo • ½ cucharadita de sal
1½ cucharadita de polvo de hornear • 1 cucharadita de semillas de comino • ½ cucharadita de pimienta de cayena • 1 taza de agua
2 dientes de ajo macerados sin la vena central • 1 cebolla finamente picada • ½ kilo de champiñones lavados y secos • 2 cucharaditas de curry • aceite • rodajas de limón para adornar • cilantro para adornar

En una taza mezclar bien harina de garbanzo, sal, polvo de hornear, comino, curry y pimienta; hacer un hueco en el centro, ir agregando agua y revolver hasta formar una crema espesa, añadir el ajo y la cebolla, mezclar bien y dejar reposar 10 minutos.

Sumergir los champiñones en la crema y freír por tandas en aceite bien caliente durante 2 minutos o hasta que estén dorados.

Poner en papel absorbente. Servir caliente y adornar con cilantro y limón.

Variación: Se pueden hacer pakoras con otras verduras (brécol, coliflor, zanahoria, aros de cebolla, etc.).

TEMPURA DE VERDURAS

Ingredientes para 6 personas:
2 zanahorias medianas en trozos delgados • 1 cebolla roja en rodajas
½ kilo de champiñones enteros • 250 gr de guisantes
1 taza de harina de trigo • ½ cucharadita de bicarbonato
½ taza de agua tibia • 1 cucharadita de sal • 1 cucharadita de
cúrcuma

NOTA: Una taza de agua con gas reemplaza la taza de agua y el bicarbonato. Se puede utilizar ½ taza de harina de trigo y ½ taza de harina de garbanzo.

Para la salsa:
½ taza de salsa de soja • 2 cucharaditas de ajonjolí dorado
1 cucharadita de jengibre rallado • 1 cucharadita de miel
1 cucharadita de vinagre

Mezclar todos los ingredientes.

Mezclar con un tenedor la harina, el bicarbonato, la cúrcuma, la sal y el agua tibia (o agua con gas), hasta formar una masa suave.

Calentar el aceite en una sartén de fondo grueso. Pasar las verduras crudas por la masa y luego por el aceite caliente, freír poco a poco para que queden crocantes.

Conservar al calor y luego servir con la salsa.

TEMPURA CON CILANTRO

Ingredientes para 8 personas:
1 taza de harina de garbanzo • ½ taza de fécula de maíz
2 cucharaditas de sal • 1 taza de agua bien fría • 1 cucharadita
de bicarbonato • ⅓ de taza de cilantro picado • 2 aguacates maduros
pero no muy blandos • 1 limón partido en cuartos delgados
aceite para freír

NOTA: Una taza de agua con gas reemplaza la taza de agua y el bicarbonato.

En una fuente honda poner la harina, la fécula de maíz y la sal. Hacer un pocito en el centro y añadir toda la taza de agua de una vez (o 1 taza de agua con gas).

Cubrir bien la fuente y refrigerar durante 30 minutos como mínimo. Cuando esté listo para usarla añadir el bicarbonato y el cilantro. Mezclar muy bien.

Calentar moderadamente el aceite en una sartén gruesa que permita una capacidad de aceite de 2,5 cm de profundidad.

Pelar y partir los aguacates a lo largo en lonchas no muy gruesas. Rociar la sal restante sobre el aguacate y dejar reposar 1 minuto. Sumergir por tandas pequeñas pedazos de aguacate en el batido que los cubra y freír hasta que estén ligeramente dorados. Dar vuelta solamente una vez.

Servir inmediatamente acompañados con pedazos de limón; después de ½ hora el aguacate se vuelve amargo.

TEMPURA DE TOFU

Ingredientes para 6 personas:
250 gr de tofu firme en dados de 2 × 2 cm • ½ cucharadita
de jengibre rallado • ½ taza dc harina de trigo • ½ taza de harina
de garbanzo • ½ taza de agua con 3 cucharadas de salsa de soja
½ taza de agua bien fría • 1 cucharadita de bicarbonato
1 cucharadita de curry • 1 cucharadita de tomillo seco
aceite suficiente para freír • sal y pimienta al gusto

Marinar el tofu en la mezcla de agua, salsa de soja, tomillo y jengibre durante ½ hora.

Preparar la mezcla de harinas, bicarbonato, agua fría, curry, sal y pimienta. Escurrir el tofu, pasar cada cuadro por la mezcla anterior y freír en abundante aceite caliente.

Servir caliente acompañado de una salsa agridulce, de mostaza y miel o picante.

CREMAS Y SOPAS

La sopa es un alimento sano, ligero y nutritivo que conviene a todos, alegra el estómago y lo prepara para recibir y digerir otros alimentos. De acuerdo con sus ingredientes puede ser desde una entrada hasta un plato único y a la vez adecuarse al menú según el clima.

Época fría

Almuerzo: Ajiaco, sancocho, crema de espinacas, mote de ñame, cuchuco de trigo, crema de ahuyama y fríjoles.

Cena: Sopa de cebolla, sopa de remolacha, sopa de tomate y fideos, crema de apio, minestrone especial y crema de alcachofa.

Época caliente

Almuerzo: Consomé de coco y champiñones, cuchuco de cebada o maíz, sopa de calabaza y curry, ratatouille, crema de brécol, sopa griega de lentejas, sopa de zanahoria con naranja y sopa de verduras provenzal.

Cena: Consomé de apio y sopa japonesa de fideos.

SOPAS

CALDO BÁSICO

Ingredientes para 6 personas:
1 cebolla larga en trozos • ½ tallo de cebolla puerro • 1 zanahoria en
rodajas • laurel según la sopa • 2 ramas de apio y sus hojas aparte
1 mazorca (especialmente para sopas criollas) • 7 tazas de agua • sal
al gusto • 5 ramas de cilantro y perejil • aceite

Poner en la olla del caldo tallos de apio, cebolla larga, puerro y zanahoria con media cucharadita de aceite, calentar a fuego medio y revolver
con frecuencia hasta que los vegetales estén dorados, agregar los demás
ingredientes y el agua suficiente según la cantidad de raciones, dejar
hervir una hora y agregar sal.

CONSOMÉ

Ingredientes para 6 personas:
6 tazas de caldo básico • 2 cucharadas de salsa de soja

Agregar al caldo la salsa de soja y los ingredientes según el acompañamiento que se quiera, por ejemplo champiñones picados, cacahuete triturado, patatas fritas finas, tortitas de harina o verdura picada muy fina
en poca cantidad.

Tortitas de harina:
3 cucharadas de harina de trigo integral • ½ taza de agua
⅓ de cucharadita de bicarbonato • sal y pimienta al gusto

Mezclar muy bien con tenedor, freír a cucharaditas en abundante aceite
muy caliente, escurrir sobre papel absorbente.

CONSOMÉ DE APIO

Ingredientes para 6 personas:
1 taza de apio fresco • 5 tazas de caldo básico • 2 cucharadas
de estragón fresco picado • sal y pimienta al gusto
zumo de limón al gusto

Lavar el apio y picar las ramas y hojas. Hervir lo anterior en el caldo a fuego lento.

Dejar enfriar, luego licuar y colar.

Calentar sazonando con sal, pimienta y unas gotas de zumo de limón. Añadir el estragón cuando se haya retirado del fuego.

AJIACO

Ingredientes para 6 personas:
18 patatas de consistencia dura medianas peladas • 1 diente de ajo
macerado sin la vena central • 3 mazorcas en trozos
9 patatas amarillas grandes peladas • ½ kilo de seitán partido
en tiras y marinado • 18 patatas harinosas medianas peladas en salsa
de soja • 1 rama de apio • aguacates • 1 zanahoria pequeña partida
alcaparras • 1 rama de perejil • crema de leche
1 tallo de cebolla larga • sal al gusto • 12 hojas de guasca

Poner en una olla 8 raciones de agua medidas en la cazuela en que se va a servir, agregar zanahoria, cebolla, perejil, apio, mazorcas, el ajo y la sal. Dejar hervir durante 1 hora. Sacar las ramas, la zanahoria y la mazorca, para servirla desgranada después.

Agregar la patata dura en cuadros; cuando esté medianamente cocida, agregar la patata amarilla y la patata harinosa en cuadros. Cocinar a fuego lento durante 15 minutos y empezar a revolver de vez en cuando. Cuando los cuadros de patata hayan limado las esquinas, agregar las guascas bien lavadas y conservadas en agua fría. Debe lograrse una consistencia ligeramente espesa.

Dorar el seitán y conservarlo en un poco de crema de leche.

Servir acompañado de mazorcas, crema de leche, alcaparras, aguacate en dados y el seitán caliente.

AJIACO ESPECIAL

Ingredientes para 8-10 personas:
16 tazas de agua o caldo básico • 5 mazorcas tiernas medianas partidas en cuatro • 2 mazorcas medianas enteras para desgranar cuando estén blandas • 1 kilo de patata de consistencia dura, pelada, cortada en trozos de 2 × 4 cm • 1 kilo de patata amarilla, pelada y partida en lonchas delgadas • 1 kilo de patata harinosa, pelada y en lonchas delgadas • 2 arracachas tiernas medianas, peladas y en rodajas delgadas • 2 zanahorias tiernas peladas y partidas en rodajas delgadas • 9 cebollas largas sin la parte verde, en trozos de 2 cm 1 taza de guisante verde tierna (opcional) • 2 tazas de hojas de guascas frescas, lavadas y escurridas • 120 gr de mantequilla (no margarina) 16 cucharadas de crema de leche • 16 cucharaditas de alcaparras 4 aguacates maduros y firmes • 1 kilo de seitán en tiras guisado sal al gusto

Calentar el agua o el caldo. Antes de que hierva agregar las mazorcas y cocinar durante 15 minutos; sacar las mazorcas y añadir la cebolla, la zanahoria, la arracacha y el guisante; dejar hervir 15 minutos a fuego medio y revolver; luego agregar la patata dura, cocinar 15 minutos más y revolver; añadir la patata amarilla y la harinosa; después de 5 minutos agregar la mantequilla y seguir revolviendo para que no se pegue en el fondo. Cuando tenga la consistencia deseada poner sal al gusto, las guascas y de nuevo las mazorcas enteras y el maíz desgranado.

Servir rociado con 1 cucharada de crema de leche y 1 cucharadita de alcaparras, acompañado de 1 loncha de aguacate, seitán guisado y rebanadas de pan francés.

CONSOMÉ DE COCO Y CHAMPIÑONES

Ingredientes para 4 personas:
4 tazas de caldo básico • 1 tallo de limonaria con raíz
½ taza de leche de coco • 1 taza de champiñones en láminas
sal y pimienta al gusto

Preparar el caldo básico y cuando esté hirviendo bajar del fuego. Agregar la limonaria macerada y dejar en infusión 5 minutos, luego sacar la limonaria y agregar la leche de coco, los champiñones, y sal y pimienta. Dejar hervir.

CUCHUCO DE TRIGO

Ingredientes para 8 personas:
½ taza de cuchuco de trigo remojado 12 horas • ½ taza de habas tiernas desgranadas y peladas • ½ taza de guisantes tiernos desgranados • ½ kilo de patata amarilla pequeña sin pelar
½ kilo de patata harinosa pelada y en cuadros • ½ taza de hojas de acelga picada • 2 zanahorias peladas y picadas en dados
½ taza de cebolla larga finamente picada • ½ taza de cilantro picado
½ cucharadita de color o achiote • 1 diente de ajo sin la vena central
10 platos de caldo básico • sal y pimienta al gusto • picante al gusto

Escoger muy bien el trigo y frotar con las manos para que suelte el almidón. Pasar el trigo con el agua por un colador. Tomar el grano y reservar el agua con el almidón.

Poner en una olla amplia 8 platos de caldo, el grano de trigo con un poco de cebolla y cilantro, zanahoria, guisantes, habas y el color disuelto en poca agua. Cocinar hasta que el grano y las verduras adquieran una consistencia blanda, más o menos 40 minutos a fuego medio. Agregar en este momento las patatas y sal si fuera necesario. Cocinar durante 20 minutos.

Poner en el mortero las hojas de cilantro, el diente de ajo y el almidón que ya debe estar asentado en el agua, moler muy bien y agregar esta mezcla al cuchuco, por último las hojas de acelga y el resto de cebolla picada; dejar hervir hasta que las hojas estén blandas. Si el cuchuco se espesa mucho agregar más caldo básico.

Servir con un picadillo de cebolla, cilantro, picante al gusto y lonchas de aguacate.

Variación: Esta sopa se puede preparar con cuchuco de maíz, cebada o quínoa.

SANCOCHO

Ingredientes para 8 personas:
1 plátano verde grande • ½ kilo de yuca • 2 mazorcas grandes tiernas
½ kilo de arracacha • 8 patatas medianas harinosas
250 gr de ahuyama (calabaza) • 2 hojas de apio
1 zanahoria en trozos • 1 cebolla larga en trozos • 3 ramas de cilantro
3 ramas de perejil • 2 hojas de laurel • ½ cucharada de mantequilla
1 cucharada de color • 1 taza de guiso de tomate y cebolla
½ taza de cilantro picado • 1 kilo de seitán en trozos,
marinado con salsa de soja y cebolla macerada • 12 tazas de agua
aceite para freír • sal y pimienta al gusto

Poner en una olla la mantequilla, la zanahoria, la cebolla, el apio, las hojas de laurel, las ramas de cilantro y el perejil; sofreír 5 minutos y luego agregar el agua; cocinar durante 15 minutos, hasta lograr un caldo.

Pelar las mazorcas, partirlas en 8 raciones, partir la ahuyama en trozos y añadir al caldo; seguir cocinando 20 minutos. Retirar hojas y ramas. Salpimentar el caldo.

Pelar los plátanos y partirlos con la mano, cocinarlos en el caldo.

Pelar la yuca, partirla por la mitad y retirarle la parte central. Raspar las arracachas, partirlas en trozos y lavarlas con agua y sal. Pelar las patatas.

Cuando los plátanos estén casi blandos, agregar la yuca y la arracacha, cocinar 25 minutos más y agregar las patatas enteras y el color disuelto en agua. Rectificar sal y pimienta, seguir cocinando a fuego medio.

Preparar el guiso con un poco de aceite y freír hasta que el tomate suelte todo su jugo, salpimentar.

Después de 10 minutos de cocinar las patatas, vaciar por encima todo el guiso, revolviendo de vez en cuando. Seguir cocinando a fuego lento durante 20 minutos, agregar el cilantro y apagar.

Servir acompañado de aguacate, seitán frito y arepas de maíz o arroz blanco.

MOTE DE ÑAME

Ingredientes para 8 personas:
5 litros de agua • ½ kilo de queso duro y salado • 4 cebollas frescas finamente picadas • 2 kilos de ñame • 2 dientes de ajo picados sin la vena central • zumo de un limón • suero o crema agria

Pelar el ñame, cortarlo en trozos medianos, ponerlo a hervir en el agua a fuego medio, agregar el ajo y la sal; revolver constantemente para que no se pegue ni se humee.

El ñame debe espesar, pero los cuadros deben quedar enteros.

Freír la cebolla hasta que esté dorada.

Poco antes de servir agregar el queso desmenuzado con la mano.

Para servir, complementar con limón y cebolla frita, adornar con suero costeño o crema agria.

RATATOUILLE

Ingredientes para 6 personas:
½ kilo de berenjenas peladas • 2 calabacines medianos • 1 taza de cebolla fresca en lonchas delgadas • ½ kilo de tomates pelados y cortados en cuadros • 2 pimientos maduros horneados y troceados 2 dientes de ajo sin la vena central • ½ taza de perejil picado sal y pimienta negra al gusto • aceite • albahaca

Partir las berenjenas en dados, ponerlas en agua con sal durante 30 minutos y lavarlas.

En una sartén freír las cebollas y los tomates hasta que queden blandos.

En la olla donde se va a preparar la sopa poner aceite y freír las berenjenas, luego los calabacines y los pimientos pelados y sin semillas, agregar poco a poco el tomate y el perejil, cocinar a fuego lento durante 10 minutos, agregar sal y pimienta y seguir cocinando con la olla tapada siempre a fuego lento. Cuando todo esté muy tierno agregar albahaca y ajo al gusto.

Acompañar con tostadas al ajo.

ÑAME SAN ANDRÉS

Ingredientes para 4 personas:
1 kilo de ñame • 1 taza de garbanzos • 1 kilo de cebolla fresca roja
1½ taza de aceite de oliva • 1 taza de tahine • 1½ taza de zumo de
naranja • ½ taza de zumo de limón • 3 tazas de agua caliente
sal al gusto

Remojar los garbanzos desde el día anterior, lavarlos y pelarlos.

Lavar bien el ñame, hervirlo 20 minutos, escurrir, pasar por agua fría y pelar.

Cortar el ñame en rodajas gruesas, dorarlas en aceite y reservar.

Cortar la cebolla en ruedas delgadas. En la olla a presión freír la cebolla hasta que esté dorada, agregar los garbanzos y freír 3 minutos, añadir el agua caliente y tapar la olla, dejar hervir y agregar el ñame.

Cocinar durante 15 minutos y dejar enfriar.

En otro recipiente colocar el tahine e ir agregando poco a poco y de forma alterna los zumos de naranja y limón, mezclar bien y agregar a la olla donde está el ñame. Dejar hervir 2 minutos.

MINESTRONE ESPECIAL

Ingredientes para 10 personas:
250 gr de fríjoles rojos o blancos (remojados 24 horas) • 2 dientes de
ajo picados sin la vena central • 1 taza de cebollín finamente picado
12 tazas de caldo básico • 4 zanahorias picadas en cuadros
4 ramas de apio picadas en diagonal • 6 hojas de acelga picadas sin el
tallo • 6 tomates grandes pelados, sin semillas y picados
250 gr de judías verdes partidas en juliana • 1 taza de pasta pequeña
(lacitos, conchitas, etc.) de sémola de grano duro • ½ taza de chorizos
vegetales picados • ½ taza de seitán picado y marinado
2 cucharadas de perejil picado • 2 cucharadas de aceite de oliva
1 taza de calabacín tierno en juliana • ½ taza de hinojo picado
(opcional) • 1 taza de patata de consistencia dura picada en cuadros
1 cucharada de paprika • sal y pimienta al gusto • queso parmesano
(opcional) • hojas de albahaca

Aclarar bien los fríjoles y cocinarlos en olla a presión.

En la olla en que se va a hacer la sopa, freír en aceite el chorizo, el seitán, el ajo y la cebolla. En esta misma olla, poner el caldo, el calabacín,
las patatas, el apio, la zanahoria y las demás verduras. Agregar sal, pimienta, hierbas y especias. Dejar hervir hasta que las verduras estén al
dente.

Agregar el fríjol, dejar que tome sabor y por último agregar la pasta hasta
que esté al dente. Si la sopa se espesa agregar caldo básico.

Servir y rociar con albahaca picada y queso parmesano.

Acompañar con pan francés o pan de centeno.

SOPA DE CEBOLLA

Ingredientes para 6 personas:
4 cebollas puerro en rebanadas finas • 2 cucharadas de mantequilla
6 tazas de caldo básico • 2 cucharadas de salsa de soja
6 lonchas de pan francés tostado • 6 lonchas de queso gruyère
o emmental • queso parmesano • pimienta al gusto

Poner en una cacerola grande la mantequilla con la cebolla, hasta que se vuelva suave, pero cuidando de que no se queme. Agregar el caldo y la salsa de soja, dejar hervir.

Servir en cazuela y poner encima una loncha de pan y otra de queso, rociar con queso parmesano y poner a gratinar a 250 grados, hasta que derrita el queso; llevar a la mesa inmediatamente.

SOPA DE CEBADA

Ingredientes para 6 personas:
½ taza de cebada • ½ taza de trigo en grano • ½ taza de guisantes frescos • ½ taza de lentejas • 1 cebolla puerro picada
1 nabo mediano en dados • 1 patata en cuadros • 2 cucharadas de aceite de girasol • 6 tazas de caldo básico • 1 cucharadita de romero triturado • ½ cucharadita de orégano • sal y pimienta al gusto

Remojar en agua caliente las lentejas durante 2 horas y desde el día anterior los cereales.

Saltear la cebolla y el nabo en una olla con aceite, agregar las lentejas, los cereales y los guisantes, conservar unos 10 minutos.

Añadir el caldo, las patatas, las hierbas, sal y pimienta. Cocinar hasta que los cereales estén blandos.

SOPA DE CALABAZA Y CURRY

Ingredientes para 6 personas:
2 cebollas frescas picadas • 5 tazas de caldo básico • 1 taza de leche de coco espesa • 2 tazas de calabaza cortada en dados • ½ taza de nueces picadas y doradas • 1 cucharada de aceite de oliva
1 diente de ajo sin la vena central • 1 cucharadita de jengibre rallado
1 cucharadita de curry • 2 cucharaditas de perejil finamente picado sal y pimienta al gusto

Poner en una olla a fuego lento aceite, cebolla, jengibre y ajo. Sofreír hasta que la cebolla esté transparente. Luego agregar la calabaza, la leche de coco, sal y cocinar hasta que la calabaza esté tierna.

En una sartén pequeña aparte dorar el curry y agregarlo a la sopa.

Servir con perejil y nueces doradas.

SOPA DE REMOLACHA (Borsch)

Ingredientes para 8 personas:
1 cucharadita de aceite • ½ cucharadita de paprika • 1 tronco de apio
finamente picado • ½ cucharadita de pimienta • 1 hoja de laurel
1 cucharada de eneldo fresco picado • 4 remolachas crudas,
peladas y en daditos • 2 litros de agua • 1 zanahoria rallada
1 cucharadita de sal • 1 patata en dados • perejil picado
100 gr de hojas de remolacha o espinacas troceadas
zumo de ½ limón • 1 cucharadita de yogur o crema por plato,
crema agria, crema de soja o yogur de soja sin azúcar

Calentar el aceite en una sartén grande y freír el apio.

Agregar el laurel, la zanahoria, la remolacha, la patata y el agua.

Dejar en el fuego hasta que la remolacha ablande, aproximadamente 45 minutos.

Agregar las hojas de remolacha o espinacas y cocinar durante 10 minutos.

Agregar el limón, el eneldo, sal, pimienta y la paprika.

Para servir, adornar con el yogur o crema y el perejil.

SOPA DE VERDURAS PROVENZAL

Ingredientes para 8 personas:
5 tazas de caldo básico • 1 taza de patatas en dados • 1 taza de
zanahoria en dados • 1 puerro grande cortado en tiras • ½ taza
de judías verdes cortadas • ½ taza de espaguetis en trocitos
½ taza de pan blando en migas • 1 diente de ajo sin la vena central

1 tomate pelado y picado en trocitos • 2 cucharadas de hojas de
albahaca picada • ½ taza de queso parmesano (opcional)
1 cucharadita de curry • 2 cucharadas de aceite de oliva

Poner en una cazuela el caldo básico, las patatas y las verduras, dejar
cocinar unos 25 minutos. Luego agregar los espaguetis y la miga de pan.
Dejar cocinar hasta que los espaguetis estén al dente.

Pasar por la batidora el resto de los ingredientes, sin el aceite. Licuar
2 minutos y luego agregarle el aceite lentamente, bajar la velocidad hasta
formar un pesto.

A tiempo de servir, regar cada plato de sopa con una cucharada de pesto y otra de queso parmesano.

SOPA DE TOMATE Y FIDEOS

Ingredientes para 4 personas:
4 tomates maduros • ½ cucharadita de tomillo • 4 patatas amarillas
2 cucharadas de perejil picado • 4 tazas de agua • 1 cebolla fresca
grande finamente picada • 1 zanahoria pequeña • aceite
1 taza de fideos (pasta fina) • sal y pimienta al gusto
2 hojas de laurel • queso parmesano (opcional)

Cocinar los tomates pelados en el agua con las hojas de laurel y el tomillo, retirar las ramas y licuar. Colar el caldo, seguir cocinando y agregar
la zanahoria y las patatas peladas hasta que se deshagan.

Freír los fideos en aceite hasta que doren. En otra sartén freír la cebolla
picada hasta que esté transparente.

Seguir cocinando. Cuando la sopa tenga buena consistencia, agregar los
fideos fritos para que se ablanden.

Rociar con la cebolla frita, el perejil y el queso parmesano.

SOPA DE TOMATE Y MAÍZ

Ingredientes para 6 personas:
5 tazas de agua • 8 tomates grandes maduros, enteros • 1 mazorca o 1
taza de granos de mazorca fresca • ½ cucharada de panela en polvo
2 cucharadas de crema de leche • 2 cucharadas de queso mozzarella
rallado • 1 bolsa de nachos frescos sin sabor • ½ cebolla larga
2 cucharadas de pasta de tomate • laurel, tomillo, orégano, sal
y pimienta

Cocinar los tomates en una olla con laurel, tomillo, orégano, cebolla larga, sal y pimienta. Cuando empiecen a soltar su jugo agregar 2 tazas de agua, cocinar 5 minutos más, dejar reposar, retirar la cebolla y las ramas, licuar y colar. Pasarlos nuevamente a la olla agregando las 3 tazas de agua restante, añadir la mazorca y cocinar hasta que esté blanda, licuar muy bien y no colar. Si los tomates no son muy rojos, añadir 2 cucharadas de pasta de tomate y la panela en polvo.

Cocinar de nuevo unos 15 minutos o hasta que la crema de tomate espese, agregar sal y pimienta, y rectificar el sabor.

Servir con crema de leche y queso mozzarella rallado. Decorar con los nachos.

SOPA DE GERMINADOS

Ingredientes para 4 personas:
1 cebolla larga finamente picada • 1 nabo cortado en dados
2 tomates firmes pelados y en dados (opcional) • 4 tazas de caldo
básico (ver receta) • 3 cucharaditas de perejil finamente picado
½ taza de alfalfa germinada • ½ taza de soja germinada (raíces chinas)
1 cucharada de aceite • sal y pimienta al gusto

Freír en el aceite la cebolla y el tomate durante 1 minuto. Agregar el nabo, el perejil y la pimienta, y dejar sofreír 2 minutos más. Añadir el caldo y hervir 10 minutos, luego la alfalfa y la soja germinada, hervir 3 minutos más. Rectificar la sal y servir con pan integral.

SOPA JAPONESA DE FIDEOS

Ingredientes para 4 personas:
4 tazas de agua • 1 zanahoria pequeña en juliana • ½ taza de
champiñones laminados • 100 g de fideos en trozos cocinados aparte
al dente • 1 cucharadita de algas (hojas o polvo) • 250 gr de tofu en
dados pequeños marinados en salsa de soja • 1 cucharada de cebolla
puerro picada en rebanadas finas • 1 cucharadita de miso

Poner en el agua caliente el puerro y la zanahoria sin sal. Cuando esté
hirviendo agregar los champiñones, el tofu y la soja donde marinaron.
Después el miso y las algas remojadas (si son hojas).

Servir muy caliente sobre los fideos.

SOPA DE ZANAHORIA CON NARANJA

Ingredientes para 6 personas:
1 cucharada de mantequilla • 5 tazas de caldo básico • 1 cucharada
de aceite • 1 taza de zumo de naranja • 750 gr de zanahoria pelada
y en dados • 1 cucharada de ralladura de piel de naranja
1 taza de cebolla fresca finamente picada • sal y pimienta al gusto

Calentar en una olla la mantequilla y el aceite, freír la cebolla a fuego
medio hasta que ablande. Agregar la zanahoria y cocinar durante 15
minutos.

Añadir el caldo básico y seguir cocinando 20 minutos más, retirar la zanahoria, hacerla puré (o licuarla), devolverla al caldo y dejar hervir.

A tiempo de servir agregar el jugo y la ralladura de naranja, sal y pimienta. Servir caliente o a temperatura ambiente.

CREMAS

CREMA DE APIO

Ingredientes para 6 personas:
6 tazas de caldo básico de apio mediano picado • 5 patatas amarillas
medianas • 1 cucharada de mantequilla • 2 cucharadas de perejil
2 cucharadas de cebolla larga o cebollín • 3 lonchas de pan integral
en picatostes • 2 cucharadas de quínoa

Preparar el caldo básico, agregar media mata de apio bien lavada, la quínoa y las patatas, cocinar hasta que todo esté blando. Dejar enfriar, licuar y volver a hervir.

Picar muy fino el resto del apio y la cebolla, freír en mantequilla y agregar a la sopa.

Servir con el pan tostado y rociado de perejil.

CREMA DE BRÉCOL

Ingredientes para 6 personas:
1 brécol grande limpio • 250 gr de ahuyama (calabaza)
2 cucharadas de quínoa • 6 tazas de caldo básico

Cocinar en el caldo básico la quínoa y la ahuyama hasta que esté blanda, luego el brécol con los tallos hasta que esté al dente.

Retirar la mitad de las flores del brécol y picarlas muy finas. Licuar el resto de ingredientes. Volver a hervir.

A tiempo de servir, rectificar el sabor y decorar con las florecitas de brécol.

CREMA DE CALABAZA

Ingredientes para 6 personas:
750 gr de calabaza • 6 tazas de caldo básico
2 cucharadas de quínoa • ½ taza de judías verdes picadas
cilantro picado • crema de leche (opcional)

Pelar la calabaza y, sin semillas, partirla en cuadros, cocinar en el caldo básico con la quínoa y las judías. Dejar hervir hasta que la verdura esté blanda. Bajar del fuego y dejar enfriar. Luego licuar con todas las hierbas del caldo básico menos el apio.

Hervir de nuevo unos cinco minutos y rectificar el sabor.

Servir con crema de leche al gusto.

CREMA DE ESPINACAS

Ingredientes para 4 personas:
½ kilo de espinacas • 1 cebolla puerro • 1 cebolla fresca pequeña
2½ taza de caldo básico • 1 taza de leche de soja sin azúcar o leche de vaca • 2 cucharadas de harina integral • 2 cucharadas de mantequilla
• nuez moscada • pimienta y paprika • aceite de oliva

Sofreír en el aceite de oliva las espinacas sin tallo, el puerro y la cebolla fresca durante 10 minutos. Agregar la mantequilla, la harina y el caldo, y revolver. Luego añadir la leche, sal y pimienta. Tapar y dejar cocinar a fuego bajo 15 minutos. Dejar enfriar y agregar la nuez moscada. Licuar y volver a hervir durante 5 minutos.

Servir rociado con paprika.

ARRACACHA

ARRACACHAS CON ACEITUNAS

Ingredientes para 6 personas:
2 arracachas grandes • ½ taza de aceitunas verdes o negras
½ taza de pasta de tomate • 2 cucharadas de aceite • 1 cucharada
de mantequilla • 1 cucharada de harina de trigo • 1 taza de caldo
básico • 3 cucharadas de salsa de soja • sal al gusto

Pelar y cortar las arracachas en tiras, dejarlas 5 minutos en agua con abundante sal, refregar, aclarar y secarlas bien.

Freír las arracachas en el aceite caliente a fuego medio 15 minutos.

En otra sartén derretir la mantequilla a fuego lento, agregar la harina y mezclar con el caldo básico hasta lograr una salsa; mezclar con la pasta de tomate y la salsa de soja, y cocinar 5 minutos; añadir las arracachas y las aceitunas; cocinar durante 5 minutos más.

Servir caliente.

ARRACACHAS AL GRATÍN

Ingredientes para 6 personas:
2 arracachas grandes • 1 taza de salsa bechamel (ver receta)
100 gr de queso gruyère rallado • 1 cucharada de mantequilla
½ cucharadita de nuez moscada • 1 limón • sal al gusto

Limpiar las arracachas, partirlas en trozos grandes y luego en rebanadas, lavarlas con limón.

Cocinar las arracachas en 2 litros de agua caliente con sal hasta que se ablanden, pero evitando que se desbaraten.

Realzar el sabor de la salsa bechamel con nuez moscada, escurrir la arracacha y disponerla en una fuente cubierta con la salsa bechamel, luego el gruyère rallado y trocitos de mantequilla; llevar al horno a 250 grados unos 10 minutos, servir caliente.

ARRACACHAS A LA SICILIANA

Ingredientes para 6 personas:
2 arracachas medianas o una grande • 3 cucharadas de vinagre
1 cucharada de alcaparras picadas • 1 cucharada de zumo de limón
1 cucharada de harina de trigo • 2 cucharadas de perejil finamente
picado • 1 cebolla picada • sal y pimienta al gusto
1 taza de salsa de tomate fresca • aceite de oliva
1 cucharada de panela en polvo • aceite para freír

Limpiar las arracachas y partirlas en dados pequeños. Frotarlas con el zumo de limón. Hervirlas en agua 10 minutos. Escurrirlas y pasarlas por agua fría.

Espolvorear las arracachas con la harina y freírlas en aceite caliente.

En otra sartén con aceite freír las cebollas; verter la salsa de tomate y el azúcar, dejar secar un poco. Bajar del fuego y agregar el vinagre, las alcaparras, sal y pimienta.

Mezclar las arracachas con la salsa anterior y dejar conservar.

A tiempo de servir, agregar aceite de oliva y rociar con el perejil picado.

Servir frío o caliente.

PASTELES DE ARRACACHA

Ingredientes para 5 personas:
2 arracachas medianas • 3 cucharadas de aceite • 250 gr de yuca
o 3 cucharadas de almidón de yuca • ½ cucharadita de sal
½ kilo de tofu semiduro triturado • picante (opcional)
1 cebolla larga finamente picada • sal y pimienta al gusto
3 tomates maduros pelados y picados

Pelar las arracachas y lavar en agua con sal. Limpiar la yuca.

Cocinar la yuca y la arracacha en suficiente agua con ½ cucharadita de sal hasta que ablanden, escurrir y formar un puré. Si no se utiliza yuca, tras cocinar la arracacha agregar el almidón de yuca.

Preparar un sofrito con la cebolla, los tomates, 2 cucharadas de aceite, sal y pimienta, cocinar durante 5 minutos. Agregar el tofu triturado y sofreír 5 minutos más.

Repartir el puré en 10 raciones formando rectángulos de 12×8. Poner el tofu guisado en el centro de cada uno, cerrar y sellar bordes. Llevar al horno precalentado a 250 grados durante 20 minutos.

ÑAME

El ñame es un tubérculo rico en precursores hormonales vegetales, contiene más almidón que la patata. Originario de África occidental, India y sudeste de Asia. Elegir los que no tengan puntos blandos. Cepillar muy bien la piel antes de preparar.

PURÉ DE ÑAME EN ENSALADA

Ingredientes para 6 personas:
½ kilo de ñame • ½ taza de cebolla fresca o cebollín finamente picado
• 1 taza de tomate pelado y picado • 1 cucharada de vinagre
3 cucharadas de aceite de oliva • 6 hojas de lechuga morada crespa
250 gr de queso manchego seco en dados • sal al gusto

Pelar el ñame, picar en trozos medianos y cocinarlo en suficiente agua, hasta que esté muy blando.

Escurrir el ñame, luego formar un puré y mezclarlo con los demás ingredientes.

Servir sobre las hojas de lechuga acompañado con el queso.

PATATAS

Son el tubérculo más cultivado en el mundo y existe una gran variedad, las más comunes poseen una consistencia dura, contienen mayor cantidad de agua y menos almidón; las harinosas y amarillas contienen más almidón y una textura más ligera. De acuerdo a esta clasificación son recomendadas para las diferentes preparaciones.

Aportan carbohidratos, minerales y proteínas de gran calidad. Son digestivas y disminuyen la acidez del organismo.

Deben guardarse lejos de la humedad, y para evitar que se dañen depositar una manzana en donde se guarden. Si sobran patatas peladas guardarlas en un recipiente no metálico, con agua y una cucharada de vinagre, pueden tener una duración de 3 o 4 días.

HAMBURGUESA DE PATATA

Ingredientes para 6 personas:
1 pan duro • 2 cebollas pequeñas • ½ taza de leche o caldo
100 g de champiñones • 1 cucharada de perejil picado
½ kilo de patata firme • 500 gr de galantina vegetal picada
2 cucharadas de sucedáneo de huevo • aceite • sal y pimienta al gusto

Cortar el pan en trozos y sumergir en la leche hasta ablandar, luego exprimir.

Pelar y cortar las cebollas en juliana. Limpiar y trocear los champiñones. Lavar, pelar y rallar las patatas en tiras por la parte gruesa del rallador.

En una sartén con aceite freír a fuego lento las cebollas y cuando estén blandas agregar los champiñones y freír otros 2 minutos. Espolvorear el perejil y reservar en un plato.

Unir el pan, la galantina picada, el sucedáneo de huevo, la mezcla de champiñones y las patatas. Salpimentar. Hacer 6 hamburguesas. Freír en aceite a fuego medio hasta dorar por ambos lados. Sacar y poner sobre toalla de papel.

Servir con ensalada.

CALDO DE PATATA

Ingredientes para 6 personas:
6 patatas harinosas • 8 patatas grandes amarillas
2 lóbulos de cebolla larga • 3 cucharadas de cilantro finamente picado
8 tazas de agua • sal al gusto

Lavar, pelar y aclarar las patatas.

Hervir el agua con la sal y un lóbulo de cebolla partido en 3 partes.

Picar la patata en rodajas y agregar al agua hirviendo. Cocinar hasta que la patata esté blanda y revolver ocasionalmente. Rectificar el sabor.

Picar finamente la cebolla restante y mezclarla con el cilantro para agregar a cada plato en el momento de servir.

Variación: Agregar ½ taza de leche al caldo antes de servir.

EMPANADAS DE PATATA Y CILANTRO

Ingredientes para 24 personas:
1 cucharada de mantequilla • 2 cucharaditas de jengibre fresco rallado
2 cucharaditas de comino en grano • 1 cucharadita de garam masala
750 gr de patata harinosa pelada y natural cortada en daditos
½ taza de hojas de cilantro fresco picado • ½ taza de menta fresca
picada • 3 cucharadas de cebolla finamente picada • aceite

Masa de empanadas:
3½ tazas de harina de trigo • 1 cucharadita de levadura en polvo
1½ cucharadita de sal • 4 cucharadas de mantequilla
½ taza de yogur

Calentar la mantequilla y sofreír a fuego lento el jengibre con las especias durante 1 minuto; poner las patatas y 3 cucharadas de agua; cocinar entre 10 y 15 minutos o hasta que estén tiernas; añadir las hierbas y la cebolla, revolver y dejar enfriar.

Para la masa:

Tamizar en un recipiente la harina con la levadura y la sal; hacer un hoyo en el centro y añadir la mantequilla, el yogur y ¾ de taza de agua; mezclar todo con un cuchillo sin filo hasta obtener una masa, luego trabajar esta masa con las manos y con un poco de harina formar una bola lisa; dividirla en cuatro partes y extender una de ellas con el rodillo hasta formar una lámina muy fina manteniendo cubierto el resto de la masa.

Cortar la lámina estirada en 6 círculos con un cortador de 12 cm de diámetro; poner una cucharada de relleno en el centro de cada uno, doblarla en semicírculo y sellar los bordes; seguir el procedimiento hasta terminar la masa y el relleno.

En una sartén con aceite caliente, freír las empanadas en tandas hasta que estén crujientes; escurrirlas sobre papel absorbente.

Servirlas con yogur.

PATATA CRIOLLA CON CACAHUETE

Ingredientes para 6 personas:

1½ kilo de patata amarilla cocinada con sal • 1 taza de cacahuete triturado • 3 cucharadas de cebollín picado • ½ taza de tomates pelados y en cuadritos • 2 cucharadas de aceite • 3 cucharadas de cilantro picado • sal y pimienta al gusto

Hacer un puré con la patata criolla.

En una sartén con aceite freír el cebollín, el tomate, el cacahuete, sal y pimienta, dejar a fuego lento durante 5 minutos. Después mezclar con el puré y el cilantro.

Servir caliente.

CROQUETAS DE PATATA Y ALMENDRAS

Ingredientes para 4 personas:

½ kilo de patata de consistencia firme • ½ cucharada de mantequilla

½ cucharadita de nuez moscada • 1 cucharada de crema de leche
2 cucharadas de sucedáneo de huevo • 2 cucharadas de miga de pan
1 cucharada de almendras picadas • sal y paprika

Cocinar las patatas peladas, formar un puré que quede seco, mezclar con mantequilla, nuez moscada, sal, crema y paprika.

Formar deditos de 5 cm, pasarlos por sucedáneo de huevo, luego por miga de pan y almendras.

Freír en aceite caliente.

PATATAS AL ESTRAGÓN

Ingredientes para 6 personas:
8 patatas de consistencia dura • 1 cucharada de mantequilla
1 cucharadita de vinagre • ½ cucharadita de estragón
1 cucharada de aceite • sal al gusto

Pelar y partir las patatas en dados, cocinar en suficiente agua con sal y vinagre, luego escurrir bien.

Calentar la mantequilla y el aceite en una sartén, añadir las patatas y freír a fuego alto revolviendo con cuidado.

En el momento de servir agregar el estragón y servir caliente.

PATATA PARA RELLENAR

Ingredientes para 10 personas:
Precalentar el horno a 220 grados. Lavar y secar 10 patatas harinosas grandes, pincharlas varias veces con un tenedor y ponerlas en una bandeja para hornear. Untarlas con aceite de oliva y hornearlas durante ½ hora o hasta que estén blandas. Hacerle a cada una un corte profundo en cruz en su parte superior y sacarle un poco de pulpa para que quepa el relleno, que puede ser cualquiera de las siguientes preparaciones:

AGUACATE CON QUESO

1 taza de yogur natural o de soja • 1 taza de aguacate en puré
100 gr de queso amarillo

Verter el yogur dentro de la patata, encima el aguacate y por último el queso rallado.

Servir frío.

QUESO AZUL

½ taza de cebolla fresca en rodajas finas • 1 cucharada de mantequilla
100 gr de queso azul • pimienta al gusto

Freír las rodajas de cebolla en la mantequilla a fuego lento hasta que estén blandas y doradas.

Rellenar la patata asada con la cebolla y poner encima unos daditos de queso azul, rociar con pimienta y hornear hasta que el queso se funda.

JAMÓN DE VEGETALES CON CHAMPIÑONES

3 lonchas de jamón vegetal en tiritas • ½ taza de champiñones en
láminas • 1 diente de ajo macerado sin la vena central
½ cucharada de mantequilla • ½ cucharada de perejil picado
1 taza de yogur natural

Freír las tiritas de jamón hasta que estén crujientes y escurrirlas.

Sofreír los champiñones con el ajo y la mantequilla hasta que doren un poco. Añadir el perejil, sazonar y mezclar.

Poner el yogur dentro de la patata, luego los champiñones y por último el jamón.

FRÍJOL BLANCO Y QUESO

1 taza de fríjoles cocinados y sazonados con sal y pimienta
100 gr de queso mozzarella rallado • sal y pimienta al gusto

Calentar los fríjoles.
Rellenar la patata con el queso, poner encima los fríjoles y sazonar.

Variación: El fríjol blanco se puede reemplazar por maíz tierno.

YOGUR DE SOJA CON CEBOLLÍN

4 lonchas de jamón vegetal en tiras • ½ taza de cebollín picado • 1
taza de yogur de soja • pimienta negra molida al gusto

Freír unas tiras de jamón vegetal hasta que estén crujientes y escurrir.
Rellenar la patata con una cucharada de yogur y poner encima el jamón,
el cebollín picado y pimienta negra molida.

Variación: Se puede reemplazar el yogur de soja por queso cremoso.

MANTEQUILLA DE HIERBAS Y AJO

1 cucharada de mantequilla • 1 diente de ajo macerado sin la vena
central • 1 cucharadita de perejil fresco finamente picado
1 cucharadita de tomillo fresco finamente picado
sal y pimienta al gusto

Mezclar la mantequilla blanda con el ajo, el perejil, el tomillo, sal y pimienta.
Rellenar la patata con esta mezcla. Esta mantequilla sirve también para
aderezar las patatas antes de poner encima otros ingredientes.

1 taza de salsa boloñesa (ver salsas) • 100 gr de queso cheddar rallado
pimienta negra al gusto

Calentar la salsa boloñesa, rellenar la patata con esta salsa y espolvorear
con el queso y la pimienta negra.

PATATAS AGRIDULCES

Ingredientes para 6 personas:
750 gr de patata • 1 cucharada de vinagre de vino
3 cucharadas de aceite de oliva • 2 cucharadas de mayonesa
2 cucharadas de yogur natural
2 cucharadas de cebollín finamente picado • sal y pimienta al gusto

Cocinar las patatas con piel, dejarlas enfriar y partirlas en trozos.

En un recipiente poner el vinagre, el aceite, sal y pimienta, revolver con
cuidado las patatas (esta parte se puede hacer el día anterior).

A tiempo de servir, mezclar con el resto de los ingredientes.

Servir frías.

PATATAS AL LIMÓN

Ingredientes para 6 personas:
8 patatas • 2 cucharadas de aceite • limón al gusto
sal y pimienta al gusto

Pelar y partir las patatas en dados grandes, hervirlas en agua con sal. A
media cocción sacarlas y escurrirlas.

Dorar las patatas en una sartén amplia con dos cucharadas de aceite a
fuego medio, revolviendo de vez en cuando. Cuando estén blandas y doradas, retirarlas, pasarlas a una fuente y agregar el zumo de limón, sal y
pimienta.

PATATAS ASADAS

Ingredientes para 6 personas:

8 patatas harinosas grandes • 1 taza de agua leche (de vaca o de soja
sin azúcar) • 1 taza de cebolla larga o cebollín picado
2 cucharaditas de sal • 2 cucharadas de harina de trigo
4 cucharadas de aceite • 1 cucharadita de curry

Pelar y rebanar las patatas, colocarlas con la cebolla en un molde engrasado.

Desleír la leche, la harina, el curry y la sal y agregar el aceite poco a poco. Verter esta salsa sobre las patatas con cebolla.

Llevar al horno a 350 grados durante unos 40 minutos.

PATATAS CON ALBAHACA

Ingredientes para 8 personas:

1 kilo de patata harinosa • ½ taza de cebolla fresca picada
2 dientes de ajo macerados sin la vena central • 1 taza de hojas
de albahaca partida • 2 cucharadas de mantequilla • 3 cucharadas
de aceite • ½ taza de agua • sal y pimienta al gusto

Pelar y partir las patatas en dados de tamaño medio. En una olla de fondo grueso poner la mantequilla, el aceite y la cebolla fresca, freír hasta que la cebolla esté transparente.

Agregar las patatas sin agua, rociar con sal y pimienta.

Cocinar a fuego lento hasta que estén blandas, moviendo la olla frecuentemente, si las patatas demoran en cocinar rociarlas poco a poco con agua. Por último agregar el ajo y la albahaca, dejar cocinar durante 5 minutos más.

PATATAS ALEMANAS

Ingredientes para 12 personas:
1½ kilo de patata firme • 1½ kilo de cebolla fresca roja cortada en casquitos muy finos • ½ taza de aceite • sal y pimienta al gusto

Cocinar las patatas con piel, sal y suficiente agua, dejar enfriar y partir sin pelar en dados de 2 cm.

En una sartén amplia freír con el aceite la cebolla hasta que dore, agregar las patatas y dejar que se vuelvan crocantes, revolviendo suavemente.

Servir calientes y rociar con pimienta.

PATATAS CON CHAMPIÑONES

Ingredientes para 6 personas:
1½ kilo de patata firme pequeñita • ½ taza de cebollín picado
1 kilo de champiñones pequeños • 1 cucharada de miga de pan
½ taza de aceite • sal y pimienta al gusto • 2 cucharadas de mantequilla

En una olla de fondo grueso, freír con el aceite las patatas peladas, revolviendo de vez en cuando y cuidando que conserven su forma.

En otra sartén freír en la mantequilla el cebollín, agregando poco a poco los champiñones enteros y sofreír durante 3 minutos.

Mezclar las patatas y la miga de pan con los champiñones y todo su jugo, agregar sal y pimienta. Conservar a fuego bajo durante 10 minutos y servir.

PATATAS CON ESPINACAS

Ingredientes para 6 personas:
1 taza de espinacas lavadas y picadas • ½ cucharadita de jengibre rallado 6 patatas harinosas partidas en cascos • ½ taza de cilantro

picado • 1 diente de ajo sin la vena central • sal al gusto • 1 cebolla fresca • ají al gusto • 1 tomate pelado y sin semilla • aceite

Sofreír las patatas en aceite.

Moler el ají, el jengibre y el ajo en el mortero.

Preparar un sofrito en aceite con la cebolla, el tomate y los ingredientes del mortero. Añadir las espinacas y el cilantro. Cocinar 5 minutos.

Finalmente agregar las patatas y la sal.

Servir caliente.

PATATAS CON QUESO

Ingredientes para 4 personas:
5 patatas firmes medianas • 3 cucharadas de cebolla picada
½ taza de crema agria o yogur sin azúcar • 4 cucharadas de queso mozzarella rallado • 2 tomates medianos pelados y en trocitos
aceite • sal y pimienta al gusto

Cocinar las patatas con piel. Dejarlos enfriar, partirlas por la mitad y vaciarlas un poco.

Sofreír en aceite la cebolla, añadir sal y pimienta, mezclar con la pulpa de patata y el yogur.

Poner las patatas boca arriba en una fuente y llenarlas con la mezcla.

Cubrir con tomate y queso. Hornear a 250 grados hasta que estén doradas.

PATATAS PICANTES FRÍAS

Ingredientes para 4 personas:
½ kilo de patata harinosa • ½ cucharadita de pimienta negra molida
1 cebolla fresca finamente picada • 5 cucharadas de salsa de tamarindo (ver receta) • ½ cucharadita de sal • 1 cucharada de cilantro picado

Cocinar las patatas sin pelar y dejarlas enfriar.

Pelarlas y partirlas en rodajas gruesas.

Mezclar el resto de los ingredientes y servir sobre las patatas.

PATATAS DE BLANQUITA

Ingredientes para 6 personas:
12 patatas harinosas • 3 cebollas largas finamente picadas
1 cucharada de color (achiote, azafrán o cúrcuma) • 4 cucharadas de
aceite • ½ taza de leche (o leche de soja sin azúcar)
½ taza de natas o queso manchego desmenuzado (opcional)
3 tazas de agua • sal al gusto

Lavar las patatas y pelarlas parcialmente.

En una olla amplia freír en aceite 5 minutos la cebolla y el color. Agregar las patatas, tapar y sacudir la olla para que las patatas se impregnen del sabor, repetir este procedimiento 2 o 3 veces, dejar cocinando a fuego lento 5 minutos. Agregar el agua, sal y subir a fuego medio, hasta que las patatas estén blandas.

Verter la leche y las natas. Dejar hervir 2 minutos más.

Servir calientes.

PURÉ DE PATATA AL YOGUR

Ingredientes para 4 personas:
4 patatas harinosas • 1 diente de ajo • 1 tallo de cebolla larga
1 tallo de apio • 1 hoja de laurel • 2 cucharadas de yogur natural
sin azúcar • 2 cucharadas de crema de leche • mantequilla
sal y pimienta al gusto

Cocinar las patatas con el ajo, la cebolla, el apio y el laurel. Cuando estén blandas retirar y triturar, luego agregar el yogur, la crema, mantequilla, sal y pimienta. Mezclar y calentar.

PATATAS CON MANTEQUILLA Y PAPRIKA

Ingredientes para 6 personas:
12 patatas firmes peladas y cocinadas con sal • 2 cucharadas
de crema de leche • 2 cucharadas de mantequilla
3 cucharaditas de paprika • 1 taza de perejil picado

Cortar las patatas en dados medianos, dorarlas ligeramente en una sartén grande con la mantequilla.

Agregar la crema, el perejil y la paprika.

Calentar a fuego medio sin dejar hervir.

PIZZA DE PATATA

Ingredientes para 6 personas:
1 cucharada de levadura seca o 15 g de levadura fresca
2 cucharaditas de polenta o harina de maíz para arepas
½ cucharadita de sal • 2 dientes de ajo macerados sin la vena central
½ cucharadita de azúcar • ½ kilo de patata firme con piel cortada en
rodajas muy finas • 2½ tazas de harina de trigo • 3 cucharadas de
aceite de oliva • 1 cucharadita de romero fresco • pimienta negra
recién molida al gusto

Precalentar el horno a 210 grados; disolver la levadura con la sal y el azúcar en una taza de agua tibia; taparla y dejarla reposar durante 5-10 minutos en un sitio tibio, hasta que esté espumosa.

Tamizar la harina en un recipiente grande y hacer un hoyo en el centro; agregar la levadura y mezclarla con una espátula hasta formar una masa.

Pasar la masa a una superficie ligeramente enharinada y trabajarla durante 5 minutos hasta que quede fina y elástica; luego extenderla con el rodillo formando un círculo de 30 cm de diámetro.

Engrasar con un poco de aceite una bandeja para pizza o una placa de horno y espolvorear encima polenta o harina de maíz.

Poner la masa en la bandeja; mezclar una cucharada de aceite con el ajo macerado y extenderlo sobre la masa.

Aliñar las rodajas de patata en un recipiente grande con el aceite restante, el romero, la sal y la pimienta negra recién molida.

Colocar las patatas en círculos ligeramente sobrepuestos, encima de la masa y hornear durante 40 minutos aproximadamente, o hasta que la masa esté crujiente y las patatas bien asadas.

QUIBBE DE PATATA

Ingredientes para 6 personas:
1 kilo de patatas harinosas cocidas • 1 taza de trigo americano,
remojado previamente una hora • 3 cucharadas de nueces picadas
2 cucharadas de albahaca y hierbabuena picadas
1 cebolla fresca en ruedas y frita • sal y pimienta al gusto

Hacer un puré con las patatas.

Exprimir el trigo, mezclarlo con la patata, 2 cucharadas de hierbabuena y albahaca, 3 cucharadas de nueces, sal y pimienta. Mezclar y amasar bien.

Servir frío en una bandeja, adornado con cebolla frita, hierbabuena y nueces.

ROLLO DE PATATA CON TOFU

Ingredientes para 6 personas:
8 patatas de consistencia dura peladas • ½ taza de leche
1 cucharada de mantequilla fresca • 3 cucharadas de queso parmesano
2 cucharadas de miga de pan • sal y pimienta al gusto

Para el relleno:
1 taza de salsa bechamel espesa (ver receta) • ½ kilo de tofu blando
desmenuzado • 1 cucharada de cebolla morada finamente picada
1 cucharada de perejil finamente picado • 1 cucharadita de salvia
finamente picada • 1 cucharadita de cúrcuma • 1 cucharada de salsa
de soja • sal y pimienta al gusto

Cocinar las patatas en agua con sal hasta que estén blandas y escurrir. Triturar cuando todavía esté caliente, revolver con la leche, la mantequilla y sal formando un puré de consistencia dura, luego extenderlo sobre una bandeja engrasada.

Para el relleno: freír la cebolla en el aceite hasta que esté transparente, agregar la salsa de soja, la salvia, la cúrcuma, la sal, la pimienta y el perejil, bajar del fuego y revolver con el tofu y la salsa bechamel. Poner esta mezcla a lo largo del puré, formar un rollo e impregnarlo por fuera con el queso parmesano y la miga de pan. Llevar al horno precalentado a 250 grados hasta que dore.

Servir caliente.

SKORDALIA

Ingredientes para 4 personas:
½ kilo de patatas harinosas peladas y partidas en cuartos
1 diente de ajo macerado • 2 cucharadas de almendra molida
⅔ de taza de aceite de oliva • 2 cucharadas de vinagre de vino blanco
de cocina • sal y pimienta al gusto

Cocinar las patatas al vapor o con agua durante 5-10 minutos, o hasta que estén tiernas pero enteras, escurrir y formar un puré.

Mezclar con el ajo y las almendras. Verter poco a poco el aceite, revolviendo bien. Añadir el vinagre, sal y pimienta. Si queda demasiado espeso, suavizar con agua hasta que el puré quede cremoso pero no líquido.

Servir frío.

TARTA DE CRIOLLA Y QUESO

Ingredientes para 6 personas:
1 kilo de patata amarilla • ½ taza de cebolla picada • 2 cucharadas
de aceite • 2 cucharadas de albahaca fresca picada • 1 cucharada
de perejil picado • ½ cucharadita de tomillo en polvo • ½ taza de
queso cremoso • sal y pimienta al gusto

Cocinar las patatas en agua con sal durante 5 minutos y luego pasar por el prensa-puré.

En una sartén con mantequilla freír la cebolla, el perejil y la albahaca. Incorporar y mezclar bien la patata y los demás ingredientes.

Pasar a una fuente de horno engrasada y hornear a 250 grados durante 15 minutos.

PATATAS ROSTI

Ingredientes para 6 personas:
750 gr de patata firme • 2 cucharadas de mantequilla
sal y pimienta al gusto

Cocinar las patatas con sal durante 10 minutos (quedan semiduras) y mantenerlas refrigeradas desde el día anterior. Pelar las patatas y rallar por la parte gruesa del rallador. Sazonar con sal y pimienta negra.

Calentar una sartén de fondo grueso, con la mitad de la mantequilla. Cuando esté caliente agregar la patata, apretándola con una espátula contra la sartén. Dejar a fuego medio durante 15 minutos, hasta que dore por la parte de abajo. Dar la vuelta a la tortilla agregando el resto de la mantequilla y dorar por el otro lado.

PLÁTANO

Para conservar la frescura del plátano, se debe envolver en papel de cocina y guardar en el refrigerador.

BUÑUELOS DE PLÁTANO VERDE

7 plátanos o bananos verdes • 2 cucharadas de queso rallado o blanco
1 cebolla fresca • 1 taza de yogur natural • 1 tomate • 2 cucharadas
de cilantro finamente picado • ½ taza de harina de trigo
½ cucharadita de polvo para hornear • condimentos al gusto
sal al gusto • agua • aceite

Cocinar en agua los plátanos, pelados y partidos por la mitad; cuando estén blandos amasarlos, luego agregar la harina de trigo, el queso, sal y el polvo de hornear, mezclar bien.

Armar los buñuelos y freírlos en aceite bien caliente.

Preparar un guiso con la cebolla, el tomate y los condimentos, luego añadir el yogur, sal y agua, hervir y agregar los buñuelos.

Servir rociados con cilantro.

TUBÉRCULOS Y PLÁTANOS

El plátano y los tubérculos, como la arracacha, la patata y el ñame, son alimentos imprescindibles en la dieta. Contienen alta concentración de agua y son ricos en carotenos, carbohidratos, fósforo, calcio y vitamina A.

Guía nutricional

Contenido en 100 gr de parte comestible

Tubérculo	Cal. gr	Agua gr	Prot. gr	Grasa gr	CH gr	Fibra gr	Ca mg	P mg	Fe mg	Vit. A U.I
Achira	52	84,4	0,9	0,2	12,5	0,5	7	85	0,8	0
Arracacha amarilla	100	72,6	0,9	0,1	24,1	1,1	28	70	0,8	230
Arracacha blanca	94	74,5	1,0	0,1	22,3	0,7	23	40	1,1	10
Arracacha morada	104	72,0	1,0	0,1	24,8	0,9	25	70	0,8	10
Ñame	105	72,4	2,4	0,2	24,1	0,9	8	41	2,4	0
Patata	91	75,4	1,9	0,1	21,1	0,5	2	28	1,0	0
Patata criolla	83	75,5	2,5	0,1	18,7	2,2	7	54	0,6	20
Yuca	146	61,8	0,8	0,1	35,5	0,9	27	35	0,4	10
Casabe	336	13,7	1,6	0,2	82,2	1,1	30	70	0,3	0
Sagú	299	15,6	0,3	0,1	83,4	0,3	8	10	0,9	0
Colí-guineo verde	113	67,4	1,7	0,1	29,5	0,4	4	38	0,3	160
Hartón verde	142	59,4	1,2	0,2	37,8	0,5	4	39	0,5	1.060
Hartón maduro	137	60,8	1,1	0,2	36,3	0,6	5	30	0,5	540

SALSAS

Las salsas proporcionan color y sabor a las comidas sencillas, haciéndolas apetitosas para recrear los sentidos, reforzar y armonizar las características propias de un plato empleando la imaginación con delicadeza.

VINAGRETA BÁSICA

Ingredientes para 4 personas:
4 cucharadas de aceite de oliva • 2 cucharadas de vinagre o limón
1 cucharadita de sal • 1 cucharadita de miel o panela en polvo
½ cucharadita de mostaza • pimienta al gusto

Variación:
3 cucharadas de cilantro finamente picado • ½ cucharadita de ajo
triturado • ½ cucharadita de mostaza • 1 cucharada de mayonesa
vegetariana • 1 taza de vinagreta básica

Colocar todos los ingredientes en una vasija o frasco con tapa y agitar
fuertemente.

Vaciar todos los ingredientes en un recipiente con tapa y agitar fuertemente.

Especialmente para acompañar ensalada de lechugas.

NOTA: Como regla fija, la proporción debe ser 2 partes de aceite por 1 de
vinagre.

HUMMUS
(Paté de garbanzos)

Ingredientes:

1 taza de garbanzos remojados en agua 24 horas
1 cucharadita de perejil picado • 5 cucharadas de tahine (pasta de
ajonjolí) • ⅓ de taza de aceite de oliva • ½ taza de zumo de limón
1 diente de ajo macerado sin la vena central • ½ cucharadita de sal
2 cucharaditas de paprika

Lavar y cocinar los garbanzos, escurrir bien y reservar el líquido.

Licuar muy bien los garbanzos con el zumo de limón, el ajo, el aceite, la
sal, el tahine y ½ taza del líquido de cocción.

Vaciar en una vasija de cristal y mezclar con el perejil. Refrigerar.

En el momento de servir, rociar con aceite y adornar con la paprika. Sirve para acompañar con pan de pita y falafel.

NOTA: El ajo y el limón solamente se agregan si se va a servir inmediatamente.

MAYONESA VEGETARIANA Y VARIACIONES

⅓ de taza de agua • ⅓ de taza de vinagre de sidra o de frutas
1 taza de leche en polvo entera • 1 cucharadita de mostaza
2 cucharaditas de sal • 1 cucharadita de azúcar moreno
2 tazas de aceite, aproximadamente

Poner todos los ingredientes, salvo el aceite, en la batidora; primero a alta velocidad, para luego reducir su marcha e ir agregando el aceite lentamente hasta que se cierre el remolino que se forma en la batidora. Guardar en recipiente de vidrio.

Variaciones:
Para la mayonesa de soja:
Reemplazar por 1 taza de leche de soja en polvo sin azúcar y seguir el procedimiento anterior.
Guardar en recipiente de vidrio.

Para la salsa rosada:
Utilizar 1 taza de mayonesa • ½ taza de salsa de tomate
½ cucharadita de mostaza y unas gotas de limón bien mezcladas.
Guardar en recipiente de vidrio

Para la salsa tártara:
1 taza de mayonesa • ½ taza de pepinillos encurtidos finamente picados • 1 cucharada de alcaparras finamente picadas • ½ cucharada de aceitunas finamente picadas y una cucharada de cebollín y perejil finamente picados; revolver con tenedor.
Guardar en recipiente de vidrio.

Para la mayonesa verde:
Agregar a la mayonesa vegetariana jalapeños troceados al gusto.

Para la mayonesa de ajo:
Añadir a la mayonesa vegetariana uno o más dientes de ajo macerados.

MAYONESA DE CURRY

½ cucharadita de comino molido • ½ cucharadita de cúrcuma
½ cucharadita de mostaza • ½ de cucharadita de jengibre rallado
o en polvo • ½ cucharadita de canela en polvo • ½ cucharadita
de paprika • 1½ taza de mayonesa vegetariana

Mezclar todos los ingredientes y conservar en vasija de vidrio.
Para acompañar verduras crudas.

SALSA AGRIDULCE

Ingredientes para 4 personas:
½ taza de caldo básico • 3 cucharadas de miel o panela en polvo
2 cucharadas de vinagre de frutas • 1 cucharada de salsa de tomate
1 cucharadita de jengibre rallado • 1 cucharada de salsa de soja
1 cucharada de sagú o fécula de maíz disuelta en 2 cucharadas de
agua • pimienta al gusto

En una olla pequeña calentar el caldo y agregar el jengibre; dejar hervir;
poner a fuego bajo e ir añadiendo los demás ingredientes dejando por
último el sagú disuelto en agua; rectificar el sabor; aumentar miel o sal si
es necesario; cocinar 3 minutos.

Variación: Esta salsa básica se puede enriquecer con sabores de frutas.
Por ejemplo 1 cucharada de extracto de tamarindo o 3 cucharadas de
compota de manzana.

SALSA ALEMANA

Ingredientes para 4 personas:
2 cucharadas de perejil picado • 2 cucharadas de eneldo
1 cucharadita de estragón picado • 1 cucharadita de cebollín picado
4 cucharadas de mayonesa • 2 cucharadas de crema de leche
2 cucharaditas de miel

Batir con tenedor todos los ingredientes en un recipiente de vidrio hasta que quede una mezcla homogénea.

Sirve para acompañar patatas y verduras al vapor.

SALSA B.B.Q.

Ingredientes para 4 personas:
3 cucharadas de salsa de tomate • 1 cucharada de mostaza
2 cucharadas de miel • 1 cucharada de vinagre de frutas
1 cucharada de salsa de soja • 1 diente de ajo sin la vena central
pimienta al gusto • picante al gusto (opcional)

Mezclar todos los ingredientes y batir muy bien para lograr una salsa homogénea.

Variación: Se puede enriquecer con sabores como hierbabuena, hinojo, eneldo o anís finamente picados.

SALSA BECHAMEL

Ingredientes para 6 personas:
3 cucharadas de harina de trigo • 3 cucharadas de cebolla fresca
2 cucharadas de mantequilla morada finamente picada
½ taza de leche • 1 cucharadita de mostaza • ½ taza de caldo básico
⅓ de cucharadita de nuez moscada • 2 cucharadas de crema de leche
• sal y pimienta al gusto

Fundir la mantequilla con la cebolla y freírla hasta que esté transparente. Agregar la harina revolviendo constantemente hasta que tome un color dorado. Añadir poco a poco el caldo y la leche tibia revolviendo suavemente hasta disolver todos los grumos, luego añadir la mostaza, sal, pimienta y la nuez moscada. Cuando tenga buena consistencia, suavizar con crema de leche. Si se desea una bechamel espesa utilizar ½ cucharada más de harina de trigo.

Variaciones:
Para la salsa bechamel sin lácteos:
Utilizar leche de soja sin azúcar y suprimir la crema de leche. Seguir el procedimiento anterior.

Para la salsa bechamel sin cebolla:
Suprimir la cebolla fresca.

SALSA BLANCA
———◆·▮·◆———

1 taza de leche • 4 cucharadas de crema de leche (opcional)
1 taza de caldo básico • ½ cucharadita de nuez moscada
2 cucharadas de mantequilla • sal y pimienta al gusto
4 cucharadas de harina de trigo

En una sartén a fuego medio fundir la mantequilla; rociar la harina revolviendo constantemente hasta que tome un color dorado. Agregar el caldo y la leche tibios y la nuez moscada. Seguir revolviendo hasta ligar la salsa. Salpimentar y cocinar hasta obtener una consistencia cremosa. Suavizar con crema de leche.

SALSA BOLOÑESA

Ingredientes para 6 personas:

1 taza de pasta de tomate • 4 tomates maduros pelados y sin semillas
1 taza de soja texturizada seca o proteína vegetal • 1 hoja de laurel
2 cebollas largas picadas • 2 cucharaditas de orégano fresco picado
2 cucharaditas de panela en polvo • 1½ taza de caldo básico
3 cucharadas de aceite • 1 taza de sofrito de tomate y cebolla larga
1 cucharada de albahaca fresca picada • sal y pimienta al gusto

Hidratar la soja texturizada en agua caliente unos 15 minutos. Licuar rápidamente, aclararla sobre un colador y exprimirla muy bien. Sofreírla en una sartén con poco aceite durante 10 minutos, revolviendo constantemente. O pasar por el procesador la proteína vegetal.

Colocar en una sartén el aceite, la soja texturizada o la proteína vegetal molida, la cebolla, los tomates picados y el sofrito, y freír 5 minutos; licuar todo rápidamente. Llevar todo nuevamente a cocción con la pasta de tomate disuelta en el caldo y la panela en polvo. Agregar la hoja de laurel. Cocinar más o menos 20 minutos. Finalmente agregar el orégano y la albahaca. Cocinar 10 minutos más.

SALSA CRIOLLA

Ingredientes para 4 personas:

2 tomates pelados, en trocitos • 1 cebolla fresca morada picada
½ taza de queso manchego rallado grueso • 3 cucharadas de aceite
sal y pimienta al gusto

En una sartén con aceite freír la cebolla hasta que esté transparente. Agregar el tomate, sal y pimienta. Cocinar a fuego lento 5 minutos. Apagar y rociar con el queso rallado. Revolver y servir inmediatamente.

Rollos de sushi.

Tempura de verduras.

Consomé de apio.

Ñame san Andrés.

Crema de calabaza.

Crema de espinaca.

Patata criolla con cacahuete.

Patatas de Blanquita.

Buñuelos de plátano verde.

Mayonesa de soja y salsa tártara.

Salsas variadas.

Bocaditos.

Jamón vegetal con ciruelas.

Lonchas de queso.

Sándwich en pan de pita.

Paté de aceitunas.

Galletas de ajonjolí.

Pan de plátano.

Roscón sueco.

Pastel de chocolate con frutos secos.

Pie de limón.

Mint Fizz.

Naranja efervescente.

Zumo de apio y manzana.

Ensalada Bahamas.

Pinchos de fruta.

Batido de papaya.

Helado de café con almendras.

Moka.

Pudín de frutas.

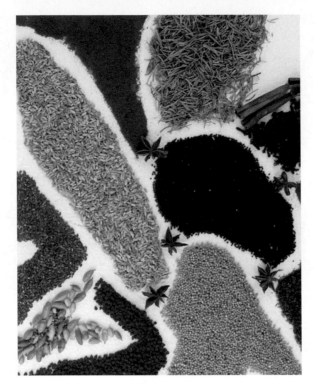

Especias.

Semillas y frutos secos.

SALSA DE AGUACATE

Ingredientes para 4 personas:
1 aguacate grande y maduro • 1 tomate grande, maduro, pelado
y sin semilla • 1 cebolla fresca cortada en trozos pequeños y aclarados
en agua tibia • 2 cucharadas de cilantro picado • 1 calabaza pequeña,
pelada y cocinada con sal • ½ cucharadita de sal y pimienta
ají al gusto

Licuar todos los ingredientes a alta velocidad hasta que cuajen bien.
Para acompañar ensaladas, patacones, patatas fritas, etc.

SALSA DE BRÉCOL

Ingredientes para 8 personas:
2½ cucharadas de aceite de oliva • 2 tazas de cebolla picada
750 gr de brécol picado incluyendo el tronco • 1 cucharadita de sal
½ cucharadita de pimienta roja y negra • 2 tazas de agua
2 cucharadas de harina de trigo • 2 tazas de tomate cherry
½ taza de mayonesa vegetariana • 6 clavos • 1 diente de ajo
2 cucharadas de cacahuete tostado (opcional) • ½ kilo de fettuchini
queso parmesano mezclado con pimienta negra.

Puede agregar champiñones sofritos y tomates secos al gusto.

En una sartén grande freír la cebolla durante 10 minutos. Agregar el brécol, la sal, los clavos y ½ taza de agua. Dejar a fuego lento 10 minutos más, formando una salsa. Rociar con la mezcla de pimientas. Poner poco a poco el resto del agua. Retirar los clavos y espolvorear la harina formando una crema. Reducir la temperatura. Agregar los tomates, el ajo y el cacahuete. Cocinar 5 minutos más. Dejar reposar.

A tiempo de servir agregar mayonesa y servir sobre los fettuchini cocidos al dente. Acompañar con la mezcla de queso parmesano.

SALSA DE CHAMPIÑONES

½ kilo de champiñones frescos partidos en láminas delgadas
1½ taza de caldo básico • 4 cucharadas de harina de trigo
1 cucharada de mantequilla • 1 cucharada de aceite • 1 cucharadita
de pimienta • 2 cucharadas de salsa de soja • 3 cucharadas de crema
de leche o leche de soja espesa • 4 cucharadas de cebolla fresca
finamente picada • 3 cucharadas de vinagre de vino de arroz o vino de
cocina sin alcohol

Calentar el aceite y la mantequilla en una sartén de fondo grueso. Freír la cebolla hasta que esté dorada pero sin quemar. Agregar los champiñones por tandas, cuando la sartén esté muy caliente removerlos durante ½ minuto más y retirarlos.

Agregar a la sartén la harina de trigo. Revolver hasta lograr una masa homogénea y dorar a fuego muy bajo 3 minutos.

Añadir poco a poco el caldo caliente y la salsa de soja, revolviendo constantemente hasta disolver la harina. Cuando se tenga una mezcla homogénea, agregar nuevamente los champiñones, pimienta y vino. Cocinar a fuego lento 5 minutos más. Suavizar la salsa con crema de leche o leche de soja.

SALSA DE ESPÁRRAGOS

Ingredientes para 6 personas:
½ kilo de espárragos frescos o conservados • ½ taza de mantequilla
derretida • 1 pimentón maduro procesado y picado • 1 taza de salsa
bechamel • 3 lonchas de queso amarillo • sal y pimienta al gusto

En una sartén con ½ cucharada de mantequilla sofreír el pimentón y luego agregar los espárragos cocinados y troceados.

Preparar la salsa bechamel con el caldo de los espárragos y el queso. Salpimentar y agregar a la fritura anterior. Conservar caliente.

Salsa especial para servir sobre tallarines cocinados al dente, escurridos y pasados por mantequilla caliente.

NOTA: Para preparar los espárragos frescos ver receta.

SALSA DE ESPINACAS

Ingredientes para 6 personas:
2 cebollas largas (parte verde) • 1 loncha de queso fundido tipo
americano • 1 manojo de espinacas blanqueadas (ver glosario)
2 cucharadas de agua • ½ taza de aceite de oliva • ⅓ de taza de
almendras partidas y tostadas • ½ taza de zumo de naranja
sal al gusto • 1 cucharadita de panela en polvo

Licuar todo y al final agregar las almendras.

Sirve para acompañar verduras, patatas al vapor o en un buffet de salsas.

SALSA DE ESTRAGÓN Y RUIBARBO

250 gr de ruibarbo fresco • ½ taza de agua • ½ taza de panela en
polvo • 1 cucharada de estragón fresco

Cortar el ruibarbo en trozos delgados. Alistar en una olla 2 tazas de agua
y la panela; cuando empiece a hervir agregar el ruibarbo y bajar la temperatura. Cocinar 20 minutos.

Sacar del fuego cuando se convierta en una mezcla espesa. Pasar por el
colador y hervir de nuevo. Agregar el estragón.

Servir fría o caliente. Por su sabor agridulce puede acompañar seitán, tofu
a la plancha, verduras crudas o tempuras.

SALSA DE HIERBAS

Ingredientes para 4 personas:
3 cucharadas de albahaca • 3 cucharadas de cebolla puerro picado
2 cucharadas de estragón • 6 cucharadas de aceite de oliva
½ cucharadita de anís • 1 cucharada de miga de pan fresco
1 cucharada de mejorana • 3 cucharadas de queso parmesano
3 cucharadas de perejil picado • pimienta negra al gusto

En una sartén con aceite freír la cebolla y la miga de pan, hasta que estén crocantes.

En otra sartén poner aceite con las hierbas picadas y sofreír a fuego lento.

A tiempo de servir, rociar primero el aceite de hierbas, luego la miga de pan, el queso y la pimienta.

NOTA: Esta salsa es especial para servir sobre linguini cocinados al dente.

SALSA DE LIMONARIA

2 cucharadas de semilla de girasol • 1 cebolla roja picada y sofrita
3 cucharadas de raíz de limonaria picadas • 8 tomates secos picados
1 cucharada de zumo de limón • ½ taza de aceite de oliva
sal y pimienta al gusto

Utilizar la parte blanca de la limonaria.

Tostar las semillas de girasol. Mezclar con los demás ingredientes y dejar reposar.

Para rociar sobre hojas de lechuga.

SALSA DE MANGO

1 mango grande (sin acabar de madurar; aprox. 1,5 kilos)
1 cebolla fresca morada finamente picada • 1 cucharada de jengibre
fresco pelado y picado • 2 tazas de caldo básico
2 cucharadas de salsa de soja • ½ taza de panela en polvo o azúcar
moreno • 1 cucharadita de pimienta • sal al gusto

Cocinar en una olla de fondo grueso todos los ingredientes, excepto la sal, hasta que el mango esté blando. Licuar y cocinar nuevamente durante 15 minutos o hasta que la salsa tenga una consistencia espesa. Rectificar el sabor.

Añadir más jengibre si se quiere, más picante, o más azúcar o sal según el gusto.

Para acompañar rollo de seitán, tofu empanado, tempuras o sobre tortillas de queso.

Variación: Cuando esté frío agregar cilantro finamente picado al gusto.

SALSA DE MOSTAZA

Ingredientes para 4 personas:
3 cucharadas de mostaza • 2 cucharadas de crema de leche
2 cucharaditas de miel • 2 cucharadas de caldo básico
1 cucharadita de sagú o fécula de maíz

Mezclar todo en frío. Llevarlo a cocción a fuego lento, revolviendo constantemente hasta tomar consistencia cremosa.

Servir caliente.

SALSA DE MOSTAZA DIJON Y MIEL PARA ENSALADA

Ingredientes para 6 personas:
1 taza de aceite de oliva • ½ taza de miel • ½ taza de vinagre de vino
1 cucharada de cebollín finamente picado • 2 cucharadas de mostaza
dijon • sal y pimienta al gusto

Licuar todos los ingredientes menos el cebollín.

En el momento de servir agregar el cebollín.

Sirve de aderezo para cualquier tipo de vegetales.

SALSA DE MOSTAZA Y CILANTRO

½ taza de yogur natural • ½ taza de cilantro finamente picado
½ taza de mostaza • 2 cucharadas de agua • 2 cucharadas de zumo
de lima o mandarina • sal y pimienta al gusto • 2 cucharadas de
azúcar moreno

En una taza mezclar todo hasta que quede homogéneo. Cubrir y dejar
reposar 1 hora para que se combinen los sabores.

Antes de servir rectificar el sabor.

SALSA DE PEPINO, SOJA Y JENGIBRE

Ingredientes para 4 personas:
2 pepinos pequeños sin piel ni semillas, finamente picados
1 cucharada de cebolla finamente picada • 1 cucharada de cilantro
picado • 1 cucharadita de jengibre rallado • 1 cucharada de salsa de
soja • 3 cucharadas de vinagre • 2 cucharadas de panela en polvo
1 diente de ajo sin la vena central • picante al gusto

Cocinar en ½ taza de agua el vinagre y la panela en polvo durante 3 minutos. Dejar enfriar y mezclar con los demás ingredientes menos el pepino.

A tiempo de servir agregar el pepino a la mezcla anterior.

Para acompañar vegetales.

SALSA DE QUESO PARMESANO

1 taza de salsa bechamel • ½ taza de queso parmesano

Calentar la salsa bechamel, agregar el queso, mezclar y retirar antes de
hervir.

SALSA DE TAHINE AGRIDULCE

Ingredientes para 6 personas:
6 cucharadas de agua • 2 cucharadas de vinagre
3 cucharadas de tahine (crema de ajonjolí) • 1 cucharada de miel
1 cucharadita de mostaza en grano procesada en el mortero
3 cucharadas de aceite de oliva

Reservar el tahine. Mezclar muy bien los demás ingredientes con un tenedor, luego agregar el tahine y revolver nuevamente.

Para acompañar espinacas.

SALSA DE YOGUR Y TAHINE

1 taza de yogur natural • 2 cucharadas de zumo de limón
1 diente de ajo • 2 cucharadas de tahine (crema de ajonjolí)
ralladura de piel de 1 limón • sal al gusto

Moler el ajo sin la vena central y la sal. Mezclar con el tahine. Batir e ir agregando gradualmente el yogur y la ralladura de limón.

Añadir zumo de limón al gusto. Servir con pan.

SALSA INDIA

1 manzana • 2 cucharaditas de azúcar • 1 cebolla finamente picada
2 cucharadas de aceite • 1 taza de crema agria o suero
2 cucharadas de vinagre • 2 cucharadas de crema de leche culinaria
2 cucharadas de mayonesa • 2 cucharadas de curry
2 cucharadas de cebollín finamente picado

Pelar la manzana y cortarla en dados pequeños.

Mezclar la crema, el curry, el azúcar, el aceite, el vinagre, la mayonesa, la crema agria, la cebolla y el cebollín, luego agregar la manzana.

Sirve para acompañar ensaladas.

SALSA INGLESA

Ingredientes para 6 personas:
1 taza de leche • 3 cucharadas de crema de leche
1 bote pequeño de leche condensada • 1 cucharada de fécula de maíz
1 cucharadita de esencia de vainilla

Licuar todo y cocinar revolviendo constantemente hasta que hierva y se espese.

Para complementar recetas.

SALSA NAPOLITANA

2 cucharadas de aceite • 2 hojas de laurel • 1 taza de pasta de tomate
• 1 cucharada de hojas de albahaca • ½ taza de cebolla fresca
finamente picada • 1 cucharada de laurel, tomillo y orégano
1 taza de tomate fresco pelado y sin semilla • 2 cucharaditas de panela
en polvo • 1 taza de caldo básico • sal y pimienta al gusto

En una sartén amplia, freír la cebolla hasta que quede transparente. Agregar los demás ingredientes menos el tomate picado.

Cocinar a fuego lento durante 20 minutos. Retirar las hojas de laurel y de albahaca. Añadir los tomates y cocinar otros 10 minutos más.

Especial para acompañar pastas.

SALSA PARA HELADO

Ingredientes para 6 personas:
½ taza de agua • 4 cucharadas de panela en polvo • 1 cucharada de
miel • ½ taza de zumo de naranja • 1 mango maduro picado en dados
pequeños • puré de pulpa de un mango maduro • tiras finas de cáscara
de una naranja

Cocinar el puré de mango con 2 cucharadas de panela en polvo, sin agua,
durante 5 minutos. Dejar enfriar.

Disolver el resto de la panela en polvo en el agua. Hervir y añadir la cáscara de naranja. Cocinar durante 10 minutos. Dejar enfriar y agregar la
miel con el zumo de naranja. Llevar a la nevera.

En el momento de servir, revolver con el mango picado y poner sobre el
helado.

SALSA PESTO

½ taza de cebollín • ½ taza de hojas de albahaca • ½ taza de hojas de
perejil • 1 taza de aceite de oliva • 1 diente de ajo o más, según el
gusto, sin la vena central • ½ taza de nueces partidas • 2 cucharadas
de queso parmesano (opcional) • sal y pimienta fresca recién molida

Licuar todos los ingredientes muy bien hasta lograr una mezcla homogénea.

Sirve para acompañar pastas, quesos, vegetales crudos y tostadas.

SALSA VERDE

Ingredientes para 6 personas:
1 manojo de cilantro • 1 manojo de perejil • 2 cucharadas de
mayonesa (ver receta) • 2 cucharadas de mostaza • 2 cucharadas
de vinagre • ½ taza de aceite • ½ cucharadita de sal • ½ cucharadita
de pimienta • 1 cucharadita de miel

Utilizar el cilantro y el perejil sin los tallos. Licuar con los demás ingredientes hasta formar una salsa.

Conservar en recipiente de vidrio.

Sirve para acompañar ensaladas, patatas a la francesa y panes.

SALSA DE TAMARINDO

1 taza de pulpa de tamarindo sin azúcar • 1 astilla de canela
½ taza de panela en polvo • 2 cm de raíz de jengibre
1 cebolla fresca • 2 cucharadas de vinagre • 1 cucharada de salsa de
soja • 1 taza de agua

Licuar rápidamente la pulpa de tamarindo en 1 taza de agua; colar.

Verter en una olla de fondo grueso el tamarindo con los demás ingredientes. Cocinar a fuego rápido 15 minutos revolviendo constantemente. Dejar enfriar. Retirar la astilla de canela y licuar. Rectificar el sabor cuidando que no quede ni muy ácido ni muy dulce. Hervir de nuevo. Dejar enfriar y guardar en recipiente de vidrio.

Sirve para acompañar patatas frías, tempuras y recetas de seitán.

SALSA PARA NACHOS

Ingredientes para 6 personas:
2 cucharadas de aceite de oliva • 2 cucharaditas de harina de trigo
1½ taza de cebolla fresca picada • ⅓ de botella de cerveza sin alcohol
• ½ de cucharadita de sal a temperatura ambiente • 1 cucharadita de
cominos • 1 diente de ajo pequeño sin la vena central
1 cucharada de cilantro picado • 2 cucharaditas de panela en polvo
½ cucharadita de pimienta • 2 tazas de queso blanco rallado grueso
3 tomates maduros pelados y picados
picante fresco al gusto (guindillas)

En una sartén honda freír la cebolla hasta que esté transparente; agregar los tomates, la pimienta, la sal y la panela; cocinar a fuego medio durante 30 minutos.

Después poner poco a poco el picante, la cerveza, los cominos y el cilantro; dejar hervir y apartar del fuego, destapar y dejar enfriar un poco; si está muy clara, agregar la harina de trigo disuelta en un poco de la misma salsa.

Agregar el ajo y el queso; servir tibio con nachos como entrada, o con tortillas y fríjoles para una comida más completa.

PICA PICAS

S i deseamos agasajar en pequeña escala y de modo informal, la mejor opción es una variedad de pica picas, que también pueden preceder a una cena. De éstos hay muchas sugerencias como rellenos o acompañamientos, calientes, fríos, aromáticos y coloridos.

CANOAS DE APIO

Ingredientes para 4 personas:
2 canoas de apio • ½ taza de queso cremoso • 1 cucharada de cebollín picado • 1 cucharada del corazón de apio picado (parte blanca) 2 cucharadas de leche • 1 cucharadita de paprika sal y pimienta al gusto

Limpiar de hebras las canoas de apio y conservarlas en agua con hielo. En el momento de servir partirlas en trozos de 5 cm de largo y secar.

Mezclar el queso cremoso con los demás ingredientes, rellenar las canoas y servirlas en una bandeja adornada con hojas de apio.

COGOLLOS DE APIO, TOFU Y NUECES

Ingredientes:
2 cogollos de apio (parte blanca) • 2 cucharadas de nueces finamente picadas • 1 cucharada de crema de leche (opcional) • 1 cucharadita de mostaza • 1 cucharada de zumo de limón • 1 taza de tofu blando desmenuzado • ½ cucharadita de cominos • 1 cucharada de salsa de soja • 1 cucharada de perejil picado • nueces troceadas pimienta al gusto

Mezclar todos los ingredientes con tenedor formando un dip. Servir con manga pastelera sobre galletas o tostadas.

Adornar con las nueces troceadas.

TOSTADAS DE RÁBANO

Ingredientes para 6 personas:
1 taza de rábanos pequeños en láminas finas • 2 cucharadas
de vinagre • 1 cucharada de azúcar moreno • 3 cucharadas de perejil
finamente picado • 1 cucharada de yogur espeso sin azúcar
mantequilla • pan moreno

Aclarar los rábanos y marinarlos con vinagre y azúcar. Servir sobre pan moreno con mantequilla.

Adornar con la mezcla de yogur y perejil

BOCADITOS

Ingredientes para 4 personas:
½ taza de queso ricota o requesón • 1 taza de queso mozzarella rallado
2 cucharaditas de perejil finamente picado • ½ taza de nueces
mezcladas picadas • 3 cucharadas de hierbas frescas
(cebollín, mejorana, albahaca) finamente picadas
2 cucharadas de paprika molida • pimienta al gusto

Mezclar los quesos. Agregar el perejil y la pimienta. Revolver hasta combinar todo muy bien.

Formar 12 bolitas de 2 cm de diámetro y refrigerar en un plato durante 10 minutos o hasta que estén bien firmes.

Dorar las nueces y dejar enfriar.

Poner las nueces, las hierbas y la paprika en diferentes recipientes pequeños. Rodar 4 bolitas de queso en cada sabor para que se impregnen y queden bien cubiertas.

Conservar refrigeradas hasta el momento de servir.

Servir combinadas para llevar a la mesa.

JAMÓN VEGETAL CON CIRUELAS

Ingredientes para 4 personas:
2 palos de bambú partidos por mitad • 4 lonchas de jamón
vegetal partidos por mitad • 8 ciruelas deshuesadas y remojadas
aceite • salsa de soja

Poner en palitos los rollitos de jamón vegetariano, las ciruelas deshuesadas. Rociar con aceite y salsa de soja.

Calentar sobre parrilla.

DEDITOS DE CALABACÍN CON ENELDO

Ingredientes para 6 personas:
2 calabacines • 1 taza de harina de trigo • ½ taza de harina integral
de trigo • 2 limones en casquitos • 1 taza de soda o bretaña
½ taza de eneldo fresco picado • ½ taza de harina de trigo
sal y pimienta al gusto • yogur natural

Partir el calabacín por la mitad a lo largo, luego en tiras de 1 cm de ancho y por último hacer trocitos de 5 cm.

Mezclar media taza de harina de trigo con la harina integral y la sal, luego agregar la soda y dejar reposar durante 5 minutos.

Condimentar los deditos de calabacín con el eneldo.

En una fuente aparte, mezclar el resto de la harina de trigo con la pimienta. Pasar los calabacines por esta harina adobada.

Sumergir los calabacines en la primera mezcla, luego freírlos uno a uno en aceite caliente.

Servir con los cascos de limón y yogur con eneldo picado.

PALMERAS

Ingredientes para 6 personas:
250 gr de masa de hojaldre • 250 gr de azúcar • crema de leche

Estirar la masa de hojaldre con rodillo sobre una superficie azucarada. Hacer un cuadrado de 30 x 30 cm y de 0,3 cm de espesor.

Salpicar la masa con azúcar y presionar. Enrollar cada borde hacia adentro. Luego poner uno sobre otro de los dobleces.

Aplanar con un cuchillo. Cortar rodajas de 2 cm.

Separarlas y espolvorear con azúcar. Hornear a 250 grados durante 6 minutos.

Servir con las puntas untadas de chocolate o con crema batida entre dos palmeritas.

LONCHAS DE QUESO

Ingredientes para 6 personas:
225 gr de queso crema • 1 cucharada de mantequilla blanda
1 cucharada de alcaparras picadas • 1 cucharada de perejil picado
1 cucharada de cebollín picado • 1 cucharadita de paprika
1 cucharadita de zumo de limón • 1 taza de finas hierbas
o especias o almendras molidas

Mezclar primero la mantequilla con el queso crema. Luego el resto de ingredientes.

Formar un rollo alargado de 3 cm de diámetro sobre papel parafinado. Cubrir por fuera con las hierbas, las especies o almendras molidas. Refrigerar por una hora.

Partir en rodajas delgadas, para poner sobre lonchas de pan francés o galletas integrales.

SÁNDWICHES

Para hacer brusquetas

Calentar rebanadas de pan de corteza gruesa, cuidando que la corteza quede tostada y el centro esté blando. Frotar con ajo y aceite de oliva. Cubrir con los ingredientes escogidos y calentar en horno tibio. Ideales para entradas.

BRUSQUETAS DE CHAMPIÑONES

Ingredientes para 4 personas:

6 cucharadas de mantequilla • 2 dientes de ajo macerados sin la vena central • 4 tazas de champiñones mezclados (orellana, corriente, shiitake) • 8 lonchas de pan francés
1 cucharada de perejil finamente picado • sal y pimienta al gusto

En una sartén derretir la mantequilla, freír el ajo durante 30 segundos y luego saltear los champiñones 5 minutos.

Dorar las lonchas de pan como en la explicación inicial.

Agregar el perejil a los champiñones y sazonar con sal y pimienta.

Colocar la mezcla de champiñones sobre las lonchas de pan y servir inmediatamente.

Variación:

De tomate y mozzarella.

De hummus (ver receta) con perejil picado y rueditas de aceitunas.

De rúcola y parmesano.

Para hacer crostini:

Cortar rebanadas de pan baguette de 1 cm de ancho. Tostar para que queden doradas por ambos lados. Frotar con ajo, aceite y tomate.

Se pueden hacer de varios sabores: Salsa pesto (ver receta) y queso rociado, queso ricota y tomate, queso mozzarella y albahaca.

SÁNDWICH DE PASTA DE ACEITUNA
Y MOZZARELLA

Ingredientes para 4 personas:
4 lonchas de queso mozzarella • 8 rebanadas de pan (toscano,
de leña, etc.) • 4 rebanadas de tomate (pelado)
4 hojas de lechuga verde lisa sin el tallo • pasta de aceituna
mantequilla y ajo

Dorar las rebanadas de pan en una sartén untada de mantequilla y ajo.
Cubrir con pasta de aceituna, luego poner la hoja de lechuga, el queso y
el tomate. Tapar con la otra rebanada de pan. Complementar con alfalfa
y calabacines en rodajas.

Para la pasta de aceituna:
1 taza de aceitunas verdes deshuesadas • ½ de taza de alcaparras
2 cucharaditas de tomillo fresco picado o ½ cucharadita de tomillo
seco • 1 diente de ajo sin la vena central • 1 cucharada de aceite de
oliva • pimienta fresca al gusto • zumo de limón

Poner en el picador las aceitunas, las alcaparras, el ajo y el tomillo. Picar y agregar poco a poco aceite, limón, pimienta y el tomillo.

SÁNDWICH DE AGUACATE

Ingredientes para 4 personas:
8 rodajas de pan de centeno • 4 cucharadas de puré de aguacate
4 hojas de lechuga romana sin el tallo • 4 cucharadas de germinados
(alfalfa, raíces chinas, etc.) • 4 lonchas de queso amarillo o de soja
aceite de oliva • sal, pimienta y limón al gusto

Cubrir cada rodaja de pan con el puré de aguacate y rociar con gotas de
limón, sal y pimienta, luego poner 1 loncha de queso, lechuga y germinados. Rociar con sal y pimienta y un chorrito de aceite de oliva.
Cubrir con otra loncha de pan.

SÁNDWICH EN PAN DE PITA

Ingredientes para 4 personas:
4 panes pita • 8 falafel (ver receta) • 2 tomates pelados y picados
4 hojas de lechuga romana sin la parte gruesa, partidas en tiras
8 cucharadas de hummus (paté de garbanzo) (ver receta)
4 cucharadas de pepino finamente picado • aceite de oliva
pimienta al gusto

Poner en el centro de cada pan 2 falafel partidos en cuartos, 1 cucharada de tomate picado, 1 cucharada de lechuga y 1 cucharada de pepino. Rociar con aceite de oliva y pimienta. Cerrar los bordes y formar un rollo.

Acompañar con hummus, leche cortada o paté de berenjena (ver receta).

SÁNDWICH PORTOBELLO

Ingredientes para 4 personas:
4 panes franceses redondos partidos por la mitad • 4 cucharadas de mayonesa de ajo (ver receta) • 2 champiñones portobello dorados en mantequilla y pimienta, partidos por mitad • 4 rodajas de tomate pelado • 8 hojas de rúcola

Untar el pan con la mayonesa. Poner encima medio portobello, una rodaja de tomate y mayonesa. Adornar con dos hojas de rúcola y tapar.

SÁNDWICH FRÍO

Ingredientes para 4 personas:
1 pan blanco cortado • 2 cucharadas de salsa de soja
1 pan oscuro cortado • 2 cucharadas de pepinillos agridulces picados
250 gr de queso de soja blando (tofu) • 2 cucharadas de salsa de tomate • 200 gr de queso cremoso • pimienta al gusto • 1½ taza de mayonesa vegetariana • ½ taza de zanahoria finamente rallada
3 cucharadas de cebollín y perejil finamente picado
3 cucharadas de aceitunas picadas • 4 lonchas de jamón vegetal

Preparar una pasta de 100 g de queso cremoso, las aceitunas, el cebollín y el perejil.

Preparar una pasta de tofu con la zanahoria, pimienta y salsa de soja.

Preparar una pasta de 100 g de queso cremoso, el jamón picado y los pepinillos.

Preparar una salsa rosada con la mitad de la mayonesa y la salsa de tomate, reservar la otra mitad.

Sobre un paño húmedo de 30 cm × 40 cm colocar 4 lonchas de pan blanco, una detrás de la otra en línea, cubrirlas con mayonesa y poner una capa de pasta de tofu. Encima, de igual forma, colocar las 4 lonchas de pan oscuro y cubrir con la salsa rosada, a continuación poner una capa de queso con aceitunas, luego 4 lonchas de pan blanco, cubrir con la mayonesa y luego una capa de la pasta de queso con jamón vegetal, por último 4 lonchas de pan oscuro y cubrir con mayonesa rosada.

Enrollar en el paño húmedo, presionando la tela sobre las capas de pan para que quede muy firme. Poner en el congelador 4 o 5 horas, luego quitar el paño y dejar descongelar sobre una bandeja con fondo de lechugas. Partir en triángulos y acompañar con una salsa caliente (espárragos, champiñones).

UNTABLES

PATÉ DE BERENJENA

Ingredientes para 6 personas:
3 berenjenas • 1 diente de ajo sin la vena central
⅓ taza de aceite de oliva • 1 cucharada de perejil finamente picado sal
y pimienta al gusto

Aromatizar el aceite con el ajo (colocar el ajo partido por la mitad en el aceite durante 2 horas).

Asar las berenjenas al horno, cuando estén tiernas, abrir y quitar la pulpa (quitando semillas si tiene mucha cantidad).

Mezclar la pulpa macerada con el aceite aromatizado de ajo, sal, pimienta y perejil

PATÉ DE ACEITUNAS

Ingredientes para 6 personas:
1 taza de aceitunas negras picadas • 1 cucharada de aceitunas verdes
picadas • ½ taza de aceite de oliva • 1 cucharada de perejil
2 dientes de ajo • jugo de un limón • sal y pimienta al gusto
tofu o queso cremoso

Licuar todos los ingredientes e ir agregando el queso poco a poco hasta formar una mezcla cremosa. Colocar en un recipiente de vidrio o cerámica y refrigerar.

GRUYÈRE CON CHAMPIÑONES

Ingredientes para 4 personas:
125 gr de queso gruyère en dados • 250 gr de champiñones en trozos
pequeños sofritos • 2 cucharadas de apio finamente picado
2 cucharadas de aceite de oliva • sal y pimienta fresca al gusto

Mezclar todos los ingredientes y servir sobre rueditas de pan tostado.

MAYONESA DE BERENJENA

Ingredientes para 8 personas:
2 berenjenas • 3 cucharadas de cebolla fresca picada y sofrita
1 taza de mayonesa vegetariana (ver receta)

Asar las berenjenas sobre una parrilla hasta que estén tiernas. Dejar
enfriar. Sacar la parte blanda y mezclar con los demás ingredientes.
Servir sobre tostadas.

CEVICHE DE MANGO

Ingredientes para 4 personas:
1 mango mediano verde pelado • ½ taza de salsa de tomate en
cuadritos pequeños • 1 cucharadita de pimienta
1 cebolla fresca morada mediana finamente picada
2 cucharadas de cilantro finamente picada • sal y picante al gusto

Mezclar todos los ingredientes. Conservar en recipiente de vidrio.
Servir sobre tostadas o galletas.

CEVICHE DE ALCACHOFA

Ingredientes:

6 alcachofas medianas cocinadas (corazones y partes blandas de las hojas) • ½ taza de cebolla fresca roja finamente picada • ½ taza de cebolla fresca blanca finamente picada • ½ taza de cebolla larga finamente picada • 1 cucharada de hojas de cilantro finamente picado 1 taza de salsa de tomate • 1 cucharada de vinagre • 1 cucharadita de azúcar moreno • zumo de 2 limones • sal y pimienta al gusto

Picar los corazones y partes blandas de las hojas de las alcachofas. Mezclar con el resto de ingredientes y conservar en recipiente de vidrio o cerámica durante 2 horas antes de servir.

Servir sobre patacones (plátano verde frito).

PATÉ DE QUESO FETA Y NUEZ MOSCADA

Ingredientes para 6 personas:

1 taza de nueces picadas • ½ taza de perejil picado • 1 taza de queso feta • ½ taza de agua o leche • 1 cucharada de paprika más pimienta cayena • ½ cucharadita de aceite • 1 cucharadita de orégano 1 cucharadita de nuez moscada

Colocar las nueces y el perejil en la procesadora, no humedecer. Agregar todos los ingredientes menos el orégano y el aceite. Formar un puré, luego pasar a una pirex y dejar reposar. Agregar el aceite y el orégano por encima.

Servir con galletas, pan de pita o vegetales crudos.

MAYONESA DE ZANAHORIA

Ingredientes:
1 taza de mayonesa vegetariana (ver receta)
1 zanahoria mediana pelada y finamente rallada
1 cucharada de perejil picado • 1 cucharadita de curry

Mezclar la mayonesa con los demás ingredientes.

Para acompañar vegetales crudos.

Conservar un máximo de 3 días en el refrigerador.

MOUSSE GORGONZOLA

Ingredientes para 6 personas:
200 gr de queso gorgonzola • 1 cucharada de mostaza
½ cucharadita de zumo de limón • 2 cucharadas de crema de leche
½ cucharadita de pimienta

Licuar todos los ingredientes. Verter en un molde engrasado y refrigerar.

Para acompañar vegetales crudos o sobre galletas.

MOUSSE DE REMOLACHA

Ingredientes para 6 personas:
2 remolachas cocinadas y peladas • 1 cucharada de salsa de soja
2 cucharadas de mayonesa vegetariana • ½ taza de tofu blando
1 cucharadita de mostaza • sal al gusto
2 cucharadas de sucedáneo de huevo

Licuar todos los ingredientes. Vaciar en una pirex y servir frío.

Acompañar con picatostes o galletas de sal.

PATÉ DE TOFU

Ingredientes:
1 taza de tofu cremoso (cortado con zumo de limón) • 1 taza de
alcachofa cocida (corazones y parte blanda) • ½ taza de olivas negras •
1 cucharada de aceite de oliva • 1 cucharada de hinojo fresco
finamente picado • ½ cucharada de tomillo • ½ cucharada de jengibre
• sal al gusto

Formar una pasta con la alcachofa cocida y las olivas. Luego agregar el
tofu y mezclar enérgicamente mientras se añaden el aceite, el hinojo, el
tomillo, el jengibre y la sal.

Guardar en frasco de vidrio y refrigerar.

PATÉ DE VEGETALES

Ingredientes para 10 personas:
1 paquete de paté de vegetales (tienda naturista)
⅓ de taza de salsa de tomate • 1 tarro pequeño de queso cremoso
1 cucharadita de zumo de limón • sal y pimienta al gusto

Batir todo a mano. Vaciar en un molde y poner a enfriar.

QUESO CREMOSO Y CHAMPIÑONES

Ingredientes:
1 taza de champiñones picados y sofritos • 250 gr de queso cremoso
2 cucharadas de salsa de soja • 1 cucharada de mantequilla
pimienta al gusto

Sofreír los champiñones en trocitos en mantequilla y pimienta. Dejar
enfriar.

Mezclar el queso con la salsa de soja y los champiñones en su jugo.

Servir sobre pan integral o tostadas.

PATÉ DE GUISANTE TIERNO

Ingredientes para 8 personas:
1 cucharadita aceite de oliva • ½ taza de cebolla picada
½ cucharadita de sal • 1½ taza de guisante tierno cocinado
½ taza de nueces • 1 cucharada de vino blanco de cocina
2 cucharadas de mayonesa vegetariana • 1 cucharada de perejil picado
• pimienta al gusto

En una sartén con aceite y sal freír la cebolla hasta que dore. Agregar los guisantes. Cocinar a fuego lento 10 minutos. Enfriar. Licuar con los demás ingredientes. Vaciar en un molde de vidrio y dejar enfriar.

PANES Y REPOSTERÍA

Su historia es tan antigua como el fuego. Con una masa de harina y agua el hombre ha realizado varias formas de pan, desde la masa sin fermento cocida sobre piedras hasta la masa blanda, fermentada y mezclada con otros alimentos. Las diferentes preparaciones pueden hacerse según las exigencias dietéticas personales. Las tartas, las galletas y los pasteles en todas sus formas son llamativos platos para desayunos, fiestas y comidas ligeras.

GALLETAS

GALLETAS CON ALMENDRAS

Ingredientes:
1 taza de mantequilla • 1 cucharadita de esencia de vainilla
½ de taza de azúcar pulverizado • 1 cucharada de agua
2 tazas de harina de trigo (250 gr) • 1 taza de almendras
peladas troceadas

Mezclar la mantequilla, la esencia de vainilla, el azúcar y el agua, batir hasta formar una masa cremosa.

Agregar la harina, seguir batiendo y añadir las almendras, formar un rollo de 4 cm de diámetro, cubrir con papel parafinado y refrigerar durante ½ hora. En una bandeja para hornear no engrasada cubierta con papel parafinado, cortar las galletas en la forma deseada. Llevar al horno precalentado a 250 grados durante 10 minutos.

Retirar y, sin dejar enfriar, espolvorear con azúcar en polvo.

GALLETAS CROCANTES DE MANTEQUILLA

Ingredientes:
2 tazas de mantequilla derretida • 2 tazas de harina de trigo (250 gr)
½ de taza de panela en polvo • 2 cucharadas de azúcar pulverizado

Mezclar la mantequilla y la panela en polvo hasta obtener una crema suave. Agregar la harina sin dejar de mezclar.

Engrasar un molde para hornear y poner la mezcla en él, apretándola con los dedos para que se compacte y quede nivelada. Cortar la masa en rectángulos del mismo tamaño sin llegar hasta la base del molde.

Hornear a 170 grados hasta que la masa esté ligeramente dorada. Dejar enfriar durante 5 minutos, espolvorear con azúcar pulverizado, repasar los cortes y sacar después de reposar 1 hora en el molde.

GALLETAS DE AJONJOLÍ

Ingredientes:

½ kilo de harina de trigo tamizada (4 tazas) • 1 kilo de ajonjolí tostado
1 taza de mantequilla derretida • miel de panela
½ taza de azúcar • agua

Tamizar la harina con el azúcar. Agregar la mantequilla, rociar agua poco a poco y amasar hasta lograr una masa suave.

Miel de panela
2 panelas • 4 tazas de agua • jugo de 1 limón

Hervir todo hasta que tenga consistencia de melado espeso.

Mezclar en un plato hondo este melado y ajonjolí.

Extender la masa con rodillo entre 2 láminas de papel parafinado y cortar discos de 8 cm de diámetro y ½ cm de espesor. Mojar las galletas por un solo lado con el melado y ponerlas inmediatamente en un molde engrasado, hornear a 250 grados 12 a 15 minutos o hasta que estén doradas.

GALLETAS DE AVENA

Ingredientes:

½ taza azúcar moreno • ½ taza azúcar blanca • ½ taza mantequilla
blanda • 1 cucharadita de esencia de vainilla • 2 cucharadas de leche
o leche de soja • ½ cucharadita bicarbonato • ½ cucharadita polvo de
hornear • ½ cucharadita de sal • ½ de taza de uvas pasas
1 cucharadita ralladura de limón • ½ cucharadita de canela en polvo
1 taza harina de trigo (125 gr) • 2 tazas de avena en copos (250 gr)

Batir azúcar y mantequilla, luego agregar la leche.

Mezclar harina, bicarbonato, polvo de hornear y sal. Unir las dos mezclas, después incorporar la avena, la canela, las uvas pasas, la ralladura de limón y la esencia de vainilla.

Poner en una bandeja engrasada cucharadas de mezcla a 6 cm de distancia.

Hornear de 8 a 11 minutos a 350 grados.

GALLETAS DE JENGIBRE

Ingredientes:
1 taza de mantequilla • 4½ tazas de harina de trigo (535 gr)
1 cucharada de jengibre rallado • 2 cucharadas de agua caliente
1 cucharadita de sal • 1 cucharada de vinagre blanco
1 cucharadita de bicarbonato • 2 cucharadas de canela en polvo
1 taza de melaza o miel de panela

Mezclar en una sartén la mantequilla y la melaza a fuego medio durante 10 minutos, dejar enfriar, poner la harina, el jengibre, la sal y amasar.

Disolver aparte el bicarbonato en agua y agregarle el vinagre. Verter sobre la masa, mezclar todo muy bien. Hacer bolitas de 3 cm de diámetro y pasarlas sobre canela en polvo, ponerlas distanciadas en la lata, hornear durante 12 a 15 minutos a 250 grados.

GALLETAS DE NUECES

Ingredientes:
½ de taza de mantequilla • 3 tazas de harina de trigo tamizada
(375 gr) • 1 taza de azúcar • 2 cucharaditas de polvo de hornear
6 cucharadas de leche o leche de soja • ½ cucharadita de sal
1 cucharadita de vainilla • 1½ taza de nueces picadas

Batir la mantequilla con el azúcar hasta que esté cremosa.

Tamizar la harina, polvo de hornear y sal, mezclar la leche y vainilla y añadirle a la harina alternándola con la mantequilla. Agregar las nueces picadas y mezclar bien.

En una bandeja ligeramente engrasada, verter la mezcla por cucharaditas formando círculos, adornar cada galleta con una nuez partida. Hornear a 250 grados de 10 a 12 minutos o hasta que estén doradas, separarlas del molde y ponerlas a enfriar en una rejilla.

GALLETAS DE PASAS Y ESPECIAS

Ingredientes:

½ cucharadita de bicarbonato • ½ taza de azúcar moreno o panela
en polvo • ½ cucharadita de sal • ½ de taza de azúcar blanco
1 cucharadita de canela en polvo • 2 cucharadas de leche o leche de
soja • ½ cucharadita de nuez moscada • 1 taza de uvas pasas
1 taza de harina de trigo tamizada (125 gr) • 2 tazas de copos
de avena crudos • ½ taza de mantequilla suave

Revolver harina, sal, bicarbonato y especias. Agregar a esto la mantequilla, la leche, el azúcar moreno y el blanco.

Batir hasta que la mezcla esté suave. Revolver las pasas y la avena, luego agregarlas a la mezcla. Batir todo muy bien.

Poner cucharadas separadas de esta preparación en una bandeja engrasada y hornear las galletas a 250 grados durante 12 o 15 minutos.

MASAS

MASA DE HOJALDRE

Ingredientes:
3 tazas de harina de trigo (375 gr) • 1½ taza mantequilla
1 taza de agua helada • ½ cucharadita de sal
½ cucharadita de zumo de limón

Mezclar la harina y de sal, incorporar 4 cucharadas de mantequilla y mezclar, hacer un hueco en el centro de la harina, agregar el agua y el limón, amasar para lograr una masa fina y suave, formar una bola y refrigerar durante 30 minutos

Extender la masa con rodillo, poner trozos de mantequilla, doblar, rociar con agua y refrigerar durante 15 minutos. Repetir esta operación 3 veces más.

Dejarla reposar antes de usar. Se puede guardar hasta 3 meses en bolsa de plástico o película transparente autoadherente.

ALMOJÁBANAS

Ingredientes:
2 tazas de fécula de maíz o sagú (250 gr) • 2 cucharadas
de mantequilla • ½ kilo de cuajada fresca (queso sin procesar) • sal

Revolver todo bien hasta formar una masa. Hacer panes redondos.
Hornear a 250 grados hasta que doren.

PANDEBONO

Ingredientes:
½ kilo de maíz blanco peto (trillado) • ½ kilo de queso muy seco y salado o cuajada • 2 cucharadas de panela raspada
2 cucharadas de crema de leche • 1 cucharadita de polvo de hornear
½ cucharadita de sal • 1 taza de almidón de yuca

Poner a remojar el maíz tres días antes de la preparación del pandebono, cambiándole el agua. Poco antes de preparar la masa escurrir el maíz, moler para que quede una harina fina y poner sobre una mesa.

Hacer un hueco en el centro y agregar el queso rallado o molido y todos los demás ingredientes. Amasar cuidadosamente hasta que esté todo incorporado y quede una masa (no seca) elástica y suave.

Formar bolitas un poco aplastadas o roscas; ponerlas sobre bandeja engrasada, dejando espacio entre una y otra, meter al horno precalentado a 350 grados durante 25 minutos o hasta que estén doradas.

PAN DE YUCA

Ingredientes:
½ kilo de queso duro o manchego seco molido • 1 taza de leche
1½ taza de almidón de yuca • 1 cucharada de polvo de hornear
2 cucharadas de crema de leche • ½ cucharadita de sal

Mezclar todos los ingredientes y amasar hasta que quede una mezcla suave y elástica.

Armar en forma de media luna, del tamaño que se desee, y poner en bandejas engrasadas dejando un buen espacio entre uno y otro.

Asar en el horno a 350 grados hasta que doren.

PASTA BRISÉ
Para repostería

Ingredientes:
1 ½ taza de harina de trigo (160 g) • 7 cucharadas de mantequilla
fría cortada o rallada • ½ cucharadita de sal
3 cucharadas de agua helada

Mezclar pellizcando harina, sal y mantequilla formando terrones, agregar el agua helada, revolver, ponerla sobre una superficie lisa, amasar unos pocos segundos, envolver en papel parafinado y enfriar una hora.

PASTEL ESCAMOSO
Para cortezas de pasteles livianos

Ingredientes:

½ cucharadita de sal • ½ taza de agua fría • 2 tazas de harina
(250 gr) • ½ taza de mantequilla o manteca vegetal

Disolver la sal en agua, mezclar con la harina y la mantequilla hasta que queden moronas gruesas, formar una bola.

Reposar la masa envuelta en papel autoadherente y refrigerar.

PANES

P ara conservar el pan fresco, introducir en la bolsa donde se guarda una ramita de apio o unos cubos de azúcar. El pan de panadería (barras) se debe conservar siempre en bolsas de papel.

Preparación de levadura seca:

Para 1 cucharada de levadura seca, ¾ de taza de agua tibia, 1 cucharadita de azúcar.

Poner el agua tibia y el azúcar en una vasija amplia, rociar la levadura poco a poco sin revolver, tapar y conservar en un ambiente tibio hasta que se forme espuma.

ARROLLADO DE CANELA

Ingredientes para 10 personas:
2 tazas de harina de trigo (250 gr) • 2 cucharaditas de polvo
de hornear • 1 cucharadita de sal • 2 cucharadas de uvas pasas
½ taza de azúcar • ½ taza de leche o leche de soja
2 cucharadas de mantequilla • 2 cucharaditas de canela en polvo

En un tazón batir con la mano la harina, la sal y el polvo de hornear, luego ir agregando poco a poco la leche hasta formar una masa blanda. Dejar reposar 10 minutos. Estirar la masa con un rodillo sobre una superficie enharinada formando tiras de 30 cm de largo, 3 cm de espesor y 7 cm de ancho.

Espolvorear con canela, azúcar y trocitos de mantequilla. Luego agregar las uvas pasas. Enrollar y partir en rebanadas de 3 cm.

Hornear a 250 grados durante 15 minutos.

BIZCOCHOS DE QUESO

Ingredientes para 12 personas:
2 tazas de harina de trigo integral (250 gr) • 2 cucharadas de
mantequilla • H taza de queso blando rallado • ¾ de taza de leche o
leche de soja • 2 cucharadas de agua • 1 cucharadita de sal
1 cucharada de levadura en polvo • hierbas aromáticas al gusto

Mezclar la levadura preparada con harina y sal. Agregar la mantequilla
y mezclar con un cuchillo, sin amasar. Agregar suavemente el queso.
Hacer un hueco en el centro de la harina, añadir la leche, revolver con un
tenedor y amasar suavemente.

Estirar la masa con un rodillo, cortar discos de más o menos 2 cm de
espesor, untar con mantequilla blanda y rociar con hierbas aromáticas.

Hornear a 250 grados hasta que estén dorados.

CHAPPATIS

Ingredientes para 12 personas:
250 gr de harina de trigo integral (2 tazas) • ½ cucharadita de sal
1 taza bajita de agua caliente • 2 cucharadas de ghee derretida
(ver receta)

Tamizar la harina y la sal, añadir el agua poco a poco hasta obtener una
masa flexible. Amasar durante 8 minutos, cuidando de que no se pegue
en la mano, tapar con un paño y dejar en un ambiente tibio otros 45 minutos.

Repartir la masa en 12 bolas. Luego extender cada una con rodillo sobre
una superficie enharinada formando círculos de 15 cm de diámetro. Calentar una sartén plana a fuego medio y pasar el chappati por ambos lados hasta que forme puntos dorados, así hasta terminar.

Poner los chappatis unos segundos en el horno, precalentado a temperatura
alta, en la parte de arriba, hasta que soplen, o sobre la llama del fogón.

Untar el ghee al gusto en cada chappati.

CROTONES DE PAN

Para acompañar ensaladas o consomés.

Partir el pan en dados.

En una plancha con aceite saltear ajo y dorar los dados de pan.

Variación: Otras especias y sabores.

Rociados con limón

Tomillo, paprika y comino en polvo.

Semillas de hinojo.

FOCACCIA

Ingredientes:
1 cucharada de levadura seca • 375 gr de harina de trigo (3 tazas)
250 ml de agua tibia (1 taza) • 1 cucharadita de sal marina
4 cucharadas salvia picada • ½ taza de aceite de oliva

Mezclar la levadura preparada con la harina, agregar sal, salvia, aceite y agua para formar una masa blanda. Pasar la masa a una superficie enharinada y amasar hasta que esté elástica. Engrasar un tazón, poner la masa y dejar leudar 1 hora.

Precalentar el horno a 200 grados. Hacer dos discos de 2,5 cm de espesor y de 15 y 25 cm de diámetro. Poner en la bandeja engrasada. Untar de aceite por encima y rociar con sal marina.

Hornear 40 minutos hasta que el pan suene hueco.

Cubrir con rodajas de tomate y queso mozzarella o con salsa pesto.

MUFFINS

Ingredientes para 6 personas:
250 gr de harina de trigo (2 tazas) • 1 cucharadita de sal
1 cucharadita de polvo de hornear • 2 cucharaditas de azúcar
1½ taza de leche agria • 1 cucharadita de bicarbonato

Tamizar la harina sola y luego una segunda vez con la sal, azúcar y polvo de hornear. Disolver el bicarbonato en la leche y agregar a la harina poco a poco hasta lograr una masa cremosa.

Poner la masa en moldecitos individuales engrasados. Llevar al horno a 250 grados, hasta que estén dorados.

Especiales para acompañar con té o café.

PAN DE PLÁTANO

Ingredientes para 8 personas:
1½ taza de harina de trigo (225 g) • 1 taza de plátano maduro en puré (3 bananos) • ⅓ de taza de mantequilla • 5 cucharadas de leche o leche de soja • ½ taza de nueces picadas • 4 cucharaditas de polvo de hornear • 1 cucharadita de bicarbonato
½ cucharadita de sal • ⅓ de taza de panela en polvo

Tamizar la harina, polvo de hornear, sal y bicarbonato. Agregar la mantequilla derretida, 2 cucharadas de leche y azúcar, mezclar bien, luego agregar el resto de la leche y nueces.

Poner la mezcla en un molde engrasado para pan. Llevar al horno precalentado a 250 grados durante 40 minutos y dejar enfriar.

Variación: El plátano se puede reemplazar por ahuyama cocinada (calabaza) o zanahoria rallada.

PAN DE AJONJOLÍ

Ingredientes:
500 gr de harina de trigo (4 tazas) • ½ cucharadita de sal • 75 gr de mantequilla • 1 taza de agua • ½ taza de aceite • 2 cucharadas de leche en polvo • 2 cucharadas de levadura seca • 1 cucharada de canela • ½ taza de azúcar • ½ taza de leche para mojar la masa
½ taza de ajonjolí tostado y molido • ralladura de piel de 4 limones
250 gr de uvas pasas remojadas y ligeramente licuadas
jugo de 2 limones

Preparar la levadura en ½ taza de agua tibia con 3 cucharaditas de azúcar y dejar en reposo.

En un tazón mezclar harina, agua, mantequilla derretida, aceite, levadura y sal, amasar y dejar en un sitio tibio hasta que doble su tamaño.

Mezclar el ajonjolí con ½ taza de azúcar, canela y ralladura de limón.

Una vez que la masa haya levantado, dividirla en dos y extender con el rodillo. Encima de cada uno colocar mezcla de ajonjolí, pasas y leche en polvo. Enrollar y llevar al horno precalentado a 250 grados por 20 minutos. Barnizar permanentemente los panes con una mezcla de leche, zumo de limón, aceite, azúcar y vainilla (opcional), para conservarlos húmedos durante el horneado.

PAN DE REMOLACHA

Ingredientes para 2 panes:
½ taza de agua tibia • 500 gr de harina de trigo (4 tazas)
1 taza de remolacha cocinada • 2 cucharadas de levadura licuada en
½ taza de agua • 1 cucharada de azúcar moreno • 2 cucharadas de
miel • aceite • 3 cucharadas de aceite de soja • sal al gusto
100 gr de harina de soja tamizada (½ de taza)

Preparar la levadura (ver receta) y dejar en reposo.

Licuar la remolacha en el agua, pasar a un recipiente y agregar la levadura, miel y aceite de soja; mezclar bien.

En otro recipiente tamizar las harinas y la sal, agregar a la mezcla anterior y amasar bien, tapar y dejar reposar durante una hora.

Sacar la masa y volver a amasar sobre una superficie enharinada, dividir la masa en 6 raciones, formar cilindros con cada una de ellas, luego formar 2 panes entrelazando 3 cilindros para cada uno, formando una trenza. También se puede repartir la masa en 2 recipientes y obtener 2 moldes de pan.

Colocar los panes en moldes aceitados y hornear a 250 grados durante 35 minutos.

PAN DE PATATA

Ingredientes para 12 personas:
1 cucharada de levadura seca • 1 taza de puré de patata
1 cucharadita de cebollín • 3 tazas de harina de trigo (440 g)
1 taza de agua tibia • 1 cucharadita de sal
1 cucharada de semillas de girasol • 2 cucharadas de leche en polvo

Preparar la levadura.

Tamizar la harina, sal y leche en polvo. Revolver con tenedor, añadiendo la patata y el cebollín. Añadir la levadura y agua tibia, revolviendo continuamente. Amasar hasta que esté suave. Dejar reposar en un recipiente engrasado durante 1 hora o hasta que suba por completo. Volver a amasar y formar 12 bolas iguales, acomodarlas una al pie de la otra en un molde redondo engrasado. Dejar reposar nuevamente 10 minutos. Adornar con las semillas.

Hornear a 200 grados durante 20 minutos.

ROSCÓN SUECO

Ingredientes para 6 personas:
1 cucharada de levadura • ⅓ de taza de leche o leche de soja
2 cucharadas de agua tibia • 60 gr de mantequilla blanda
3 tazas de harina de trigo (375 g) • ½ cucharada de sal • agua fría

Relleno
30 gr de mantequilla • 1 cucharada de azúcar refinado • ½ taza de fruta cristalizada y remojada • ½ taza de nueces • ½ taza de cereales partidas
Mezclar muy bien.

Glaseado
1 taza de azúcar • 2 cucharadas de leche o leche de soja
1 cucharadita de esencia de vainilla

Mezclar todos los ingredientes.

Preparar la levadura. Aceitar un molde. Calentar la leche con la mantequilla, azúcar y sal.

Tamizar la harina y agregar levadura y leche, revolver y lograr una masa blanda y elástica, luego poner en una lata engrasada y rociar con aceite por encima, dejar en un sitio caliente hasta que crezca. Nuevamente amasar y golpear. Formar un rectángulo con un rodillo y poner el relleno, enrollar y formar un círculo, después hacer cortes y poner a crecer.

Hornear a 200 grados durante 25 minutos y cuando enfríe cubrirlo con el glaseado.

PAN INTEGRAL DE HIERBAS

Ingredientes para 8 personas:
350 gr de harina integral de trigo (2½ tazas) • 1 cucharada de eneldo
picado • 150 gr de harina de trigo (1½ taza) • 1 ajo macerado
½ cucharada de levadura seca • 2 cucharadas de aceite de oliva
½ cucharadita de sal • 1 taza de agua tibia
½ cucharadita de tomillo picado

Mezclar las harinas con la sal. Preparar la levadura (ver receta) y revolver con lo anterior.

Añadir las hierbas y el ajo, revolviendo todo hasta que quede una masa pegajosa. Seguir amasando y agregar poco a poco harina hasta que la masa se vuelva elástica. Poner a reposar la masa tapada en un recipiente ligeramente aceitado y en un sitio tibio hasta que logre el doble del tamaño (fermentar aproximadamente 1 hora).

Volcar la masa en una superficie enharinada, golpear y amasar; formar dos cilindros, ponerlos en la bandeja de asar aceitada y dejar reposar 10 minutos. Precalentar el horno a 200 grados y hornear durante 20 minutos.

PAN ITALIANO

Ingredientes para 6 personas:
1 cucharada de levadura • 1 taza de agua tibia • 3½ tazas de harina
de trigo (440 gr) • 1 cucharadita de sal • 1 cucharada de aceite
de oliva • 1 taza de agua tibia • 2 cucharadas de harina de maíz
1 cucharada de miel

Preparar la levadura y dejarla reposar. Tamizar la harina y sal, hacer un hueco en el centro y agregar levadura, miel, aceite y agua, revolver con cuchara de madera. Pasar a una superficie enharinada, amasar 5 minutos y añadir harina hasta formar una masa fina.

Poner esta masa en un recipiente engrasado, agregándole aceite por encima. Dejar reposar 1 hora, hasta que crezca la masa. Luego formar una bola y poner sobre la bandeja del horno engrasada y rociada con harina de maíz. Aplanar un poco la superficie, hacer cortes con un cuchillo, espolvorear con harina de maíz y llevar al horno precalentado a 200 grados durante 30 minutos. En el fondo del horno debe haber una vasija metálica con agua.

Especial para comer con queso ricota.

PAN RELLENO

·»·«·

Ingredientes
250 gr de harina de trigo (2 tazas) • ½ cucharadita de sal
1½ cucharada de aceite • agua caliente para mojar la masa

Relleno
1 cucharada de mantequilla • ½ cucharadita de jengibre rallado
250 gr de espinacas cocinadas y picadas • ½ cucharadita de sal
1 cucharadita de especias mezcladas • ½ cucharadita de cúrcuma

En una sartén poner la mantequilla, la cúrcuma y el jengibre, calentar durante unos segundos. Mezclar con las espinacas y sal, dejar enfriar.

Tamizar la harina y sal. Añadir aceite y agua suficientes para formar una masa consistente. Cuando la masa se desprenda de las manos agregar las especias. Amasar nuevamente y llevar a la nevera tapada con un paño.

Dividir la masa en 20 bolas, abrir en cada una de ellas un hueco y colocar el relleno. Volver a formar las bolas e ir poniéndolas sobre una superficie aceitada, aplanando cada una con rodillo.

Hornear a 250 grados durante 20 minutos o hasta que estén doradas.

Servir calientes con patatas frías.

PARATHA (pan laminado)

Ingredientes para 15 personas:
350 gr de harina de trigo • 175 ml de agua caliente • ½ cucharadita de sal • 3 cucharadas de mantequilla • 4 cucharadas de aceite

Tamizar la harina y sal, añadir el aceite y amasar bien. Agregar poco a poco el agua, hasta obtener una masa suave (que no se pegue). Repartir la masa en 15 raciones, aplanarlas con rodillo sobre una superficie enharinada. Untar de mantequilla por ambos lados, doblar en triángulos y volver a pasarles el rodillo.

Calentar una plancha de fondo grueso e ir poniendo uno a uno los panes, volteándolos por cada lado hasta que aparezcan puntos dorados.

Agregar la mantequilla y aceite a una sartén y freír los panes tostados uno a uno, por cada lado.

Conservar calientes.

PASTEL EN HERRADURA CON VEGETALES

Ingredientes para 10 personas:
2 tazas de harina de trigo • ½ cucharadita de sal
1 cucharada de mantequilla en trocitos • ½ taza de leche
o leche de soja • ½ taza de agua

Relleno:
1½ taza de queso fuerte (emmental o parmesano) rallado en tiras
2 tomates pelados y en cuadritos • 1 pepino finamente picado

1 cucharadita de cebollín finamente picado • 8 aceitunas finamente picadas • condimentos al gusto

Mezclar todos los ingredientes, reservando ½ taza de queso para cubrir.

Precalentar el horno a 250 grados. Mezclar ligeramente la harina, sal y mantequilla. Mezclar la leche con el agua e ir agregándola poco a poco a la mezcla de harina, reservando un poco para pincelar.

Trabajar ligeramente la masa hasta que esté blanda. Dejarla reposar. Luego pasarla a una superficie enharinada y amasar un poco más. Estirar la masa con un rodillo dándole forma rectangular y un grosor de 1 cm.

Extender el relleno sobre la masa y enrollar dándole forma de herradura. Hacer cortes sobre la masa, pincelar con agua leche y espolvorear con queso.

Hornear durante 20 minutos.

REPOSTERÍA

SUCEDÁNEO DE HUEVO

Es importante que una vez se tenga la mezcla de la masa con el sucedáneo se meta al horno precalentado inmediatamente. A mayor demora, menos efectividad. Un huevo equivale a 1½ cucharadita del producto, disueltas en 2 cucharadas de agua tibia. Si la receta necesita huevos sin batir, entonces no batir la mezcla. Si la receta necesita claras de huevos a punto de nieve, entonces batir el producto con el agua hasta que espese y crezca. Si la receta necesita yemas, mezclar 1½ cucharadita con 1 cucharada de agua por cada yema. Otros líquidos como la leche de vaca y de soja pueden reemplazar el agua en la mezcla.

SUSTITUTO DE LA YEMA DE HUEVO

Ingredientes:
½ taza de harina de soja • 1 taza de agua • 2 cucharadas de aceite
½ cucharadita de sal

Licuar la harina con el agua, cocinar a fuego medio al baño maría durante 1 hora. Luego agregar el aceite y la sal.

Refrigerar para que espese. Dos cucharaditas de esta mezcla equivalen a una yema de huevo.

SUSTITUTOS DE HUEVO

Lecitina líquida: 1 cucharada rasa equivale a 1 huevo. Utilizada en la preparación de galletas.

Harina de garbanzos: Utilizada para rociar en panes de nuez, apanados y pancakes.

Albaricoque: Remojar 250 gr en 2 tazas de agua; al siguiente día, licuar y refrigerar, 1 cucharada equivale a un huevo.

Linaza molida: Agregar 1 taza de linaza a 3 tazas de agua, hervir revolviendo constantemente durante 3 minutos. Enfriar y refrigerar, 2 cucharadas equivalen a un huevo batido.

GHEE O MANTEQUILLA CLARIFICADA

Ingredientes:
½ kilo de mantequilla pura

En una olla de fondo grueso poner la mantequilla a fuego medio, revolviendo constantemente con una espumadera (cuchara con huecos pequeños). Vigilar el fuego para que la mantequilla no se dore. Retirar con frecuencia la espuma que se forma en la superficie hasta que la mantequilla esté transparente. Dejar enfriar y verter en un recipiente de vidrio con tapa.

Se usa como mantequilla de mesa, para preparar salsas, frituras, etcétera.

BROWNIE

Ingredientes:
3 tazas de harina de trigo (375 gr) • 1½ taza de azúcar moreno
250 gr de chocolate instantáneo o 1¼ de taza de cacao o preparado
comercial del producto • 1 cucharadita de bicarbonato
1 cucharadita de sal • 2 cucharadas de vinagre • 2 cucharadas
de esencia de vainilla • ⅓ de taza de aceite • 2½ tazas de leche

Mezclar y tamizar en un tazón los ingredientes secos. En otro tazón mezclar los líquidos.

Pasar poco a poco la mezcla de los líquidos al otro tazón batiendo muy bien. Verter en un molde previamente engrasado y llevar al horno precalentado a 250 grados durante 40 minutos. Hacer la prueba del cuchillo.

CHEESE CAKE DE FRESA

Ingredientes para 8 personas:
½ kilo de mascarpone o queso filadelfia • 200 gr de crema
de leche espesa • 100 gr de azúcar pulverizado • 300 gr de galletas
macarenas o grahams • 50 gr de mantequilla derretida
½ kilo de fresas maduras • 3 cucharadas de miel
½ taza de mermelada de agraz o melocotón
piel de limón rallada y jugo

Preparar la base con las galletas trituradas y la mantequilla derretida formando una masa; si queda muy seca, humedecer y amasar con un poco de zumo de naranja o mandarina; dejar reposar.

Cubrir un molde desarmable de 2 cm de fondo con la masa de galletas hasta su borde superior, llevar al horno precalentado a 250 grados durante 15 minutos o hasta que endurezca un poco. Dejar enfriar.

Limpiar las fresas, desinfectarlas en agua con vinagre, aclarar y secar. Rociar con azúcar y llevar a la nevera.

Entre tanto mezclar queso, crema, zumo de limón, ralladura de limón y miel, batiendo hasta que tome una consistencia cremosa y homogénea. Llevar a la nevera 5 minutos. Cubrir el molde de galleta con la mezcla de queso, luego con la mermelada y adornar con las fresas azucaradas.

PASTEL DE CHOCOLATE CON FRUTOS SECOS

Ingredientes para 6 personas:
½ taza de almendras laminadas • ½ taza de nueces de macadamia
picadas • ½ taza de nueces picadas • 1 taza de frutos secos remojados
(manzanas, peras, albaricoque, etc.) • ⅔ de taza de harina
de trigo (85 g) • 2 cucharadas de cacao • 1 cucharadita de canela
molida • 60 gr de chocolate negro picado • 60 gr de mantequilla
3 cucharadas de azúcar • 2 cucharadas de miel

Preparar un molde de 20 cm de diámetro untado de mantequilla y aceite con papel parafinado.

Mezclar en una fuente todas las nueces y frutos secos. Añadir la harina, cacao y canela.

En un recipiente fundir: chocolate, mantequilla, azúcar y miel; cuando estén derretidos, dejar reposar y agregar a la mezcla anterior. Revolver muy bien.

Verter la mezcla en el molde. Hornear durante 25 minutos a 250 grados. Dejar enfriar.

Servir en raciones finas.

PASTEL DE CHOCOLATE Y QUESO

Ingredientes para 6 personas:
½ paquete de galleta integral • 250 gr de queso cremoso o de soja blando • 2 cucharadas de mantequilla • 2 cucharadas de azúcar moreno o miel • 2 cucharadas de chocolate derretido • 1 cucharadita de esencia de vainilla • 2 cucharadas de harina integral • ½ taza de crema de leche espesa o crema de almendras

Amasar las galletas con la mantequilla.

Cubrir el molde con esta masa.

Aparte batir el queso, harina integral y azúcar. Reservar 2 cucharadas de azúcar y rociarla sobre la masa de galleta.

Luego mezclar la crema de leche espesa, vainilla, miel, chocolate derretido y 2 cucharadas de queso de la mezcla anterior. Cubrir el molde con esta mezcla y llevar al horno a 300 grados durante 40 minutos.

Para la crema de almendras:
20 almendras remojadas desde el día anterior
½ vaso de agua

Pelar las almendras y licuarlas en el ½ vaso de agua.

PASTEL DE MANZANA Y PASAS

Ingredientes para 6 personas:
4 manzanas medianas • 1 cucharadita de canela y especias
2 cucharaditas de polvo de hornear • 1½ taza de harina
de trigo (190 g) • 1 taza baja de panela en polvo • ½ taza de
mantequilla (derretida y enfriada) • 1 taza de compota de manzana
fresca • molde de 20 cm de diámetro • pasas al gusto

Precalentar el horno a 250 grados. Engrasar el molde.

Pelar 3 manzanas y cortarlas en láminas finas, colocar en una fuente con
azúcar, pasas, canela, harina, polvo de hornear, mantequilla y compota de
manzana muy clara. Mezclar todo con cuchara de madera. Verter la mezcla en el molde engrasado.

Hornear durante 1 hora o hasta que el cuchillo salga limpio. Poner a enfriar sobre una rejilla.

Cubrir el pastel con un glaseado de queso cremoso y limón (opcional).

Glaseado
100 gr de queso cremoso • ¾ de taza de azúcar pulverizado
2 cucharaditas de miel caliente • 2 cucharaditas de leche
ralladura de limón

Batir fuertemente.

Compota de manzana
1 manzana pelada y sin semillas • ½ taza de agua • 1 pizca de canela
1 cucharada de panela en polvo

Cocinar y licuar.

PASTEL DE QUESO 1 MINUTO

Ingredientes para 6 personas:
1 taza de miga de galletas semidulces • 2 cucharadas
de azúcar moreno • 2 cucharadas de mantequilla derretida
1 taza de zumo de naranja

Formar una pasta con estos ingredientes, forrar un molde engrasado y hornear durante 15 minutos a 250 grados y dejar enfriar.

Relleno
1 taza de queso crema • ⅓ de taza de azúcar • ½ cucharadita
de esencia de vainilla • 1 pera en rodajas finas • ½ taza
de nueces picadas

Crema de leche batida.

Batir en un tazón el queso crema, el azúcar y la esencia de vainilla.

Rellenar la pasta y llevar a la nevera.

Al servir, decorar el pastel con peras, nueces picadas y crema de leche batida.

PASTEL DE REQUESÓN CON MANZANA
—◦•★•◦—

Ingredientes para 6 personas:
½ de taza de harina de trigo (85 gr) • ½ taza de harina integral (70 gr)
• 60 gr de mantequilla blanda • ½ taza de azúcar panela
2 cucharadas de agua • ½ taza de crema de leche
2 manzanas peladas en rodajas • 1 cucharadita de polvo de hornear
½ taza de pasas remojadas • 1 taza de requesón
mermelada de fruta roja • ralladura y jugo de un limón

Mezclar la primera harina con la mantequilla y el agua hasta formar una masa. Poner en molde desmontable engrasado apretando bien contra la superficie. Luego poner una capa de mermelada sobre la masa y cubrir con manzanas y pasas.

Batir el resto de ingredientes. Verter la mezcla sobre las manzanas.

Hornear a 250° durante 25 minutos o hasta que dore.

Espolvorear con azúcar. Servir tibio.

PONQUÉ BÁSICO

Ingredientes para 6 personas:
1 taza de azúcar moreno • 2 cucharaditas de polvo de hornear
1 cucharadita de nuez moscada • ½ taza de mantequilla
2 tazas de harina de trigo (250 g) • 1 cucharadita de bicarbonato
½ cucharadita de sal • ½ de taza de leche
zumo de 1 naranja

Batir la mantequilla con el azúcar; cuando esté cremosa añadirle la harina tamizada con los ingredientes secos, seguir batiendo y agregar poco a poco la leche y el zumo de naranja. Colocar en molde engrasado y llevar al horno a 250 grados durante 50 minutos.

NOTA: Este ponqué se puede enriquecer con ciruelas, nueces, manzanas, etcétera.

PONQUÉ DE CAFÉ Y PASAS

Ingredientes para 8 personas:
2 tazas de café fuerte • 1 taza de frutas deshidratadas remojadas
2 cucharadas de mermelada de naranja • 3 tazas de harina de trigo
tamizada (375 g) • 1½ taza de uvas pasas remojadas • 1 cucharadita
de bicarbonato • 1 taza de azúcar moreno • 2 cucharaditas de polvo de
hornear • 3 cucharadas de mantequilla • 2 cucharaditas de especias
mezcladas (canela, nuez moscada, etc.) • ½ cucharadita de sal

Mezclar los primeros seis ingredientes en una cacerola, hervir 5 minutos, enfriar y licuar muy poco.

Tamizar la harina, bicarbonato, sal, especias y polvo de hornear, agregar a la mezcla anterior, batir 5 minutos.

Verter en molde engrasado, llevar al horno a 250 grados unos 50 minutos.

PONQUÉ DE NARANJA

Ingredientes para 6 personas:
2 tazas de harina de trigo (250 g) • 1 naranja (ralladura y zumo
por separado) • 1 cucharada de bicarbonato
½ taza de uvas pasas • 1 cucharadita de sal • ½ taza de leche o
leche de soja • ½ taza de mantequilla • ⅓ de taza de almendras o
nueces molidas • 1 taza de azúcar moreno o panela en polvo

Licuar la leche, naranja y la mitad de las uvas y nueces.

Tamizar la harina, bicarbonato y sal.

En un tazón batir mantequilla y azúcar hasta conseguir una mezcla cremosa. Agregar lentamente la harina tamizada y el licuado de leche, seguir batiendo. Por último añadir la ralladura, nueces y pasas. Batir 5 minutos.

Hornear a 250° en molde engrasado durante 40 minutos.

PIE DE LIMÓN

Ingredientes para 8 personas:
1 caja de galletas semidulces tipo maría • 500 gr de leche condensada
500 gr de crema de leche • 1 taza de zumo de limón
ralladura de limón

Licuar la leche condensada, crema de leche y zumo de limón.

Colocar en una pirex rectangular una capa de galletas, cubrir con la crema preparada. Repetir las capas refrigerando cada tanda 15 minutos en la nevera.

Cubrir con ralladura de limón y llevar a la nevera durante una hora.

TARTA DE CIRUELAS Y FRESAS

Ingredientes para 8 personas:
400 gr de harina (3⅓ tazas) • 50 gr de azúcar • 2 cucharadas de aceite
agua • ciruelas sin semillas • mermelada de fresa o frambuesa

Mezclar la harina, azúcar, aceite y agua suficiente hasta obtener una masa blanda pero consistente. Extenderla y dejarla en ½ cm de espesor; dividirla en discos de 8 cm y sobre cada uno de ellos colocar ciruelas y azúcar, doblar formando medialunas y presionar los bordes.

Hornear durante 20 minutos a 250 grados.

TARTA DE MELOCOTONES

Ingredientes para 8 personas:
200 gr de mantequilla • 150 gr de azúcar moreno • 6 melocotones
3 cucharadas de almendras laminadas • 1 cucharadita de canela
en polvo • 2 cucharaditas de jengibre fresco rallado
300 gr de harina de trigo (2½ tazas) • 2 cucharaditas
de polvo de hornear • 200 gr de yogur natural

Derretir la mantequilla con el azúcar, canela y jengibre rallado, luego batir un poco. Añadir la harina y polvo de hornear, revolviendo constantemente e ir agregando poco a poco el yogur.

Engrasar un molde redondo con mantequilla y rociar con azúcar. Poner los melocotones boca abajo en el molde y cubrir con la masa.

Llevar al horno durante 45 minutos a 250 grados.

Desmoldar y voltear la tarta. Adornar con las almendras y servir ligeramente caliente.

TARTA DE PACANAS

Ingredientes para 8 personas:
36 galletas semidulces trituradas • 100 gr de pacanas trituradas u otro tipo de semillas (marañón, macadamia, etc.) • 1 cucharada de azúcar moreno o miel • 1 cucharada de coco rallado • ½ cucharadita de canela en polvo • 100 gr de mantequilla fundida

Mezclar estos ingredientes hasta formar una masa. En un molde desmontable, de más o menos 22 cm de diámetro, colocar la masa presionándola con los dedos, dejándola de 1 cm de espesor, y llevarla al horno a 250 grados durante 20 minutos.

Dejar enfriar.

Relleno
250 gr de chocolate negro • ⅓ de taza de leche o leche de soja
1 cucharadita de café instantáneo • 1 taza de crema batida
o crema de almendras

Calentar la leche en un recipiente de fondo grueso.

En otro recipiente poner el chocolate partido en trozos, agregar la leche hirviendo y revolver hasta que el chocolate derrita. Añadir el café y la crema batida. Revolver hasta que la crema quede homogénea. Verter sobre la masa de galleta y llevar a la nevera.

TARTA DE ZANAHORIA

Ingredientes para 8 personas:
200 gr de harina de trigo (1½ taza) • 750 gr de zanahorias
120 gr de mantequilla • 250 gr de azúcar moreno
½ cucharadita de sal • 2½ tazas de agua • crema de leche espesa o almendras laminadas para decorar (opcional) • 1 limón

Pelar las zanahorias y rallarlas finamente.

Preparar un jarabe con 2½ taza de agua y el azúcar. Agregar las zanahorias ralladas y cocinarlas a medio hervor hasta que se evapore un poco el líquido, formando una compota.

Quitar la piel del limón, picarla finamente y añadirla a la cocción. Añadir una cucharada de zumo de limón a la compota.

Para la pasta de cubierta:

Cortar la mantequilla en trocitos y amasarla con la harina, agregar sal y agua poco a poco hasta formar una masa suave.

Extender esta masa con un rodillo y cubrir el molde engrasado, pinchar la masa con un tenedor y ponerla en el horno sin relleno, sacar a los 15 minutos y rellenar con la compota. Adornar con crema espesa.

TARTA INTEGRAL DE MANZANA

Ingredientes para 6 personas:

4 manzanas verdes • 5 cucharadas de agua helada • 1½ taza de harina de trigo (190 g) • ½ taza de panela en polvo • ½ de taza de germen de trigo (30 g) • 1 cucharadita de ralladura de limón • 1 cucharada de harina de trigo integral • ½ taza de uvas pasas remojadas
½ taza de avena en copos (75 g) • 2 cucharaditas de clavos de olor
½ taza de mantequilla fría en trocitos y canela en polvo

Pelar las manzanas, quitarles las semillas, partirlas en láminas y conservarlas en agua con limón.

Para la masa:

Mezclar en un tazón la harina, germen de trigo, avena y mantequilla fría. Revolver pellizcando, agregar poco a poco el agua fría, formando una masa, extenderla con el rodillo y doblar.

Guardar en la nevera 15 minutos. Nuevamente extender con el rodillo, doblar y guardar. Así 2 o 3 veces.

En una bolsa plástica poner las manzanas con ⅓ de taza de la panela, 1 cucharadita de clavos y canela, uvas pasas, ralladura de limón y 1 cucharada de harina integral. Revolver todo muy bien. Cubrir el molde con la mitad de la masa. Rellenar con las manzanas, cubrir con la otra parte de la masa y sellar los bordes. Espolvorear con el resto de la panela en polvo y 1 cucharadita de clavos y canela.

Llevar al horno precalentado a 200 grados durante 1 hora aproximadamente.

TORTA DE CHOCOLATE

Ingredientes para 6 personas:
1 taza de panela en polvo • 1½ taza de harina de trigo (190 g)
⅓ de taza de cacao • 1 cucharadita de bicarbonato
½ cucharadita de sal • 2 cucharaditas de esencia de vainilla
½ taza de aceite de maíz • 1 taza de agua fría
2 cucharadas soperas de vinagre de frutas

Precalentar el horno a 250 grados.

En el molde en que se va a hornear mezclar todos los ingredientes, menos el vinagre, revolver bien con una espátula hasta lograr una mezcla homogénea.

Añadir el vinagre, revolver rápidamente y llevar inmediatamente al horno. No se debe demorar en hornear una vez que se le haya agregado el vinagre.

Hornear durante 30 minutos o hasta que se levante en el centro y se despeguen los bordes.

Enfriar. Se puede cubrir con azúcar pulverizado o salsa de chocolate. Sabe mejor al día siguiente.

TORTA DE CIRUELAS CON TOFU

Ingredientes:
1½ taza de aceite • ½ kilo de tofu firme • 1½ taza de azúcar moreno
½ kilo de harina con polvo de hornear incluido (500 gr)
2 limones, jugo y corteza rallada • 1 cucharadita de polvo de hornear
½ kilo de ciruelas picadas

Glaseado de mantequilla con limón o naranja.

Batir el aceite, el tofu, el azúcar y el zumo de limón hasta formar un puré.

Pasar el puré a un recipiente y tamizar en él la harina y el polvo para hornear, luego agregar la corteza de limón y ciruelas. Mezclar y verter en una pirex engrasada y forrada en papel parafinado.

Hornear a 180 grados 1 hora o hasta que esté la prueba del cuchillo.

Dejar enfriar, desmoldar y rociar con el glaseado antes de servir.

TORTA DE PAN

Ingredientes:
5 tazas de pan duro • 5 tazas de leche o leche de soja
2 astillas de canela • ½ taza de azúcar moreno
1 taza de dulce de guayaba picado • 1 taza de dulce de leche
1 taza de queso mozzarella en lonchas o rallado grueso

Hervir la leche con el azúcar y la canela, retirar la canela, sumergir el pan y esperar a que se ablande.

Reparar una pirex engrasada, desmenuzar el pan y formar capas de pan desmenuzado, bocadillo, arequipe y queso, finalizar con una capa de pan, llevar al horno a 250 grados por 40 minutos o hasta que dore por encima. Dejar reposar y servir tibio.

TORTA DE SALVADO Y LECHE CORTADA

Ingredientes:
3 tazas de harina de trigo (375 g) • 1 taza de panela en polvo
⅔ de taza de salvado de trigo • 2 vasos de leche
1½ cucharada de vinagre de frutas • 1½ cucharadita de polvo de
hornear • ⅔ de taza de aceite • jugo de ½ limón

Agregar a la leche el zumo de limón y vinagre y dejar reposar durante 5 minutos.

Revolver muy bien todos los ingredientes secos. Luego mezclar con el aceite y la leche cortada y batir suavemente 5 minutos.

Poner en molde engrasado y llevar al horno 45 minutos a 350 grados.

ROLLO FESTIVO

Ingredientes:
2 cucharadas de miel • 100 gr de uvas pasas (½ taza)
3 cucharadas de aceite de soja • 1 manzana roja pelada y cortada en
trozos • ½ taza de agua tibia • 150 gr de mermelada de melocotón
½ limón zumo y ralladura de cáscara • 3 brevas o higos en almíbar
cortados en trozos • 1 taza de leche de soja (ver receta)
6 cerezas marrasquino por mitades • 100 gr de harina de soja tamizada
(½ de taza) • 600 gr de crema pastelera • 650 gr de harina de trigo
tamizada (5 tazas) • almíbar • 2 cucharadas de levadura seca • aceite
1 cucharada de azúcar moreno • sal al gusto
100 gr de coco rallado (½ taza)

Preparar la levadura y dejar reposar 10 minutos. Agregar la miel, el aceite de soja, el agua, la ralladura, el zumo de limón y la leche de soja;
mezclar.

Añadir la harina de soja, sal y la harina de trigo, mezclar bien todos los
ingredientes y amasar sobre una superficie enharinada. Formar una bola
y dejar reposar en un recipiente tapado durante 20 minutos.

Estirar la masa formando un rectángulo con espesor de 1 cm, extender el
relleno sobre la masa, enrollar con cuidado, al final presionar con los
dedos los dos lados de la masa para evitar que el relleno se salga. Pincelar con aceite la superficie. Adornar intercalando las brevas y las cerezas.

Dejar reposar 2 horas y hornear a 250 grados durante 30 minutos. Retirar e inmediatamente pincelar con el almíbar.

Crema pastelera (600 gr)
2 tazas de leche de soja (ver receta) • 1 taza de azúcar moreno
60 gr de harina de trigo tamizada (½ taza) • 2 cucharadas de fécula
de maíz • 5 hebras de azafrán • 1 cucharadita de esencia de vainilla

Hervir a fuego lento la leche de soja con el azúcar. En un recipiente agregar la harina, la fécula de maíz y 3 cucharadas de la leche azucarada;
mezclar bien. Añadir el azafrán y esencia de vainilla. Mezclar nuevamente, agregar a la leche que está en el fuego y revolver continuamente hasta
espesar. Retirar y dejar enfriar.

Relleno

Colocar en un recipiente el coco rallado, la crema pastelera, las uvas pasas, la manzana, las brevas, las cerezas y la mermelada de melocotón. Mezclar hasta obtener una preparación homogénea.

Almíbar

Mezclar ½ taza de agua con 3 cucharadas de miel.

POSTRES
Y BEBIDAS

Elaborar un postre es pensar en consentir los sentidos y cerrar una cena con calor y afecto.

Una bebida preparada con creatividad facilita la deglución y complementa el aporte de agua al cuerpo, desde una deliciosa y saludable bebida de frutas en el desayuno hasta una energizante aromática y caliente antes de dormir.

BEBIDAS

Una bebida preparada con creatividad hace especial cualquier momento, desde un delicioso y saludable refresco de frutas a la hora del desayuno hasta una infusión caliente, energizante y aromática, como final perfecto a una buena comida en una noche fría.

ACAPULCO DORADO

Poner en la coctelera 6 partes de jugo de piña, 1 de zumo de pomelo, 2 de crema de coco y 3 cucharadas de hielo triturado, agitar y servir sin colar.

AGUA AROMÁTICA

Ingredientes para 4 tazas:
100 gr de albahaca • 1 taza de moras • 3 bulbos de limoncillo
1 manzana picada • 100 gr de hierbabuena • 5 tazas de agua

Hervir a fuego medio durante 30 minutos en un recipiente con tapa y endulzar con miel al gusto. Colar y servir.

Variación: Verter el agua en una taza que tenga lonchas de manzana con piel.

LECHE DE ALMENDRAS

Ingredientes para 1 vaso:
8 almendras • 1 vaso de agua • 1 cucharadita de miel (opcional)

El día anterior, remojar las almendras en un poco de agua. Retirar la piel y licuar en el agua. Servir con miel si se desea.

BEBIDA ENERGÉTICA

Ingredientes para 4 vasos:
1½ taza de leche de soja preparada (ver receta)
1 cucharada de leche en polvo • ½ taza de yogur natural
1 cucharada de miel • 1 manzana pelada
canela molida

Batir todos los ingredientes, menos la canela. Servir y espolvorear con la canela.

CAPRICHO DE PAPAYA

Ingredientes para 4 copas:
½ kilo de papaya pelada sin semillas y en trozos
1 cucharada de semillas de papaya para decorar • 2 cucharaditas de
zumo fresco de lima o limón • ½ taza de zumo fresco de naranja
2 cucharaditas de miel • 1 taza de leche de soja • pimienta al gusto
rodajas de lima o limón para decorar

Mezclar bien todos los ingredientes, excepto los de decorar. Llevar a la batidora durrante 2 minutos y refrigerar.

Servir en copas y decorar con las rodajas de limón y semillas de papaya.

CHAI

Ingredientes para 6 tazas:
6 tazas de agua • 3 cucharadas de jengibre pelado y en cuadritos
2 cucharadas de semillas de cardamomo • 1 cucharada de cardamomo
sin desgranar • 1 cucharada de pimienta dulce • 6 cucharaditas
de té negro • 1 taza de leche • 7 cucharaditas de azúcar o miel

Hervir en una olla grande el agua con el cardamomo desgranado y en vaina, el jengibre y la pimienta, 1 hora o hasta obtener un buen sabor.

Agregar el té y seguir hirviendo a fuego lento tapado. Luego agregar la leche y el dulce, hervir 5 minutos y servir caliente.

LECHE DE AVENA

Ingredientes para 6 vasos:
6 vasos de agua • 12 cucharadas de avena en copos cruda
azúcar moreno o miel al gusto • fruta escogida

Poner a remojar la avena en el agua más o menos durante una hora. Licuar y usar con la fibra o colar y usar la fibra para agregarla a otra preparación, como una sopa.

Esta leche se utiliza para hacer zumos de la fruta deseada o para cereales en el desayuno, etc.

Para alimento de bebés (potitos o compotas) no se debe licuar, simplemente se cuela la avena remojada y se hierve leche que produce.

RASPADO DE MANDARINA

Ingredientes para 4 personas:
2 tazas de zumo de mandarina • 1 taza de leche condensada

Congelar el zumo de mandarina, luego raspar ese helado en copas. Servir cubierto con leche condensada.

REFRESCO DE CEBADA Y LIMÓN

Ingredientes para 6 vasos:

1 taza de cebada perlada • 8 tazas de agua • ½ taza de zumo de limón o naranja dulce • ½ taza de panela en polvo

Hervir la cebada en el agua a fuego medio, hasta que el líquido se reduzca a la mitad. Enfriar y colar.

Agregar el zumo de fruta y la panela. Mezclar bien y servir con rodajas de limón o naranja.

REFRESCO DE LIMÓN CON HELADO

Ingredientes para 1 vaso:
zumo de limón • azúcar

Poner 4 cucharadas de zumo de limón en un vaso con 2 cucharadas de azúcar y removerlo hasta su completa disolución.

Llenar el vaso hasta dos terceras partes de su capacidad con agua con gas y añadir 1 bola de helado de vainilla.

Servir con pajita y una cucharita.

MINT FIZZ

Ingredientes para 1 vaso:
½ taza de menta picada • 1 cucharadita de azúcar • ⅓ de taza de agua hirviendo • 1 taza de ginger ale o agua mineral • 1 ramita de menta
6 cubos de hielo • zumo de una naranja • zumo de un limón

Poner en una jarra la menta picada con el azúcar. Verter encima el agua hirviendo. Dejar enfriar y añadir los zumos recién exprimidos.

Refrigerar durante 2 o 3 horas. Luego colar. Agregar el ginger o el agua mineral y los cubitos de hielo.

Decorar con la ramita de menta.

AGUA CON GAS DE VERANO

Mezclar el jugo de 1 naranja con el de 1 limón y el de 1 pomelo.

Verter la mezcla en un vaso con cubitos de hielo, añadir ½ vaso de agua con gas y 1 bola de helado de vainilla.

Servir con pajita y una cucharita.

TÉ HELADO CON CANELA

Ingredientes para 4 tazas:
1 vaso de zumo de manzana • 1 naranja dulce (el zumo)
1 bolsa de té negro • 1 vaso de agua hirviendo • 1 vaso de hielo
1 cucharadita de canela molida

Preparar el té en agua caliente y dejar reposar.

Licuar los zumos, el té, el hielo y la canela.

Servir inmediatamente.

TÉ MARROQUÍ

Ingredientes para 5 tazas:
4 cucharaditas de té negro • ½ de taza de menta o hierbabuena
picada • 5 tazas de agua hirviendo • miel al gusto

Calentar la tetera y luego colocar el té y la menta. Verter el agua hirviendo y dejar reposar.

Agregar rebanadas de limón y hojitas de menta o hierbabuena. Se puede tomar frío o caliente.

NARANJA EFERVESCENTE

Verter zumo de naranja y ginger ale en partes iguales en una copa con cubitos de hielo.

Decorar la bebida con una rodaja de naranja y una cereza. Servir con pajita.

LIMONADA CEREZADA

Ingredientes para 4 personas:
3 vasos de limonada natural (azúcar al gusto), reservar la corteza
1 taza de cerezas marrasquino con su jugo • ½ taza de hielo triturado

Licuar todos los ingredientes, reservando 4 cerezas para adornar cada vaso junto con la corteza de limón cortada en tiras. Debe servirse inmediatamente.

YOGUR DE FRESA EN LECHE AROMATIZADA

Ingredientes para 5 personas:

Leche aromatizada de soja
1 litro de leche de soja (ver receta) • ½ taza de hojas de menta
2 cucharadas de fécula de maíz • ½ vaso de agua • 1 cucharadita de esencia de vainilla • 3 cucharadas de panela en polvo o azúcar
½ cucharadita de sal

Hervir la leche de soja con las hojas de menta y la sal. Disolver el almidón de maíz en el ½ vaso de agua y agregarlo a la leche. Revolver y seguir cocinando hasta que la mezcla espese. Retirar del fuego. Agregar esencia de vainilla y azúcar. Revolver bien. Colar y llevar a un recipiente de vidrio. Conservar a temperatura ambiente.

Yogur de fresa
1 litro de leche aromatizada • 1 vaso de yogur natural (sin azúcar)
4 cucharadas de mermelada de fresa • 10 fresas frescas
miel al gusto

Entibiar la leche aromatizada. Agregar el yogur. Revolver, tapar y esperar a que tome consistencia.

Licuar el yogur con la mermelada y la mitad de las fresas, a tiempo de servir. Adornar cada vaso con una fresa abierta. Lo ideal es mantener yogur en la nevera para las diferentes preparaciones.

ZUMO DE APIO Y MANZANA

Ingredientes para 3 vasos:
1 vaso de zumo de apio • 1 vaso de zumo de manzana
1 vaso de zumo de zanahoria

Utilizar la licuadora para obtener cada zumo aparte.

Mezclar y servir al momento.

FRUTAS

Constituyen una buena adición y complemento para los desayunos y entre comidas. Las frutas ácidas deben consumirse preferiblemente en la mañana y las semiácidas y neutras a cualquier hora del día. Se caracterizan por su alto valor nutricional.

Frutas

La fruta es una maravillosa creación y regalo de la naturaleza. Las frutas constituyen un buen complemento para los desayunos y entre comidas, un curioso acompañamiento en tabla de quesos y con algunas de ellas se hacen helados y sorbetes deliciosos.

Frutas secas

Se trata de un ingrediente muy versátil, apto para platos dulces o salados, calientes o fríos, y constituye un agradable pica pica. Al comprarse deben tener buen aspecto, una vez abierto el paquete deben conservarse en un recipiente hermético, con un trozo de piel de naranja o limón que las mantendrá jugosas.

Frutas secas características

Pasas	Pueden ser oscuras o casi negras, su sabor es dulce y suave.
Pasa sultana	Jugosas de color ámbar, sabor dulce.
Pasas de corinto	Son pequeñas y menos dulces, de color negro y se utilizan en recetas saladas
Manzana seca	Se consigue pelada y sin corazón, sabor suave y ligeramente ácido. Se puede mezclar con otras frutas.
Albaricoque seco	De color ámbar, pequeño. Hay que hidratarlo antes de consumir.

Dátil seco	Es una fruta muy dulce.
Higo	Muy dulce. Consumir remojado.
Melocotón	Hay variedades muy dulces, la variedad anaranjada suele ser ácida.
Pera	Muy dulce, de textura granulosa.
Ciruela	Se consigue entera o sin hueso, de sabor intenso. Se puede comer también hidratada. De suave efecto laxante.

CONSERVA DE MANGO CON JENGIBRE

Ingredientes:
750 gr de mango maduro pelado y picado • 1 cucharadita de jengibre
fresco rallado • ½ taza de azúcar moreno • 2 tazas de agua
piel y jugo de 1 limón

Cocinar en una olla el agua, el azúcar, el jengibre y la piel de limón durante 15 minutos. Agregar el mango picado y el zumo de limón. Seguir cocinando hasta lograr la consistencia deseada.

Guardar en recipiente de vidrio.

CROCANTES DE FRUTAS

Ingredientes para 6 personas:
3 peras • 1 mango • 2 manzanas amarillas

Mezclar todas las frutas peladas y partidas en cuadros en una pirex engrasada.

Crocante
½ taza de harina integral de trigo • ½ taza de avena en copos
½ taza de panela en polvo • ½ cucharadita de sal
½ de taza de ghee frío (ver receta)

Revolver los ingredientes secos. Agregar el ghee y mezclar con los dedos hasta formar terrones, no amasar. Cubrir con estos terrones la fruta y hornear a 200 grados durante 25 minutos.

NATILLA DE VAINILLA CON FRUTAS FRESCAS

Ingredientes:
200 gr de galleta semidulce molida • ½ taza de crema de leche
2½ tazas de leche • 3 cucharadas rasas de fécula de maíz
1½ cucharada de mantequilla • 1 cucharadita de fructosa
½ taza de nueces ralladas • papaya, pera, melón
o la fruta de temporada

Amasar las galletas molidas con la mantequilla y cubrir un molde desarmable engrasado. Hornear durante 10 minutos y retirar.

En una olla mezclar la leche y la fécula de maíz. Cocinar 5 minutos o hasta que esté espesa. Sacar del fuego y agregar la crema de leche y fructosa. Batir muy bien y dejar enfriar. Vaciar sobre la base de galleta que debe estar fría. Cubrir con la fruta escogida en lonchas delgadas.

Rociar con nueces ralladas.

GERANIOS FASCINANTES

Ingredientes para 4 personas:
1 taza de frambuesas • 1 taza de agraz • 250 gr de queso ricota

Para el almíbar:
2 tazas de agua • 2 cucharadas de hojas de hierbabuena
200 gr de panela en polvo o azúcar moreno • 1 taza de flores
de geranio • 1 bulbo completo de limoncillo

Hervir en una olla de fondo grueso el agua con el azúcar a fuego medio durante 10 minutos. Dejar entibiar. Pasar a recipiente de vidrio con tapa y agregar el limoncillo, la hierbabuena y la mitad de las flores de geranio. Conservar refrigerado 6 horas o más.

Lavar el agraz y durante 20 minutos cocinar en 1 taza el almíbar. Dejar enfriar.

Mezclar el queso ricota con 2 cucharadas del almíbar y repartir en 4 raciones.

Servir acompañado de agraz, frambuesas y flores de geranio.

MERMELADA DE PAPAYA Y ESPECIAS

Ingredientes:
1 kilo de papaya pelada y sin semillas • 1 cucharadita de mezcla
de nuez moscada, clavos molidos y jengibre en polvo
½ cucharadita de anís estrellado macerado • 1 cucharadita
de esencia de vainilla • 750 gr de azúcar moreno • ½ cucharadita
de zumo de limón • 1 taza de agua

Partir la papaya en trozos y marinar con las especias durante 1 hora. Pasar al recipiente en que se va a cocinar con el agua, el zumo de limón y el azúcar. Cocinar durante 1 hora sin dejar de revolver.

Guardar en frasco de vidrio.

TROPICAL CON CEREAL

Ingredientes para 4 personas:
1 papaya (si es posible de la variedad hawaiana) pelada
y en lonchas • 1 mango maduro pelado y en lonchas
3 kiwis pelados y en rodajas • 2 tazas de cereal al gusto
(amaranto, avena, quínoa o maíz en copos) • 1 taza de agua
3 cucharadas de miel de abejas • 4 cucharadas de frutos secos
(nueces, almendras, ciruelas, macadamias, etc.)

Hervir el agua con la miel durante 5 minutos. Dejar tibiar y agregar la fruta.

Servir el cereal rociado con los frutos secos y bañar con las frutas en almíbar.

FRUTAS CON SALSA DE FRESA

Ingredientes:
1½ taza de yogur de fresa • ½ taza de crema de almendras (ver receta)
• 1 taza de fresas • 2 mangos partidos en trozos
4 manzanas partidas en trozos

Licuar el yogur, la crema de almendras y las fresas.

Colocar en cada recipiente los trozos de mango y la manzana.

Servir cubierto con la salsa de fresa.

ENSALADA BAHAMAS

Ingredientes:
4 tazas de repollo rizado finamente picado • 4 tazas de col china
finamente picada • 4 manzanas rojas (o 2 rojas y 2 verdes)
2 tazas de uvas variadas (verdes y moradas)

Dulce de piña (piña en cuadros en almíbar).

Crema
1 caja grande de queso crema • ½ taza del almíbar de la piña
½ taza de azúcar (opcional) • 1 taza de crema de leche
1 cucharada de canela en polvo

Licuar todos los ingredientes de la crema y refrigerar por ½ hora.

Mezclar el repollo y la col china. Poner como base en cada una de las copas donde se va a servir. Agregar las frutas mezcladas y bañar con la crema.

MIEL DE CHIRIMOYA

Ingredientes:
2 tazas de chirimoya fresca sin semillas
4 cucharadas de miel de abejas

Mezclar bien la chirimoya con la miel y refrigerar durante ½ hora.

Variación: Servir sobre base de galletas (ver receta cheesse cake de fresa) y decorar con crema chantilly.

PINCHOS DE FRUTA

Ingredientes para 10 personas:
10 pinchos de bambú • 3 manzanas amarillas, sin pelar
y partidas en cascos • 20 fresas medianas • 1 papaya madura firme
partida en trozos de unos 8 × 2 cm • zumo de 1 limón.

Salsa
1 taza de yogur natural • ½ taza de cacahuete triturado
3 cucharadas de miel • 1 cucharadita de jengibre rayado
½ cucharadita de canela en polvo

Mezclar todos los ingredientes en recipiente de cerámica o vidrio.

Conservar los cascos de manzana en agua con limón. Lavar las fresas en agua con vinagre.

Ensartar los pinchos alternando las frutas. Colocarlos sobre una fuente plana y bañar con la salsa.

POSTRES

S in duda alguna el mejor postre es una deliciosa fruta, aunque una pequeña cocción y la adición de pocos ingredientes la harán aún más apetitosa. Estas recetas incluyen azúcar, que puede ser reemplazada por panela, miel, melado, azúcar moreno o fructosa, estas dos últimas especiales para personas con problemas de glicemia. La equivalencia de éstas es de 1 por 3 de azúcar.

AWAMAT

Ingredientes:
½ kilo de harina de trigo (4 tazas) • 1 cucharada de levadura fresca
1 cucharadita de polvo para hornear • ½ cucharadita de sal
1 cucharadita de azúcar • agua

Tamizar la harina, la sal y el polvo de hornear.

En una taza de agua tibia con una cucharadita de azúcar rociar la levadura, tapar y conservar en un lugar tibio. Cuando haya crecido la levadura agregarla a la harina ya tamizada. Amasar y seguir agregando agua poco a poco hasta que quede una masa blanda. Cubrir con un paño y dejar reposar en lugar tibio hasta que doble su tamaño.

Después de 3 horas freír en una sartén con aceite bien caliente las bolitas que se van cogiendo con una cucharita previamente engrasada con aceite. Una vez fritas, pasarlas por un recipiente con la miel preparada según receta.

MIEL

Ingredientes:
1 litro de agua • 1 cucharadita de agua de azahares (flores de naranjo)
2 tazas de azúcar (250 gr) • zumo de 1 limón

Disolver el azúcar en el agua y hervir hasta hacer una miel clara y suave. No revolver mientras se cocina. Agregar el limón y el agua de azahares.

BUÑUELOS EN ALMÍBAR

Ingredientes:
200 gr de harina de trigo (½ taza) • 1½ cucharada de polvo
de hornear • 1 taza de yogur natural • 3½ cucharadas de leche
en polvo de vaca o soja • ½ taza de azúcar moreno o panela
en polvo (70 gr) • 1 taza de agua • aceite para freír

Mezclar la harina con la leche y el polvo royal. Luego agregar el yogur y agua poco a poco hasta formar una masa espesa.

Aparte preparar el almíbar con agua y panela. Calentar aceite e ir añadiendo la masa a cucharadas y freír hasta que los buñuelos estén crujientes. Luego sumergir los buñuelos en el almíbar.

Servir tibios o fríos.

CREMA DE MELOCOTÓN

Ingredientes:
300 gr de melocotones en almíbar • ⅓ taza del almíbar del melocotón
⅓ de taza de leche condensada • 2 cucharadas de zumo de limón
2 cucharadas de coco rallado

Reservar 2 melocotones partidos en rodajas delgadas.

Licuar los melocotones, el almíbar, la leche condensada y el limón. Verter en copas y refrigerar hasta que tome consistencia.

Servir cada copa decorada con rodajas de melocotón y el coco rallado.

BATIDO DE PAPAYA

Ingredientes para 6 personas:
3 papayas (si es posible de la variedad hawaiana) maduras
1 litro de helado de vainilla

Por cada papaya pelada y en trocitos, agregar 3 cucharadas grandes de helado. Batir todo en la batidora. Servir en copas.

DISCOS DE REQUESÓN A LA NARANJA

Ingredientes para 10 personas:
½ kilo de masa de hojaldre • 250 gr de requesón o queso de soja
semiblando • 3 cucharadas de azúcar en polvo
4 cucharadas de naranja confitada, hidratada
2 cucharadas de ralladura de piel de naranja sin la parte blanca

Extender el hojaldre y formar discos de 12 cm de diámetro y ½ cm de espesor, picarlos con tenedor y hornearlos a 250 grados hasta que doren. Retirar y enfriar.

Batir el requesón con el azúcar y la naranja confitada. Cubrir los discos con abundante mezcla de requesón.

Adornarlos con la ralladura de naranja.

GULAB JAMÓN

Ingredientes para 10 personas:
125 gr de cuajada • ½ cucharadita de bicarbonato
125 gr de harina de trigo (2 tazas) • 2 cucharadas de leche tibia
2 cucharadas de azúcar • 2 cucharadas de almendras partidas
350 gr de leche en polvo (2 ⅓ tazas) • aceite para freír
½ cucharadita de polvo de hornear

Mezclar todos los ingredientes hasta obtener una masa cremosa. Formar bolitas de 3 cm de diámetro.

Calentar aceite en una olla y luego freír a fuego lento las bolitas hasta que estén doradas.

Almíbar
2 litros de agua • ½ de taza de miel • 2 tazas de azúcar

Esencia de rosas al gusto.

Poner en una olla el agua con la esencia de rosas y hervir. Agregar el azúcar y la miel. Cocinar durante 8 minutos más. Sacar del fuego e incorporar las bolitas. Calentar nuevamente y conservar a fuego lento durante 20 minutos.

Servir tibios.

ESPUMA DE PERAS

Ingredientes para 6 personas:
½ kilo de peras • ½ taza de azúcar (70 gr)
1 taza de crema chantilly • 6 cerezas

Pelar las peras, partirlas por mitades. Retirar las semillas y cocinarlas con el azúcar y media taza de agua, escurrirlas y prensarlas, dejar enfriar. Revolver con la crema chantilly en forma envolvente y suave. Repartir en moldes individuales. Refrigerar y servir adornado con un poquito de crema y una cereza.

HELADO DE CAFÉ CON ALMENDRAS

Ingredientes para 6 personas:
125 gr de helado de vainilla • ½ cucharadita de canela en polvo
3 cucharadas de crema de leche • 4 cucharadas de almendras
troceadas • 3 cucharaditas de café granulado • ½ taza de agua
½ taza de zumo de naranja • azúcar o miel al gusto

Mezclar el helado, la canela, la crema de leche y las almendras. Repartir en copas y congelar hasta que tome consistencia de helado.

Mezclar el café, el agua, el zumo de naranja y el azúcar, batir y, con la mezcla resultante cubrir cada copa de helado al momento de servir.

HALVA DE SÉMOLA

Ingredientes:
200 gr de sémola gruesa de trigo • 50 gr de mantequilla
200 gr de azúcar moreno • 250 ml de agua
1 cucharadita de cardamomo molido • 50 gr de uvas pasas

En una sartén caliente tostar la sémola a fuego medio durante 5 minutos, revolviendo constantemente. Agregar la mantequilla y reservar.

En una olla hervir el agua con el azúcar, bajar el fuego y añadir la sémola, el cardamomo y las uvas pasas, seguir cocinando y revolver hasta que espese.

Extender uniformemente en un plato. Dejar enfriar y cortar formando rombos.

MANZANAS EN HOJALDRE

Ingredientes para 6 personas:
½ kilo de masa de hojaldre • 3 manzanas
½ taza de uvas pasas • ½ taza de panela en polvo (70 g)

Cocinar las manzanas peladas y sin semillas con 2 cucharadas de panela en polvo. Cuando estén blandas pero firmes, retirarlas y partirlas por la mitad. En la misma agua remojar las pasas.

Extender el hojaldre delgado y formar 12 redondeles de más o menos 12 cm de diámetro. Colocar encima de cada redondel media manzana y unas cuantas uvas pasas; superponer el otro redondel cerrando los bordes y sellarlos con los dedos untados de agua. Cubrir con azúcar y llevar al horno a 250 grados hasta que doren.

Servir con crema chantilly (opcional).

MOUSSE DE MANGO Y FRUTAS FRESCAS

Ingredientes para 6 personas:
2 mangos grandes maduros • ½ taza de crema de leche
1 pera • 1 manzana • 12 cerezas verdes en trocitos
hojas de hierbabuena

Pelar los mangos y sacar la pulpa.

Batir la crema de leche en batidora hasta lograr buena consistencia.

Poner el mango en la batidora e ir agregando poco a poco la crema de leche batida. Licuar durante 1 minuto.

Engrasar los moldes con aceite, quitando el sobrante con servilleta.

Verter la mezcla en los moldes engrasados y refrigerar durante 1 hora.

A tiempo de servir, desmoldarlos sobre un plato amplio. Adornar con trocitos de manzana y pera, hojas de hierbabuena y trocitos de cereza.

POSTRE CUCIR

Ingredientes para 6 personas:
250 gr de cuajada fresca escurrida o queso de soja semiblando
1 caja de pudín de chocolate preparado según instrucciones
1 taza de ciruelas pasas remojadas y partidas en batidora
⅓ de taza de panela en polvo

Engrasar una pirex con mantequilla y preparar el pudín.

Vaciar el pudín de chocolate en la pirex y cubrirlo con la cuajada desmenuzada.

Cocinar las ciruelas partidas con el agua en que se remojaron y ⅓ de taza de panela en polvo durante 5 minutos. Dejar enfriar y verterlas sobre la cuajada.

Llevar al horno a 250 grados durante 15 minutos. Servir a temperatura ambiente.

MOKA

Ingredientes para 8 personas:
24 galletas de miel o marías • 1 taza de café negro fuerte
250 gr de crema de leche espesa • 1 cucharada de azúcar en polvo
o ½ de edulcorante • 2 chocolatinas light ralladas o chocolate
de repostería • 3 cucharadas de cacao amargo • ½ taza de miel espesa
con el jugo de ½ limón • Ralladura de 1 limón.

Engrasar un molde con mantequilla. Batir la crema de leche con azúcar o edulcorante.

Cubrir el molde por capas en el siguiente orden:

Remojar las galletas, una a una, en el café negro e ir cubriendo el molde engrasado.

Agregar crema de leche batida hasta cubrir la capa de galleta.

Espolvorear con el cacao.

Añadir ralladura de limón.

Agregar la chocolatina rallada.

Verter la miel con limón formando hilos sobre el molde.

Repetir la operación y terminar en chocolatina rallada y ralladura de limón.* Refrigerar 2 horas.

PUDÍN DE FRUTAS

Ingredientes para 6 personas:
2 yogures naturales tipo postre • 1 plátano • 4 melocotones o peras
cocinados en azúcar • 250 gr de fresas partidas por la mitad
6 ciruelas pasas sin semilla, picadas • 1 cucharada de fécula de maíz

Licuar el yogur, el plátano y los melocotones o las peras sin el jugo hasta formar una crema suave.

En el jugo de la fruta disolver la fécula de maíz y cocinarla hasta que espese. Agregar lo anterior y cocinar sin dejar de revolver durante 5 minutos. Agregar las ciruelas pasas. Retirar del fuego y enfriar.

Verter sobre moldes individuales y adornar con las fresas.

POSTRE DE PERAS A LA FRANCESA

Ingredientes para 8 personas:
8 peras bien maduras, peladas, sin quitarle el palito
1 kilo de uvas frescas muy dulces (tipo Isabela)
200 gr de crema de leche • 1 taza de panela en polvo (70 g)
Canela en astilla.

Licuar las uvas sin agua y colar.

Colocar las peras en la olla de presión y bañar con el jugo de uva, canela, la panela en polvo y hervir a fuego lento durante 10 minutos.

Bajar y enfriar.

A tiempo de servir, cubrir con la crema de leche al gusto.

POSTRE INGLÉS

Ingredientes para 4 personas:
1 paquete de galletas maría • 1 taza de ciruelas pasas sin semilla
1 taza de melocotones y peras picados conservados en almíbar suave
1 taza de salsa inglesa (ver receta)

Hidratar las ciruelas en el almíbar de la fruta.

En una fuente honda colocar las galletas y cubrirlas con las frutas en almíbar y las ciruelas hidratadas.

Cubrir con la salsa inglesa y llevar a la nevera.

POSTRE MARIANA

Ingredientes para 8 personas:
20 galletas maría o suizos • 500 gr de dulce de leche
500 gr de crema de leche • 1 taza de bebida de cacao

Batir el dulce de leche con la crema de leche.

Engrasar una pirex de 25 cm por 20 cm aproximadamente, cubrirla con una capa de galletas, luego agregar el batido de dulce de leche y crema, así sucesivamente hasta lograr una altura de 4 cm. Rociar con la bebida de cacao y refrigerar durante 1 hora.

PUDÍN DE DÁTILES

Ingredientes para 8 personas:
½ taza de mantequilla • ½ cucharadita de bicarbonato
1 taza de panela en polvo • ½ kilo de dátiles sin hueso picados
3 tazas de harina de trigo • 250 gr de nueces picadas
½ taza de leche o leche de soja • 2 cucharaditas de polvo de hornear
Ralladura de corteza de 1 naranja.

Batir la mantequilla con la panela y agregar la ralladura de corteza de naranja.

Tamizar la harina con el polvo de hornear y el bicarbonato, luego agregar esto a la primera mezcla alternando con la leche. Añadir los dátiles poco a poco y luego las nueces. Amasar.

Poner la masa en un molde cubierto con papel parafinado y engrasado. Hornear durante 20 minutos a 250 grados.

Dejar enfriar y partir en cuadros.

YOGUR GRATINADO

Ingredientes para 6 personas:
400 gr de leche en polvo • 400 gr de leche condensada
2 tazas de yogur natural • 3 cucharadas de almendras laminadas

Batir la leche en polvo con el yogur y la leche condensada. Verter en una pirex y llevar al horno precalentado a 250 grados durante 15 minutos o hasta que gratine. Dejar enfriar.

Cubrir con las almendras.

Guía nutricional

Contenido en 100 gr de parte comestible

Cereal	Cal. gr	Agua gr	Prot. gr	Grasa gr	CH gr	Fibra gr	Ca mg	P mg	Fe mg	Vit. A U.I
Guayaba rosada	36	86,0	0,9	0,1	9,5	2,8	17	30	0,7	400
Marañón pulpa	30	88,5	0,9	0,1	7,7	2,5	5	24	0,4	50
Mango	58	81,8	0,5	0,1	16,4	0,7	10	14	0,4	1.100
Papaya	30	90,0	0,5	0,1	8,1	0,8	25	12	0,3	700
Curuba	25	92,0	0,6	0,1	6,3	0,3	4	20	0,4	1.700
Patatayuela	16	93,5	0,7	0,1	3,9	1,2	10	11	0,3	100
Fresa	32	89,9	0,8	0,5	6,9	1,4	28	27	0,8	30
Naranja	35	89,0	0,7	0,1	9,0	0,7	19	22	0,4	0
Lima	24	92,4	5,0	0,1	6,0	0,6	28	10	0,3	0
Pomelo	30	90,3	0,7	0,1	7,5	0,9	27	32	0,5	0
Anón	101	69,7	2,3	0,1	25,4	1,6	10	40	0,4	0
Chontaduro	185	52,2	3,3	4,6	37,6	1,4	23	47	0,7	7.300
Maracuyá	49	85,9	1,5	0,5	11,0	0,4	9	21	1,7	1.730
Mandarina	38	88,9	0,7	0,1	9,5	0,5	24	19	0,2	1.000
Tomate de árbol	30	89,7	1,4	0,1	7,0	1,1	6	22	0,4	1.000
Zapote	49	81,0	1,1	0,1	12,4	0,6	25	32	1,4	1.000
Melocotón amarillo	48	85,0	1,0	0,1	12,0	1,0	10	35	0,8	900
Melón	11	95,9	0,6	0,0	2,6	0,4	5	14	0,3	400
Patilla	12	95,7	0,4	0,0	3,4	0,3	4	5	0,3	300
Mora de Castilla	23	92,8	0,6	0,1	5,6	0,5	42	10	1,7	0
Lulo	23	92,5	0,6	0,1	5,7	0,3	8	12	0,6	600
Limón	26	91,8	0,3	0,3	6,3	1,0	13	14	0,4	0
Nueces	645	4,6	16,1	66,6	7,9	1,2	166	526	3,8	12
Uva blanca	31	90,5	0,5	0,0	8,1	0,5	6	20	0,4	0
Pera	32	88,9	0,2	0,1	8,5	2,0	5	11	0,3	0
Pitahaya	36	89,4	0,5	0,1	9,2	0,3	6	19	0,4	0
Uva negra	36	89,2	0,4	0,0	9,6	0,5	8	10	0,4	8
Coco	357	48,5	3,5	35,8	11,2	0,0	22	101	2,1	0
Granadilla	46	86,0	1,1	0,1	11,6	0,3	7	30	0,8	0
Feijoa	46	82,6	0,9	0,0	11,9	1,0	36	16	0,7	0
Chirimoya	52	83,4	1,1	0,2	13,0	1,6	22	28	0,4	0
Piña	53	85,9	0,3	0,1	13,0	0,2	15	8	0,5	80
Manzana	57	82,7	0,3	0,2	15,0	1,5	16	10	0,3	0
Pomarrosa	60	81,8	0,6	0,2	15,6	1,3	35	16	0,3	400
Chirimoya ame.	73	77,1	1,9	0,1	18,2	2,0	32	37	0,5	0
Banano	84	74,8	1,2	0,1	22,0	1,0	6	25	0,5	220
Borojó	93	64,7	1,1	0,0	24,7	8,3	25	160	1,5	0
Aguacate	127	79,7	1,6	13,3	3,0	1,6	10	40	0,4	30
Tamarindo	280	18,4	5,4	0,5	61,3	11,9	81	86	1,1	0
Dátiles	266	21,3	2,4	0,2	71,2	3,5	57	45	0,9	0

HIERBAS
Y SEMILLAS

E n el conocimiento de sus propiedades, sabores y aromas está el secreto que permite enriquecer el sabor de las comidas.

Hierbas, semillas y especias

Las hierbas y especias aportan una valiosa adición a las recetas, dando a los platos un sabor característico según la región.

REGLA PARA EL USO DE LAS HIERBAS

L as hierbas frescas son las más apreciadas, pero las secas están consideradas como más concentradas.

Cuando se cocina con hierbas secas se deben añadir al comienzo y cuando son frescas al final, porque su sabor se volatiliza.

Las hierbas frescas no se conservan muy bien, por lo tanto es mejor utilizarlas inmediatamente después de comprarlas o recogerlas. Para conservarlas más de 2 días, deben envolverse en servilletas de papel húmedas y guardarlas en bolsas plásticas cerradas herméticamente. Si se quieren secar deben hacerse paquetes pequeños y colgarlos al aire con las hojas hacia abajo.

Hierba	Sabor	Uso
Albahaca	Dulce, ligeramente aromático	Ensaladas, tomates, pesto y otras salsas
Cebollín	Cebolla suave	Ensaladas, cremas y patatas
Cilantro	Aromático	Sopas, vegetales y salsas
Eneldo	Suave anisado	Conservas de pepino y zanahorias, patatas, mayonesa y dips de queso
Estragón	Aromático, fresco	Gluten, tomates y salsas
Hinojo	Anisado	Salsas y complementos
Laurel	Aromático fuerte	Caldos de cocción, sopas y guisos
Mejorana	Dulce, aromático fuerte	Asados, salsas, aceites aromatizados y marinadas
Menta	Fuerte, dulce	Pepinos, patatas, guisantes, salsas con yogur y ensaladas
Orégano	Dulce, penetrante, aromático	Tofu, salsa de tomate y marinadas
Perejil	Fresco, suave	Sopas, ensaladas, marinadas y caldos de cocción
Romero	Penetrante, aceitoso	Patatas, encurtidos, panes y tofu
Salvia	Aromática, ligeramente amarga	Legumbres, quesos, tofu, risottos y pastas
Tomillo	Aromático intenso	Caldos de cocción, salsas y patatas

Hierba	Sabor	Uso
Anís estrellado	Aromático, cálido, dulce	Setas, salsas, conservas, marinadas y platos orientales
Canela	Dulce, cálida	Salsas con curry, postres, panes, arroz, bebidas y chocolates
Cardamomo	Penetrante, cálido	Guisos, bebidas, panes y galletas
Cayena/chile	Muy picante	Platos indios, mexicanos, caribeños y criollos
Clavo	Fuerte, dulce	Pasteles, salsas, manzana y otras frutas
Comino	Cálido, penetrante	Platos indios, sopas y legumbres
Cúrcuma	Aromático, suave, cálido, amarillo	Curry, arroz, legumbres y chutneys
Jengibre	Especia penetrante	Platos orientales, hortalizas, frutas, salsas, pasteles y galletas
Mostaza	Picante, penetrante	Tofu, seitán o gluten, hortalizas, encurtidos, aderezos y salsas
Nuez moscada	Aromática, dulce	Gluten, salsas, gratinados, patatas, galletas, arroces y natillas
Pimentón/paprika	Penetrante, picante o dulce	Comida mediterránea, oriental, hortalizas y ensaladas
Pimienta	Penetrante, picante o suave	Casi todos los platos de sal

SEMILLAS Y FRUTOS SECOS

L as semillas y frutos secos son una excelente fuente de muchos nutrientes, de fibra y de energía.

Agregan sabor, textura y color a muchas recetas.

Son parte importante de una alimentación vegetariana equilibrada.

Semillas y frutos secos	Características
Nuez del Brasil, nogal, nuez de macadamia, pacana	Rica en zinc y cobre. Combina bien con otros frutos secos y cereales.
Almendra	Muy ricas en ácidos grasos insaturados y proteínas.
Coco	Conviene adquirirlo procesado vigilando su fecha de vencimiento. Rico en magnesio, calcio y potasio. No es recomendable para las personas con colesterol alto.
Avellanas	Seca: rica en grasas y proteínas.
Piñón	Rico en magnesio, hierro y fósforo.
Pistacho	Rico en calcio, vitamina A, potasio y fósforo.
Cacahuete	Aunque es una legumbre, se incluye en los frutos secos. Es fuente de proteínas.
Girasol	Rico en vitamina B1, lecitina y aceite sin colesterol.
Calabaza	Salteada, sobre cereales y ensaladas.
Ajonjolí o sésamo	Rico en proteínas, grasas insaturadas y minerales, especialmente calcio. Ingrediente principal del tahine y del gomasio.

GOMASIO

Ingredientes:
1½ cucharada de sal marina por 6 cucharadas de ajonjolí
(crudo o dorado), maceradas en el mortero.

Se puede guardar por una semana en frasco de vidrio.

Es recomendable para cocinar o rociar vegetales crudos.

GHEE O MANTEQUILLA CLARIFICADA

Ingredientes:
½ kilo de mantequilla pura

Utilizar una olla de fondo grueso. Poner la mantequilla en la olla. Llevar a fuego medio, revolviendo constantemente con una espumadera (o cuchara con huecos pequeños). Vigilar el fuego para que la mantequilla no se dore. Retirar con frecuencia la espuma que se forma en la superficie hasta que la mantequilla esté transparente. Dejar enfriar y vaciar a un recipiente de vidrio con tapa.

Se usa como mantequilla de mesa, salsas, frituras, etc.

BIBLIOGRAFÍA

ABC de la nutrición, Dr. Fernando Redin G., Publicaciones Red-Radar, 1997.

Amaranto, fuente maravillosa de sabor y salud, Barros, C y M. Buenrostro, Grijalbo, México, 1997.

Ayurveda, medicina milenaria de la India, Robert E. Svoboda, Ed. Urano, 1995.

Buffet frío clásico, Lartha Rose Shulman, A Dorling Kindersley Book, Italia, 1995.

Cocina creativa, cocina vegetariana, Louise Pickford, Ediciones Elfos, 1994.

Cocina india vegetariana, Sumana Ray, Midas Printing Limited, Hong Kong, 1984.

Cocinar mejor que nunca verduras, Círculo de Lectores, Barcelona, 1985.

Composición de alimentos colombianos ICBF, 6 edición, Ministerio de Salud, Bogotá, 1992.

El gran libro de la verdura, Antonella Palazzi, Grijalbo México, 1994.

El libro de la cocina vegetariana, Ediciones Integral, Barcelons, 1992.

Indian Cuisine Vegetarian, Lustre Press, Roli Books. 1996.

La biblia vegetariana, Sarah Brown, RBA, Barcelona, 2002.

La cocina de hoy, Cocina práctica vegetariana, Editorial Libsa, Madrid, 1993.

La cocina mediterránea clásica, Sarah Woodward, Industria Gráfica, S.A., 1995.

La cocina vegetariana clásica, Rose Elliot, Javier Vergara Editor, Barcelona, 1994.

La dieta de Matusalén, Patricio Uribe, Editorial Planeta Colombiana, Bogotá, 2001.

Maíz, James Mc Nair, Voluntad, Bogotá, 1990.

Qué, cómo y cuándo comer, Dr. P. Keshava Bhat, Jardín Etnobotánico, Caracas, 1995.

Recetas y menús para estar sano, Raymond y Jeannette Dextreit, Ed. Acuario, 1983.

Vea y cocine pasta perfecta, Anne William, Editorial Diana, Madrid, 1993.

Vegetarian Cooking for Everyone, Deborah Madison, Broadway Books, Nueva York, 1997.

Vegetarian, Fiona Biggs, Barnes & Noble, Books New York, 2001.

Wok vegetariano, Ediciones Blume, Barcelona, 2003.

Yoga y cocina, alimentos para el cuerpo y la mente, Integral, RBA, Barcelona, 1999.

GLOSARIO

Equivalencia de términos en España y América

Adobar:	Condimentar
Achiote:	También conocido como bija, colorante rojo natural
Aguacate:	Palta o avocado
Agua leche:	mezcla de agua y leche en proporción 1/1
Ahuyama:	Calabaza amarilla
Ajonjolí:	Sésamo
Albaricoque:	Damasco o chabacano
Alcachofas:	Alcahuciles
Almíbar:	Mezcla de azúcar y agua de consistencia ligera, sirope
Apanar:	Empanar. Envolver con pan rallado
Arepa de choclo:	Cachapas
Arracacha:	Hierba perenne de la familia de las Umbelíferas, cuya raíz tuberosa, gruesa y de color amarillo, se come cocida
Arrollado:	En forma de rollo
Azahar:	Flor de naranjo y limonero
Azúcar moreno:	Piloncillo
Banano:	Plátano, cambur o guineo
Baño maría:	Recipiente con agua hirviendo en el cual se introduce un segundo recipiente que contiene lo que se va a cocinar.
Bijao:	Planta de lugares cálidos y húmedos, de hojas similares a las del plátano, largas hasta de un metro, que se usan para envolver especialmente alimentos
Blanquear:	Escaldar. Precocer brevemente en agua hirviendo
Brécol:	Brócoli

Budare:	Recipiente para asar arepas de maíz
Calabacín:	Zapallito o zucchini
Calabaza:	Zapallo
Cebolla fresca blanca:	Cebolla perla
Cebolla fresca pequeña:	Escalonias
Cebolla fresca roja:	Colorada o paiteña
Cebolla larga:	Cebolla de verdeo
Cebollín:	Cebolleta o cebollino
Cereza:	Guinda
Cernidor:	Cedazo
Chiles:	Ajíes picantes
Choclo:	Elote. Granos de maíz tierno
Clarificar:	Aclarar
Compota:	Dulce de fruta
Crema agria:	Crema ácida
Cuchuco:	Sopa preparada con una base de cebada
Cúrcuma:	Azafrán de las indias
Curry massaman:	Curry de salsa espesa y roja, menos picante que el curry habitual, endulzado con azúcar de palma, y con cacahuetes
Dátil:	Fruto de la palmera o tomara
Dip:	Salsa fría o mojo
Durazno:	Melocotón
Fécula de maíz:	Almidón de maíz, usado para espesar.
Fresa:	Frutilla
Fríjol:	Alubia, poroto, fréjol
Fríjol blanco:	Judías blancas
Garam masala:	Mezcla de especias, especialmente picante
Ghee:	mantequilla clarificada
Gratinar:	Dorar la superficie de los platos ya cocidos
Guascas:	Hierba aromática
Guisado de maíz:	Posole
Guisante:	Arveja o chícharo
Guisante plano:	Tirabeque o chícharo
Habas tiernas:	Pallares
Habas:	Algarrobas
Jalapeños:	Variedad de chile (pimiento) cuyo fruto es pequeño, grueso y verde oscuro
Judía:	Judía verde, chaucha o ejotes
Hinojo:	Anís

Hongo:	Seta o champiñón
Julianas:	Corte en tiras delgadas
Lasaña:	Pasticho
Leudar:	Permitir el crecimiento de la harina mezclada con levadura
Lienzo:	Tela delgada, muselina
Limonaria:	Planta aromática
Linguine:	Pasta italiana similar al spaghetti
Maíz pira:	Canguil, crispetas, popcorn, palomitas
Maíz tierno:	Jojoto
Mandarina:	Tangerina
Maní:	Cacahuete o cacahuate
Marañón:	Anacardo
Mazamorra:	Maíz triturado
Mazorca (hojas):	Chalas
Moka:	Crema de café
Nabo:	Rábano blanco
Nevera:	Refrigerador, heladera
Ñame:	Ocumo, tubérculo
Orellana:	Tipo de seta similar al shiitake
Palmitos:	Tallo blanco y comestible del palmito, palmeras
Panela:	Papelón, chancaca
Patata:	Patata, camote o boniato
Papaya:	Mamón o lechosa
Paprika:	Pimentón de origen húngaro
Pasas:	Uvas secas
Paté:	Pasta comestible de varios ingredientes. Mojo
Piña:	Ananá
Pizza:	Torta fina de harina de trigo rellena
Polenta:	Harina gruesa de maíz, gachas de maíz
Polvo de hornear:	Levadura en polvo
Puerro:	Porro o poro
Pulpa:	Sustancia carnosa de las frutas
Rehogar:	Cocer un alimento a fuego lento en aceite y agua
Remolacha:	Betarraga
Repollo:	Col blanca
Repollo morado:	Lombarda
Ricota:	Requesón
Ruibarbo:	Tallo medicinal de tono rojizo

Sagú:	Planta herbácea de la que se obtiene una fécula muy nutritiva
Salsa de ajo:	Alioli
Sofreír:	Cocción rápida en sartén con aceite
Tahine:	Crema de ajonjolí
Tofu:	Queso de soja
Tamal:	Especie de empanada envuelta en hojas de plátano o de la mazorca del maíz, y cocida al vapor o en el horno
Tomates:	Jitomates
Tomates cherry:	Tomates miniatura
Toronjil:	Planta herbácea
Trigo sarraceno:	Alforfón
Wok:	Cazuela china para freír los alimentos a fuego vivo y agitando continuamente
Yuca:	Raíz feculenta comestible. Mandioca, casabe

Abreviaturas Tablas

Ca.:	calcio
Cal.:	calorías
Ch.:	carbohidratos
Fe.:	hierro
P.:	fósforo
Prot.:	proteínas
(t):	trillado
Vit. A:	vitamina A

ÍNDICE DE RECETAS POR ORDEN ALFABÉTICO